U0629760

高等学校医疗保险专业第二轮系列教材

总主编　周绿林

# 医疗保险支付方式

## 第 2 版

主　编　李绍华　高广颖

科学出版社

北　京

# 内 容 简 介

本书是"高等学校医疗保险专业第二轮系列教材"之一,本书在上版基础上,充分吸收借鉴国内外医疗保险支付方式理论研究与实践的最新成果,从学科角度对医疗保险支付方式的理论体系及主要内容进行了进一步修订完善,主要内容为:医疗保险支付方式的基础理论与方法,医疗保险需方和供方各种支付方式的运行原理、发展历程、优势与缺陷、实践应用,医疗保险支付方式的监测与评价,国内外医疗保险支付方式的发展与改革等。

本书可作为高等院校医疗保险、劳动与社会保障、卫生事业管理、保险等专业的本科生和研究生教材,以及其他相关专业的选修、参考教材,还可作为医疗保障相关部门人员培训教材和学习参考书。

图书在版编目(CIP)数据

医疗保险支付方式 / 李绍华,高广颖主编. —2 版. —北京:科学出版社,2024.1

高等学校医疗保险专业第二轮系列教材 / 周绿林总主编

ISBN 978-7-03-076812-4

Ⅰ.①医… Ⅱ.①李… ②高… Ⅲ.①医疗保险-支付方式-高等学校-教材 Ⅳ.①F840.684

中国国家版本馆 CIP 数据核字(2023)第 205729 号

责任编辑:郭海燕 李 媛 / 责任校对:胡小洁
责任印制:徐晓晨 / 封面设计:陈 敬

科学出版社 出版
北京东黄城根北街 16 号
邮政编码:100717
http://www.sciencep.com

北京中科印刷有限公司 印刷

科学出版社发行 各地新华书店经销

*

2016 年 3 月第 一 版 开本:787×1092 1/16
2024 年 1 月第 二 版 印张:13
2024 年 1 月第二次印刷 字数:367 000

定价:68.00 元
(如有印装质量问题,我社负责调换)

# 高等学校医疗保险专业第二轮系列教材编写委员会

**主 任 委 员** 林闽钢

**副主任委员** 申曙光　杨翠迎

**总 主 编** 周绿林

**副 总 主 编** 李绍华　毛　瑛　姚东明　黑启明　王　冬　周尚成

**总 编 委** （以下按姓氏笔画排序）

于贞杰（潍坊医学院）　　　　　　于彩霞（内蒙古医科大学）

马蔚姝（天津中医药大学）　　　　王　冬（南方医科大学）

王　玖（滨州医学院）　　　　　　王　昕（中国医科大学）

王前强（广西医科大学）　　　　　毛　瑛（西安交通大学）

白　丽（齐齐哈尔医学院）　　　　吕国营（中南财经政法大学）

刘维蓉（贵州中医药大学）　　　　苏宝利（山东第一医科大学）

李绍华（安徽医科大学）　　　　　李跃平（福建医科大学）

杨　风（桂林医学院）　　　　　　吴　涛（锦州医科大学）

何　梅（昆明医科大学）　　　　　余军华（湖北经济学院）

张　晓（东南大学）　　　　　　　陈曼莉（湖北中医药大学）

欧阳静（陕西中医药大学）　　　　金　浪（福建中医药大学）

周良荣（湖南中医药大学）　　　　周尚成（广州中医药大学）

周晓媛（四川大学）　　　　　　　周绿林（江苏大学）

赵　军（湖北医药学院）　　　　　赵成文（西南医科大学）

姚　俊（南京医科大学）　　　　　姚东明（江西中医药大学）

倪　飞（安徽中医药大学）　　　　高广颖（首都医科大学）

陶四海（华北理工大学）　　　　　彭美华（成都中医药大学）

覃朝晖（徐州医科大学）　　　　　黑启明（海南医学院）

焦明丽（哈尔滨医科大学）　　　　熊季霞（南京中医药大学）

**秘 书** 张心洁（江苏大学）

# 《医疗保险支付方式》（第2版）
# 编委会

主　编　李绍华　高广颖
副主编　柴　云　詹长春　李军山　彭美华　陈曼莉
编　者

丁　玎　大连医科大学

刘海兰　广东医科大学

陈永成　江西中医药大学

陈　羲　江苏大学

陈曼莉　湖北中医药大学

李　叶　哈尔滨医科大学

李军山　江西中医药大学

李绍华　安徽医科大学

张　莹　大连医科大学

张　歆　哈尔滨医科大学

杨敬宇　甘肃中医药大学

周晓媛　四川大学

柴　云　湖北医药学院

高广颖　首都医科大学

彭美华　成都中医药大学

焦明丽　哈尔滨医科大学

舒　燕　广州中医药大学

詹长春　江苏大学

颜理伦　安徽医科大学

薛清元　内蒙古医科大学

# 总　序

自 1995 年"两江"（镇江市和九江市）医改试点启动以来，我国医疗保障制度建设取得长足发展，实现了历史性跨越。截至 2021 年年底，基本医疗保险覆盖 13.6 亿人，95% 以上的国民有了基本医疗保障，全民医保体系初步形成。国际劳工组织盛赞中国社会保障取得的巨大成就，在《世界社会保障报告（2017—2019）》中指出，中国是实现养老保险和医疗保险快速扩面最成功的国家。2020 年《中共中央　国务院关于深化医疗保障制度改革的意见》提出"到 2030 年，全面建成以基本医疗保险为主体，医疗救助为托底，补充医疗保险、商业健康保险、慈善捐赠、医疗互助共同发展的医疗保障制度体系"。

为适应医疗保险事业的发展，我国医疗保险人才培养也走过了 20 多年历程。目前全国已有 40 多所高校在公共事业管理、劳动与社会保障等相关专业中培养医疗保险人才。令人欣喜的是，2020 年 2 月教育部印发的《关于公布 2019 年度普通高等学校本科专业备案和审批结果的通知》，决定增设备案医疗保险本科专业，充分体现了政府和社会对医疗保险专业建设的重视和认同。

教材是学校教育教学、推进立德树人的关键要素，教材建设也是专业建设中最基本的教学条件建设内容之一，教材质量直接体现高等教育和科学研究的发展水平，也直接影响本科教学的质量。在新文科建设背景下，紧密结合一流专业和一流课程建设，需要符合新时代发展要求的高水平教材。

为适应新时代医疗保险专业人才培养和高等医疗保险教育的需要，体现最新的教学改革成果，2014 年 5 月"中国医疗保险教育论坛"理事会发起编写高等学校医疗保险专业第一轮系列教材（简称第一轮系列教材）。第一轮系列教材出版后，受到了教材使用高校和社会读者的广泛好评。随着时间的推移，近年来公共管理理论和方法有了新的进展，国内外医疗保障改革发生了巨大变化。为此理事会决定启动编写第二轮系列教材并成立了"高等学校医疗保险专业第二轮系列教材编写委员会"，特邀林闽钢（教育部高等学校公共管理类专业教学指导委员会委员、中国社会保障学会副会长、南京大学教授）担任主任委员，申曙光（中国社会保障学会副会长兼医疗保障专业委员会主任委员、中山大学教授）、杨翠迎（教育部高等学校公共管理类专业教学指导委员会委员、上海财经大学教授）担任副主任委员。

此后在全国范围内进行了主编、副主编、编者的申报遴选工作。2020 年 11 月，在江西中医药大学隆重召开"高等学校医疗保险专业第二轮系列教材主编、副主编聘任暨全体编委会议"。编委会要求教材编写时应遵循"三基"（基本理论、基本知识、基本技能）要求，以必需和够用为度，体现现代教育思想，反映学科建设和医改发展最新成果，把第二轮系列教材编成有特色、有创新、有深度、有影响力的精品教材。教材编写过程中，适逢党的二十大胜利召开，为此，编委会要求推进党的二十大精神进教材、进课堂，落实立德树人根本任务，努力践行社会主义核心价值观。

第二轮系列教材体系沿袭第一轮系列教材确定的 12 门专业基础课和专业课教材，其编写是在第一轮系列教材基础上吸收了国内外医疗保险最新理论研究与改革实践成果，是全国 40 余所高校从事医疗保险专业教育工作者的集体智慧。第二轮系列教材的编写出版，希冀为提升新时代我国医疗保险专业人才培养质量与专业学科建设水平发挥积极作用。

"中国医疗保险教育论坛"理事会
高等学校医疗保险专业第二轮系列教材编写委员会
2023 年 1 月 10 日

# 前　言

为适应医疗保障专业人才培养需求，在全国 10 余所高校同仁的共同努力下，2016 年 3 月，《医疗保险支付方式》第 1 版正式出版。该版教材在广泛借鉴吸收国内外医疗保险支付方式的实践经验和研究成果基础上，首次从学科角度系统梳理阐述了医疗保险支付方式的理论架构，尝试建立具有我国特色的医疗保险支付方式学科体系，为提升我国医疗保障专业人才培养质量发挥了积极作用。2018 年 5 月，国家医疗保障局正式挂牌，我国医疗保障制度改革与发展不断加快，2020 年 2 月，《中共中央　国务院关于深化医疗保障制度改革的意见》颁布，明确了医疗保障支付方式改革的目标，提出要建立管用高效的医保支付机制，确定了持续推进医保支付方式改革的任务。以 DRG/DIP 支付方式改革国家试点为代表的医保支付方式改革不断深化，2021 年 11 月，国家医疗保障局印发《DRG/DIP 支付方式改革三年行动计划》，加快推进 DRG/DIP 支付方式改革全覆盖，医保支付方式改革向全面纵深推进。医保支付方式改革的实践与理论研究成果需要及时总结梳理，适应医疗保障专业人才培养需求的相关教材需要系统完善，这对《医疗保险支付方式》教材的修订提出了迫切需要。

本书在第 1 版基础上，充分吸收借鉴国内外医疗保险支付方式理论研究与实践的最新成果，从学科角度对医疗保险支付方式的理论体系及主要内容进行了进一步修订完善。新增医疗保险支付方式的相关理论与影响机制、医疗保险支付方式的监测与评价、DIP 支付方式、点数法支付方式等章节。本书分为十四章，第一章主要介绍医疗保险支付方式的概念与分类、体系与体制、原则与方式选择、研究内容与方法；第二章主要介绍医疗保险支付方式的相关基础理论与作用机制；第三章至第十一章从医疗保险需方和供方支付方式两个方面，着重介绍各种支付方式的运行原理、发展历程、优势与缺陷、实践应用等；第十二章主要介绍医疗保险支付方式的监测与评价；第十三章主要介绍国外医疗保险支付方式的发展与改革；第十四章主要介绍中国医疗保险支付方式的发展与改革等。通过理论与实践相结合，基本原理与方法相结合，突出本书的理论性、实用性和前沿性。

本书由李绍华、高广颖提出编写大纲和审定书稿。编写分工如下：第一章，安徽医科大学李绍华；第二章，首都医科大学高广颖、哈尔滨医科大学张歆；第三章，江苏大学陈羲、詹长春；第四章，广东医科大学刘海兰；第五章，四川大学周晓媛；第六章，江西中医药大学陈永成；第七章，大连医科大学张莹、丁玎；第八章，安徽医科大学颜理伦；第九章，湖北医药学院柴云；第十章，江西中医药大学李军山；第十一章，成都中医药大学彭美华；第十二章，甘肃中医药大学杨敬宇、内蒙古医科大学薛清元、广州中医药大学舒燕；第十三章，湖北中医药大学陈曼莉；第十四章，哈尔滨医科大学焦明丽、李叶。

本书既适合作为高等院校医疗保险、劳动与社会保障、卫生事业管理、保险等专业的本科生和研究生教材，以及其他相关专业的选修、参考教材，也可作为医疗保障实际工作部门相关人员的学习参考用书和培训教材。

　　本书编写过程中参考了国内外大量的论著和教材，吸收借鉴了相关专家学者的研究成果，在此向各位作者表示感谢！本书编写得到了科学出版社领导、编辑的大力支持与帮助和江苏大学管理学院周绿林教授的协助与支持，安徽医科大学卫生管理学院颜理伦老师及研究生徐赞、崔文虎、马新宇同学参与了书稿编辑、校对等相关工作，在此一并表示感谢！

　　鉴于《医疗保险支付方式》第 1 版为国内首次编写，第 2 版在第 1 版基础上做了提升与完善，作者水平所限，书中难免存在不足之处，恳请国内外读者、学者和同仁批评斧正。

李绍华　高广颖

2023 年 1 月

# 目　　录

# 第一章 绪 论

───内容提要───

　　医疗保险费用支付是医疗保险的重要内容，关系到医疗保险各方利益，是真正发挥医疗保险功能的关键环节。世界各国为有效合理控制医疗保险费用，制定实施了各种医疗保险费用支付方式。实践表明，任何一种医疗保险费用支付方式都存在不足之处，医疗保险的费用支付仍然是一个世界性难题。本章主要介绍医疗保险支付方式的概念、分类；医疗保险支付体系与体制；医疗保险支付原则与方式选择等，并对医疗保险支付方式的研究内容与方法作简要介绍。

## 第一节 概 述

### 一、医疗保险支付方式概念

　　医疗保险费用的支付是医疗保险运行体系中的关键环节，也是医疗保险最重要和最基本的职能之一。它是指被保险人在获得医疗服务后，由医疗保险机构或被保险人向医疗服务提供方支付医疗费用的行为，而医疗保险费用支付的途径和方法则称为医疗保险支付方式。

　　依据医疗保险系统构成和运行过程，医疗保险支付方式主要包含医疗保险需方和供方支付方式，随着医疗保险制度的不断完善，供方支付方式已经成为医疗费用的主要支付方式。

　　医疗保险需方支付方式是指需方即被保险人在接受医疗机构提供的服务后分担一部分医疗费用的途径和方法。医疗保险需方常用的支付方式有起付线支付方式、按比例分担支付方式、封顶线支付方式等。世界各国实施不同医疗保险制度的实践证明，医疗保险支付被保险人全部的医疗费用或者实行免费医疗的方式，在充分体现公平性的同时，却往往导致医疗服务的过度利用、医疗费用上涨过快和卫生资源浪费。因此，为防止上述现象的发生，不同国家都已经逐步采用各种费用分担的办法来取代全额支付，如增加被保险人自付医疗费用的项目或适当提高被保险人分担医疗费用的比例等，以有效地控制医疗费用。由于任何单一的需方支付方式都有其优势和缺陷，在各种医疗保险制度的实施过程中，往往将两种以上的支付方式组合使用，即混合支付方式，形成优势互补，以促进医疗保险需方更加合理地使用医疗服务。

　　医疗保险供方支付方式是指医疗保险机构作为第三者代替被保险人向医疗服务提供方支付医疗服务费用的途径和方法。参保人依据规定或合同先向医疗保险机构缴付一定数额的医疗保险费，建立医疗保险基金，当被保险人接受医疗机构提供的医疗服务后，医疗保险机构作为付款人，按规定或合同约定，代替被保险人向医疗机构支付所花费的医疗费用。医疗保险供方常用的支付方式有按服务项目支付方式、按人头支付方式、按工资标准支付方式、按病种分值付费（diagnosis-intervention packet，DIP）支付方式、总额预算支付方式等。

　　医疗保险费用支付是医疗保险最重要和最基本的职能之一，它是一种经济补偿制度，即被保险人向医疗保险机构缴纳医疗保险费，形成医疗保险基金，当被保险人获得保险范围规定的医疗服务时，医疗保险机构按照法规条款或保险合同给予被保险人全部或部分经济补偿。医疗保险费用支付又是一种法律契约关系，即医疗保险机构、被保险人、医疗服务供方都必须签订保险费用支付合同，各方在合同和保险规则的约束下行使自己的权利与履行义务，以保证医疗保险制度的平稳运行。同时，医疗保险支付作为一种经济激励手段，它对医疗费用控制、资源配置、医患行为规范等具有很强的导向作用，是医疗保险实施过程中涉及各方经济利益最直接、最敏感的环节。医疗保险支付方式则是医疗保险改革与完善的重点与难点。

# 二、医疗保险支付方式分类

## （一）按支付时间分类

### 1. 后付制

后付制（post payment system）是指在医疗保险实施过程中，被保险人接受医疗机构提供的医疗服务后，医疗保险机构根据服务发生的数量和支付标准向提供医疗服务的机构或医务人员支付医疗费用的方式。这是一种传统的、使用最广泛的支付方式，按项目付费即为典型的后付制代表方式。根据各类保险制度特点和社会经济及历史传统等情况，后付制在不同国家或医疗保险制度又呈现出多种具体形式。

后付制的优势主要是医疗机构和医务人员在医疗服务过程中有更大的自由度，较少考虑医疗费用控制等医疗保险制度的约束，更有利于患者医疗服务需求的满足。后付制的劣势是给医疗机构和医务人员提供了增加医疗服务的空间，或是增加服务数量，如提供更多的药品或检查，或是增加新技术或设备的使用等。由于只能在事后对医疗服务进行审查，监督难度大，往往难以有效地控制医疗费用。由于医疗服务项目的数量及类别繁多且处于不断调整与变化之中，不同医疗机构在服务质量与技术水平等方面也存在差异，如何科学合理地确定各级医疗机构中各种医疗服务项目的支付标准，成为实施后付制必须面对的问题。

### 2. 预付制

预付制（prospective payment system）是指在医疗服务发生之前，医疗保险机构按照预先确定的支付标准，向被保险人的医疗服务提供方预先支付一定数额的医疗费用或者在确定支付的额度后分期分批支付给医疗机构。按照预付计算的单位，预付制可分为总额预算支付方式；按服务单元支付方式，即按预先确定的次均门诊、次均住院费用标准或床日费用标准支付；按人头支付方式，即按照每个人的支付定额标准和医疗机构服务的被保险人数量确定预付的额度；按工资标准支付，即薪金制；按疾病诊断相关分组（diagnostic related groups，DRGs）支付方式；DIP 支付方式等。

预付制的优势主要是能够较好地控制医疗机构和医务人员对医疗服务的过度提供，其对医疗保险需方过度利用医疗服务的行为也是一种有效的约束，从而可以有效地控制医疗费用的过快增长。通过实施不同形式的预付制，医疗保险机构将医疗费用控制的主要职责和风险转交给了医疗机构和医务人员，也减少了医疗保险机构的工作量。预付制的劣势主要是医疗机构和医务人员为了自身的利益，可能会采取一定的措施控制医疗服务的成本，如减少对被保险人服务数量的提供、降低医疗服务的质量等，损害被保险人的利益。实施预付制的难点在于如何确定各种医疗项目的支付标准，此外，对提供服务的医疗机构的内部管理及信息系统等也提出了更高的要求。

世界各国医疗保险的实践表明，在控制医疗费用的效率和效果等方面，预付制具有比后付制更加明显的优势，医疗保险支付方式呈现出由后付制向预付制发展的趋势。

## （二）按支付对象分类

按支付对象不同可把支付方式分为向需方支付方式和向供方支付方式。

### 1. 向需方支付方式

向需方支付方式，也称为间接支付方式，是指被保险人接受医疗机构提供的医疗服务后，先由被保险人向医疗机构支付所发生的医疗费用，然后由医疗保险机构依据医疗保险相关规定或合同给予被保险人全部或部分的费用补偿。医疗保险机构与医疗服务机构不发生直接的支付关系。向需方支付方式工作量大，操作烦琐，管理成本相对较高，也难以有效控制医疗机构对医疗服务的过度提供，不利于合理控制医疗费用。此种支付方式在现代医疗保险中逐渐被向供方支付方式取代。

**2. 向供方支付方式**

向供方支付方式，也称为直接支付方式，是指被保险人接受医疗机构提供的医疗服务后，由医疗保险机构按照医疗机构提供的服务数量和一定的标准等把发生的医疗费用直接支付给提供医疗服务的机构。被保险人只需按照医疗保险的相关规定或合同约定支付应该由个人支付的医疗费用。向供方支付方式操作简便，管理成本相对较低，有利于约束医疗机构和医务人员过度提供医疗服务的行为，合理控制医疗费用。

（三）按支付内容分类

按照支付内容可以把支付方式分为对医生的支付方式和对医疗服务的支付方式。

**1. 对医生的支付方式**

对医生的支付方式是指对医务人员所提供医疗服务支付报酬的途径与方法，如工资制、按人头付费制、以资源为基础的相对价值标准（resource based relative value system，RBRVS）等。

**2. 对医疗服务的支付方式**

对医疗服务的支付方式是指对医疗机构为被保险人提供的医疗服务支付费用的途径与方法。根据服务的内容不同可以分为对门诊医疗服务的支付、对住院医疗服务的支付、对药品和护理服务的支付等。

（四）按支付水平分类

按支付水平可把支付方式分为全额支付和部分支付。

**1. 全额支付**

全额支付是指被保险人接受医疗机构提供的医疗服务后发生的医疗费用全部由医疗保险机构支付，被保险人享受完全免费医疗。

**2. 部分支付**

部分支付是指对被保险人接受医疗机构提供的医疗服务后所发生的医疗费用，医疗保险机构依据医疗保险规定或合同约定只承担其中一部分，被保险人则需要按保险规定或合同约定分担一定比例的医疗费用，分担费用的方式包括起付线、按比例分担、封顶线、混合支付方式等。

（五）按支付主体分类

按不同的支付主体可以把支付方式分为分离式和一体化方式。

**1. 分离式**

分离式是指在医疗保险系统构成中，医疗保险机构和医疗服务提供方相互独立，前者负责医疗保险费用的筹集与支付，后者则负责向被保险人提供医疗服务。

**2. 一体化方式**

一体化方式是指医疗保险机构和医疗服务提供方两者合为一体，既负责医疗保险费用的筹集与支付，又承担为被保险人提供医疗服务的职责，如美国的健康维持组织（Health Maintenance Organization，HMO）。

# 第二节 医疗保险支付体系与体制

## 一、医疗保险支付体系含义

医疗保险支付体系是医疗保险系统各相关要素为了维持医疗保险基金收支平衡和医疗保险制度稳定运行而组成的一个相互联系、相互依赖的有机整体。随着医疗保险制度的建立与不断完善，医疗保险支付体系经历了一个逐步演变的发展过程。从某个角度来看，医疗保险支付体系的发展促进了医疗保险制度的逐步完善，或者说医疗保险支付体系的发展水平体现了医疗保险制度的发展水平，因为医疗保险支付体系是医疗保险运作的核心与关键，是医疗保险履行其职能的基本结构。目前在学术上对医疗保险支付体系的分类和界定等尚无定论，我们尝试从医疗保险费用支付体系发展演变角度对医疗保险支付体系进行论述。

## 二、医疗保险支付体系构成

### （一）直接支付结构

在医疗保险制度诞生之前，医疗保险支付体系处于原始结构，其构成要素为患者即被保险人和医生即医疗服务提供方。这个阶段医疗费用支付关系非常简单，患者因为疾病找医生就医，医生给患者提供医疗服务，患者直接支付医疗费用给医生，类似于一般商品交换，我们将这种医疗费用支付关系称为直接支付结构（图 1-1）。患者支付医疗费用给医生，其所获得的是医疗服务而不是医疗费用的补偿。

图 1-1 直接支付结构

### （二）双向支付结构

随着医疗保险制度的建立与发展，医疗费用支付体系中出现了新的要素，即医疗保险机构，这一阶段，作为保险人的医疗保险机构的主要职能是接受参保对象的投保，接收参保对象缴纳的保险费，当被保险人因为疾病接受医疗服务而发生医疗费用时，由医疗保险机构依据双方约定给予参保对象相应的经济补偿，医疗保险机构与医疗服务提供方不发生直接联系和支付关系，我们将这个阶段的医疗费用支付关系称为双向支付结构（图 1-2）。参保对象缴纳保险费给医疗保险机构，医疗保险机构对参保对象发生的医疗费用给予经济补偿，医疗服务提供方与医疗保险机构不产生直接经济关系，而是通过参保对象发生间接经济关系。

### （三）第三方支付结构

随着医疗保险制度的逐步完善，在双向支付结构的基础上形成了医疗保险支付体系的新结构，即第三方支付结构（图 1-3），这是医疗保险支付体系的基本结构。与双向支付结构相比，第三方支付结构最大的不同是医疗保险机构与医疗服务提供方发生了直接的支付关系。参保对象向医疗保险机构缴纳保险费，当被保险人因为疾病接受医疗服务而发生医疗费用时，由医疗保险机构依据约定替代被保险人支付一定额度的医疗费用给医疗服务提供方。医疗保险机构作为第三方替代被保险人支付医疗费用给医疗服务提供方成为医疗保险支付的主要形式。

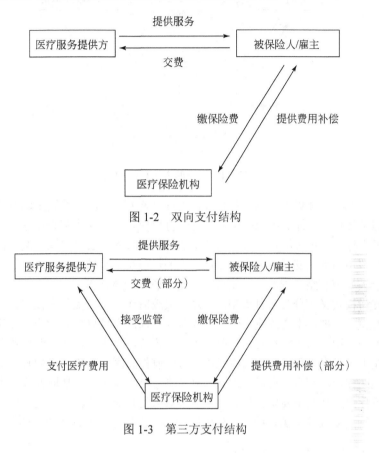

图 1-2 双向支付结构

图 1-3 第三方支付结构

（四）三角四方支付结构

作为医疗保险支付体系的基本结构，第三方支付结构在维持医疗保险基金的收支平衡，保证医疗保险的正常运行的同时也产生了许多新问题，需要作为管理方的政府参与到医疗保险支付体系中，这样就由医疗保险机构、医疗服务提供方、被保险人、政府组成了医疗保险支付体系的三角四方支付结构（图1-4），这是现代医疗保险支付体系的结构形式。政府作为管理方参与到医疗保险支付体系中来，一方面，通过法律、法规及相关政策等对支付体系相关各方的经济关系进行管理和协调，规范各方的行为；另一方面，政府又与医疗保险支付体系各方发生着不同形式的经济关系，如预算拨款、补贴等，有的保险制度的费用支付方就是各级政府。

## 三、医疗保险支付体制

医疗保险支付体制是一个国家或地区用法律或合同的形式确定的费用支付方式，医疗保险支付体制决定医疗保险资源的配置，根据各国医疗保险资源配置的集中程度，医疗保险支付体制可分为以下三种模式。

（一）集中统一支付模式

集中统一支付模式是指在一个国家或地区，医疗保险资金通过统一的医疗保险计划流向医疗服

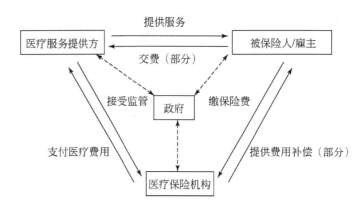

图 1-4　三角四方支付结构

务提供方,即医疗保险基金集中于单个付款人,由该付款人以分配预算资金的办法,将医疗费用统一支付给医疗服务提供方。提供由政府资助的全民健康保险的国家大多采用这种支付模式,如英国和加拿大。由于实行全民免费医疗,医疗服务系统的全部收入主要来自国家医疗保险基金,政府成为全国医疗保险费用的唯一支付人。这种支付模式的优点是计划性较强,政府掌握配置医疗保险基金主动权,可以较好控制整个国家的卫生费用支出,管理成本较低。

集中统一支付模式又可分为三种类型:一是中央政府作为单一支付人模式,其特点是医疗保险基金由中央政府直接掌握,中央政府作为单一支付人,以国家预算形式分配医疗保险基金。实行该模式的典型国家是英国。二是省政府作为单一支付人模式,其特点是医疗保险基金可能来源于省政府税收,也可能来源于中央和省政府两级税收。省政府作为医疗保险费用的唯一支付人,以省政府预算的方式分配医疗保险基金。实行该模式的典型国家是加拿大。三是地方政府作为单一支付人模式,其特点是医疗保险基金主要来自地方政府(多数为县政府)的税收,地方政府按照与医疗服务提供方组织协商确定的预算总额,统一支付给医疗服务提供方。实行该模式的典型国家是瑞典。

(二)比较集中的准统一支付模式

比较集中的准统一支付模式是指医疗保险基金通过多渠道筹集,最终集中到医疗保险机构,由医疗保险机构根据统一的支付标准,按照与医疗服务提供方组织协商确定的支付办法集中支付。实行该模式的国家主要是实施全民社会医疗保险的国家,如德国、法国、荷兰等。这种模式通过统一的社会医疗保险机构控制医疗保险资金的主渠道,决定医疗服务系统的规模,并可根据区域卫生规划调整卫生资源的投入方向,保持卫生费用占国民生产总值的适当比例。同时,由于医疗服务的价格由医疗保险机构与医疗服务提供方组织协商确定,与医疗服务提供方组织自行定价相比,这种模式更利于医疗费用的控制,医疗保险管理成本也相对较低。

(三)分散独立的支付模式

分散独立的支付模式是指在公、私医疗保险并存,或以私人健康保险为主的多元医疗保险体制下,多个支付人以不同的方式和标准支付医疗保险费用。由于存在许多分散、独立的保险机构,医疗保险费用则由多个分散、独立的支付人支付给医疗服务提供方。实行该模式的国家以美国为代表。这种模式的特点是参保人有较多的选择性,可满足不同层次的医疗保险需求。但由于医疗费用支付渠道多,控制点分散,难以有效控制医疗费用的过快增长。同时,由于各类医疗保险机构各自为政,竞争激烈,需要耗费大量行政管理费用。

医疗保险费用支付体制是一个复杂的系统,涉及很多方面,世界各国实行不同的支付体制,有其自身独特的社会经济、文化背景及传统。同时，各国的医疗保险支付体制又处在不断变化和完善之中，呈现不同的发展趋势，如分散独立的支付模式向集中统一支付模式发展；单一支付模式向混合支付模式发展；支付标准由自由定价向政府控制价格或统一价格发展；各国内部从单一支付方式和标准向多种支付方式与标准并存发展；在保持基本医疗保险费用支付方式与标准相对稳定的前提下，不断进行动态调整等。

## 第三节　医疗保险支付原则与方式选择

### 一、医疗保险支付原则

（一）收支平衡

收支平衡原则，即医疗保险费用支付必须坚持以收定支，量入为出，费用支出水平必须与筹资水平基本一致，这是医疗保险费用支付必须依照的基本原则，也是医疗保险制度运作的前提与基本条件。在医疗保险的运作过程中，医疗保险机构支付被保险人实际发生医疗费用的总额，一般只能低于或等于其可支付金额的总额，而不得超过医疗保险的支付能力与筹资水平，这样才能保持医疗保险制度的平稳、安全运行与可持续发展。

（二）权利与义务对应

权利与义务对应原则强调参保对象享受医疗保险机构为其支付医疗保险费用的权利必须与其承担缴纳医疗保险费等责任义务相一致。在医疗保险费用支付对象上，体现为"参保支付，不投保不予支付"，即只有参加医疗保险的对象才能得到医疗保险费用支付，未参保人员的医疗费用则不得支付；在医疗保险费用支付水平上，则体现为"多投多保，少投少保"。尽管社会医疗保险不同于商业医疗保险，更多强调其公平性，但仍然体现出权利与义务的基本一致。例如，设置个人账户的医保制度，收入较高的参保对象，其个人账户的资金较多，支付能力相对较高，反之，则较低；又如，参保对象参加基本医疗保险之外，还可以根据其经济能力和保险需求再参加其他补充医疗保险，以获得更多的医疗费用补偿，如参保对象投保商业医疗保险，则其获得的医疗费用支付额度与其缴纳的保险费、保险期限和疾病风险等有关，由参保人与承保的保险机构双方签订合同约定各自的权利与义务。

（三）符合医疗保险规范

符合医疗保险规范原则是指医疗保险系统各方必须依照相关规定或合同约定实施医疗保险，超出医疗保险相关规定或合同约定的行为将不能得到费用的补偿。对于被保险人接受医疗机构的医疗服务所发生的医疗费用，医疗保险机构所能支付的费用必须局限于医疗保险规定或合同约定的范围，如药品目录、服务设施、诊疗项目及疾病病种等，超出支付范围的医疗费用，保险机构将不予支付。从各国医疗保险的实践来看，尽管医疗保险机构支付医疗费用的范围存在差异，但一般主要包括被保险人患病就医所发生的直接医疗费用，其他非直接医疗费用，如往返交通费，伙食费，患病后的误工费、失业费，或因医务人员失职造成的医疗差错或医疗事故损失等费用，医疗保险机构一般不予支付。

（四）有限支付

任何医疗保险的支付能力都是有限的，主要原因在于任何保险的保险费筹资是有限的、相对固定的；医药技术的发展、疾病的发生、医疗服务提供及参保人的需求等则是变动的、相对无限的。为了保证医疗保险的正常运行，维持医疗保险基金的收支平衡，医疗保险费用支付必须实行有限支付的原则，即其所支付医疗费用的金额不得超过被保险人实际发生或支付的医疗费用，且保险所支付的医疗费用必须在医疗保险范围之内。在医疗保险实施过程中，则通过各种支付方式和具体措施加强对医疗服务提供者和被保险人的管理，控制医疗服务的不合理使用。同时，被保险人也需依照医疗保险规定或合同约定分担一定数额的医疗费用。

## 二、医疗保险支付方式选择

医疗保险支付方式作为一种医疗消耗的补偿手段，体现了医疗保险分担医疗费用风险的功能，同时作为医疗保险过程中涉及各方利益最直接、最敏感的环节，其还成为保险人控制医患双方道德风险和医疗费用增长的一种最直接、最有效的措施。各国实践证明，合理的支付方式是有效控制卫生费用、保障患者健康、正确引导供需双方行为、抑制道德风险的关键。在医疗保险实践中，由于医疗服务的技术垄断性，控制医疗保险费用，实现医疗保险基金收支平衡，主要还是通过医疗供方支付方式的选择，加强对医疗服务供方费用控制。

医疗保险支付方式的选择一方面要提高医疗保险需方的费用分担意识，合理确定需方的费用分担水平；另一方面要在维持医疗保险基金安全的前提下促进医疗服务质量的提高，兼顾医疗服务质量和数量，促使医疗机构提供适量服务。同时，针对不同的医疗服务形式、地区差异等应采取不同的医疗保险支付方式，体现医疗保险支付方式的差异化。医疗保险支付方式选择的原则主要包括以下几点。

（一）保证医疗保险基金收支平衡

医疗保险制度是通过国家立法，强制要求由国家、单位、个人集资建立医疗保险基金，当个人因病接受必需的医疗服务时，由社会医疗保险机构提供医疗费用补偿的一种社会医疗保险制度。建立完善有效的筹资机制与医疗保险基金支付机制是实施医疗保险的必要条件，同时，根据"以收定支，收支平衡"的原则，医疗保险基金收支平衡则是医疗保险制度平稳运行的基础，是医疗保险制度履行其医疗保障职能的前提。由于支付方式在医疗保险中的关键与重要作用，在医疗保险实践中，无论采取或设计什么支付方式，医疗保险支付方式的选择必须以医疗保险基金的收支平衡为基本目标，保证医疗保险基金收支平衡是医疗保险支付方式选择的首要原则。

（二）合理负担医疗保险费用

医疗保险支付作为医疗保险的敏感环节，支付方式会对医疗保险各方产生不同程度的影响，支付方式的选择要充分考虑各方的合理负担。在需方支付方式的选择上，要通过适当的支付方式，增强需方的费用意识，减少医疗费用的浪费，让需方自费支付部分医疗费用，使其对接受的医疗服务做出恰当的选择；同时要合理制定需方的个人起付线、支付比例和封顶线等，需方个人负担水平要与当地的社会经济发展及个人、家庭收入状况基本一致，避免出现家庭或个人经济负担过重的现象。在供方支付方式的选择上，要充分考虑卫生健康事业发展现状，医药机构和医疗保险管理水平等实际，通过科学测算等选择或设计适当的支付方式。医疗保险供方支付方式选择，要控制医药服务供方的不合理服务行为，也要考虑医药卫生机构及卫生服务人员的积极性，增强医药服务供方合理负担部分费用的科学性与有效性，促进卫生健康事业良性发展，为医疗保险制度平稳运行营造良好的外部环境。

（三）医疗费用控制与医疗服务质量及数量达到有效平衡

医疗保险支付方式的选择不是一味追求控制医疗保险提供方和需方的费用支出，而是减少不合理卫生资源的浪费，实现以参保对象健康为中心，让参保对象获得价格合理、质量较好、适宜的卫生服务，同时促进医疗服务提供方提高医疗服务质量，促进卫生健康事业良好发展。医疗保险对供方支付方式选择在于控制医疗服务供方的不合理医疗行为，减少甚至杜绝其诱导医疗消费的行为，减少卫生资源的浪费。同时，医疗保险供方支付方式的选择也要考虑到医疗卫生机构及卫生服务人员的积极性，这有利于促进医药机构内部管理的科学化和现代化，有利于促进医药机构由粗放型经营向结构效益型转变、由单纯注重收入型向注重成本效益型转变。要在控制医疗费用和提高医疗质量及数量方面达到有效平衡，实现卫生资源合理有效配置，从而促进卫生健康事业与医疗保险事业和谐发展，为参保对象健康提供有效保障。

（四）医疗保险费用支付方式体现差异化

由于各地社会、经济、文化、卫生资源状况及管理水平等存在差异，各地在医疗保险费用支付方式的选择或设计上要实行差异化原则。同时，由于疾病的多样性和复杂性决定了医疗方案的多样性和复杂性，同一种疾病可以有多种医疗方案，支付方式的选择也需要体现差异性。例如，在供方支付方式的选择上，对诊断明确的住院医疗费用结算，可以采用 DIP 支付方式；对新技术、新项目的使用可以实行按服务项目支付方式；对门诊特殊慢性病及社区卫生服务中心可以选择按人头支付方式；对康复性疾病、精神疾病等治疗时间相对较长、床日费用相对固定、床位利用率较高的可以采用按床日支付方式等。基于医疗保险费用支付方式差异化原则，各国在高效管理支付方式上进行了不断探索，如我国目前正在试点探索的按疾病诊断相关分组支付方式和 DIP 支付方式，DIP 支付方式是基于中国国情利用大数据优势所建立的完整医保费用支付与管理体系，是我国在医疗保险支付方式上的创新。

（五）医疗保险费用采取混合支付模式

医疗保险对需方和供方的支付方式有很多种，每种支付方式都有其优势与不足，在医疗保险支付方式选择上，必须充分发挥各种支付方式的优势，采取混合支付模式。依据不同医疗保险制度实际，既有需方支付方式，也有供方支付方式，在需方和供方具体支付方式选择上也可以有不同组合形式。同时，由于不同的支付方式会对医疗费用控制及医药服务提供方产生短期或长期影响，因此，支付方式的选择要兼顾短期和长期目标，必须符合卫生健康与健康保障事业总体政策与发展目标，适应卫生健康事业发展现状，考虑各时期医药机构和医疗保险管理水平，任何支付方式的选择或设计都不能脱离现实的医药管理和医疗保险管理条件，我国推行的以总额预付制为基础，实行预付制与后付制的有机组合，以按病种付费为主的多元复合式医保支付方式，是医疗保险混合支付模式的有益探索。世界各国医疗保险实践证明，结合各国实际情况，采取混合支付模式是实现医疗保险功能的有效选择。

# 第四节 医疗保险支付方式研究

## 一、医疗保险支付方式研究内容

（一）医疗保险支付方式理论研究

医疗保险支付方式在医疗保险中的重要与独特地位，对医疗保险支付方式的理论研究提出了要求。医疗保险支付方式具有复杂性、实践性、独特性等特点，且医疗保险支付方式在各个国家或各类医疗保险模式中又呈现不同的具体形式，加之医疗保险运行的现实需要，医疗保险支付方式的应用研究和医疗保险支付方式的理论研究尚显不足。在医疗保险支付方式理论方面还有许多亟待深入研究探讨的课题，如医疗保险支付方式的基本概念、地位、作用、发展历史，医疗保险支付的目的、原则、主体、模式，支付方式与博弈论，支付方式与道德损害和逆向选择之间的关系，支付方式与费用控制，支付方式与医患行为的关系等。

### （二）医疗保险支付方式应用研究

归纳医疗保险支付方式应用研究涉及的内容，主要包括以下几方面。

**1. 支付范围**

不同医疗保险制度或模式之间最显著的差异之一在于支付范围，或是门诊服务，或是住院服务，或是疾病病种及药品提供等，而这些补偿范围的差异在医疗保险的实施过程中就体现为不同的支付方式，不同医疗保险制度的不同阶段、不同参保对象也会有其独特性。因此，医疗保险的支付范围与支付方式存在紧密联系，对支付范围与支付方式的相关方面进行深入研究，探索适宜医疗保险支付范围的支付方式是任何医疗保险制度都必须面对的现实问题。

**2. 支付标准**

无论是针对需方还是针对供方的任何一种支付方式，都有一个共同的问题就是如何确定具体方式的支付标准。这是每个医疗保险制度都需要面对的难题，也是医疗保险管理者的基本职能和实施医疗保险支付的基本条件，同样也是医疗保险研究者的重点研究课题。支付标准涉及医疗保险各方的利益，引导着医疗保险各方的行为，是医疗保险支付方式研究需要解决的关键问题，也是医疗保险支付研究的热点与难点。

**3. 支付体系**

各个国家医疗保险支付体系各有特色，体现了各国的社会制度、经济水平、传统习惯等，也经历了一个长期发展的历程。在维护医疗保险正常运行的同时，各国医疗保险支付体系还存在诸多需要解决的问题，也面临改革与逐步完善的挑战。对支付体系开展深入研究，探索适宜本国医疗保险制度的支付体系成为各国医疗保险制度改革完善的长期课题。

**4. 支付信息系统与管理**

现代医疗保险制度的运行离不开信息系统的支持，医疗保险费用支付则依赖于支付信息系统的支撑，可以说，没有信息系统就没有现代医疗保险。然而，在医疗保险信息系统的建设与管理方面，有很多问题还需要我们深入研究，涉及信息系统的标准、结构、设计、开发、安全及兼容等方面。

**5. 支付配套措施**

任何支付方式都有其发挥作用的环境与条件，适宜的环境与条件将有助于其优势的发挥。因此，对医疗保险支付相关配套措施的研究成为各国医疗保险制度运行与健康发展必须解决的基本问题。支付配套措施所涉及的领域相当宽泛，如医疗保险基金的筹集、使用与管理，医疗服务体系及相关政策，药品供应体系及相关政策等。

**6. 支付方式选择**

选择什么样的支付方式和如何选择支付方式是每一个医疗保险制度都必须面对的共同课题，涉及支付方式选择的基本原则、标准、程序、指标等各个方面。支付方式的选择还是一个动态的过程，如对某一支付方式实施效果进行评价后，对此种支付方式是调整完善还是选择新的支付方式，都需要进行科学研究。对支付方式的选择开展系统研究，其目的是选择适应本国实际的支付方式。

**7. 支付方式评价**

对支付方式的评价进行学术研究，对合理选择支付方式和医疗保险制度的完善具有十分重要的现实意义。在支付方式的评价研究方面，尽管已经形成了一些学术成果，但还有不少研究工作需要展开，如支付方式评价的原则、标准、程序、方法、技术、指标等。

**8. 支付方式发展趋势**

医疗保险支付方式经历了一个逐步发展的过程，世界各国医疗保险的实践形成了各具特色的支付制度。研究总结各国医疗保险支付制度的历史经验，把握支付方式发展趋势，对于探索医疗保险支付规律，完善本国医疗保险支付制度具有非常重要的理论与现实价值。

**9. 支付技术创新**

支付技术的创新是医疗保险费用支付研究的长期任务，每一个新的支付方式的诞生，都对医疗保险制度的不断完善产生了积极的促进作用。无论是从后付制到预付制，从全额支付到部分支付，还是从传统的按服务项目支付到按人头支付、按单元支付、总额预算、按疾病诊断相关分组支付、RBRVS 及 DIP 等，都是支付技术创新的结果，医疗保险制度的可持续发展需要更多支付技术的开发与创新成果为其提供强有力的支撑。

## 二、医疗保险支付方式研究方法

医疗保险支付方式的研究涉及多种方法，总体上可以概括为定性和定量研究，结合目前医疗保险支付方式研究现状，研究方法主要包括以下几种。

### （一）比较研究

比较研究是医疗保险支付方式研究常用和基本的方法，其特点是简便易行、效率高，比较研究方法可分为纵向比较与横向比较。纵向比较是对支付方式相关内容在不同时间的特点进行比较分析，如实施某一支付方式前后的比较，揭示其发展变化的内在规律，把握医疗保险支付的发展趋势。横向比较则是对空间上同时并存的事物进行比较分析，所涉及的内容相当广泛，不同国家、不同保险制度、不同支付体制、不同支付方式与支付标准等都可以进行比较研究。从不同国家、保险制度、体制机制与标准等个性特征中总结归纳出支付方式共性特征，使其服务于医疗保险支付方式与医疗保险制度的改革与完善。

### （二）调查研究

调查研究是医疗保险支付方式研究广泛使用的方法，其涉及的内容相当广泛，总体上包括定性研究和定量研究。在实际研究过程中经常使用的具体方法包括人口调查、卫生服务调查、市场调查、流行病学调查及社会学调查等。依据调查范围的不同，可以分为普查、抽样调查、典型调查、个案调查等。通过对各类调查资料的整理与统计分析，可以更加深入地认识支付方式相关方面发生发展的规律，为医疗保险支付及医疗保险制度完善提供科学依据。

### （三）数理统计分析

数理统计分析在医疗保险支付研究中也是经常使用的方法之一，随着医疗保险制度的建立与不断发展，会形成大量涉及医疗保险各个方面的数据资料，这些资料蕴藏着许多重要的信息，是医疗保险研究可以充分挖掘的信息资源库。通过对医疗保险相关资料的统计分析，可以深入探究医疗保险各个方面发展变化的结构、轨迹、趋势等，这些研究成果，有的可以直接服务于医疗保险的实务，如政策制定、制度调整等，有的则可以用于对未来的科学预测。

### （四）经济分析

采用各种经济分析的方法对医疗保险支付的相关内容进行研究，是医疗保险支付运行的现实要求。经常使用的经济分析方法有收支平衡分析、成本效果分析、成本效益分析等，通过对医疗保险支付相关内容的经济分析，可以为医疗保险基金的平稳运行与医疗保险制度的健康发展提供第一手参考资料，对促进医疗保险制度的完善具有非常重要的现实意义。

（五）实验研究

实验研究在医疗保险支付方式的研究中也会涉及，如 20 世纪 90 年代在江苏镇江、江西九江实施的城镇职工医疗保险改革试点就是典型的实验研究。在医疗保险实际工作中，我们也可以采取多种途径开展实验研究，如采取计算机模拟的方法，利用医疗保险信息系统平台，模拟对支付方式或支付标准进行调整，预测对医疗保险基金产生的影响等，从而为未来的支付政策调整提供参考依据。

1. 如何理解医疗保险支付方式的概念与分类？
2. 如何理解医疗保险支付的原则？
3. 医疗保险支付结构的主要特点是什么？
4. 如何理解医疗保险支付方式选择的原则？
5. 医疗保险支付方式研究的内容与方法主要包含什么？

（李绍华）

# 第二章 医疗保险支付方式的相关理论与影响机制

**内容提要**

本章阐述了医疗保险支付方式的主要理论，重点介绍了医疗保险支付方式对医疗服务体系和医疗保险体系的作用机制，系统分析了医疗保险支付方式改革对医院经济运行的影响，并分析了医疗保险支付方式改革实施在我国信息化建设、医保治理等方面的促进作用，阐述了医保支付方式改革对医保基金战略性购买的作用。

## 第一节 医疗保险支付方式的基础理论

### 一、风险和不确定性

在经济学中，风险和不确定性都是决策理论的研究对象。不确定性是指经济行为者事先不能准确地知道自己某个决策的结果。当消费者在知道自己某种行为决策各种可能结果的同时，还知道各种可能结果发生的概率时，则称这种不确定的情况为风险。根据消费者对待风险的态度，可以将消费者分为风险回避者、风险爱好者和风险中立者。在现实生活中，消费者总面临着风险条件下的选择。一般情况下，消费者都是风险回避者。风险回避型消费者会采用购买保险的手段来回避或化解自己所面临的风险。

从保险学的角度，疾病是一种人们不期望发生的非正常状态或损失，它的发生存在不确定性。疾病风险是指由于患病或意外损伤产生的风险。医疗服务领域中的不确定性特征很早就被认识到了。1963 年，肯尼思·阿罗（Kenneth Arrow）就在其《不确定性和医疗保健的福利经济学》一文中提出了医疗保健的显著特征。他指出，风险和不确定性是医疗服务市场的重要因素，医疗服务产业的所有特性几乎都源自普遍存在的不确定性。疾病在相当大的程度上是一种不可预测的现象。从需求的性质来看，医疗服务不像食物或衣服的需求那样稳定，而是不规则、不可预测的。人们大致知道下周要买多少食物或衣服，但对医疗服务的需求非常不确定。突然骨折或心脏病突发可能会创造对昂贵医疗服务的需求。除了预防性服务外，医疗服务只有在疾病发生时才能给人带来满足感。从产品的性质来看，医疗服务质量的不确定性可能比大多数商品都严重。疾病的治疗并非标准化服务，所以医生可以为相似的病人提供不同价格和医疗质量的服务。疾病的痊愈就像疾病的发生一样不可预测。由缺乏经验导致的不确定性也加大了预测的困难。此外，患者既要面临由于疾病本身带来的不确定性，又要面临由于缺乏医学知识带来的不确定性。阿罗认为，对大多数产品来说，消费者尽管不懂生产过程，但是对产品给自己带来的效用是多少是清楚的。对于医疗服务来说，消费者在许多情况下没有条件判断治疗的效用。

健康和医疗需求的不确定性使得家庭医疗支出无法预算，由于大多数人都厌恶健康不确定性带来的风险，这种不确定性促使人们购买医疗保险。医疗保险使得医疗服务接受者无须支付其获得的医疗服务的全部费用，共付或免费提供的方式可以补偿患者的医疗支出，使患者在规避医疗支出风险的同时获得必要的医疗服务。

# 二、信息不对称

信息经济学是一门研究信息不完全条件下的市场行为及其对资源配置影响的科学。信息不完全是指经济活动主体不能充分了解所需要的一切信息。信息不对称（information asymmetry）是指经济交易双方对有关信息了解和掌握的不一样多。信息不完全和信息不对称都是信息不充分的表现。传统经济学假设市场中交易双方之间信息充分，不存在信息不对称现象。但现实经济生活中，交易双方之间信息通常是不充分的，信息经济学就是研究在信息不充分条件下如何寻求一种契约和制度来安排规范交易双方的经济行为。

医疗保险市场中的信息不对称不仅存在于供需双方之间，还存在于购买者与需方之间、购买者与医疗服务提供方之间。

## （一）医疗服务提供方与需方的信息不对称

标准的经济学模型通常是建立在完全信息假设的基础上的，所有的消费者和生产者对市场上产品或服务的价格和质量都拥有完全信息，买方和卖方对产品的了解程度没有差异。在医疗服务市场中，信息不仅是不完全的，而且是不对称的。大多数的病人对医疗中的费用、时间、效果的具体信息都知之甚少。患者也不知道什么样的医疗服务能够给自己带来最佳的效用。在一些医疗服务的情形中，医疗服务提供方也与患者一样处于信息不完全的状况。相对而言，医生经过专门和严格的培训，具有医学知识和专业技能优势，因而在医疗服务提供中具有主导性。

## （二）购买者与需方之间的信息不对称

在交易合同签订之前，参与交易的一方隐藏信息而导致对方受损，这种现象被称为逆向选择。即高风险消费者会比低风险者更愿意参加医疗保险。诺贝尔奖获得者乔治·阿克洛夫于 1970 年撰写的《柠檬市场：产品质量的不确定性与市场机制》一文借助二手车市场分析了信息不对称对市场的影响，为健康保险市场的逆向选择提供了基础。在健康保险市场上，潜在的被保险人对自己健康状况和下一期医疗支出信息的了解要比保险公司多，而保险公司收取的保险费是建立在投保人医疗支出整体分布基础上的。因此，最想购买保险的人往往是生病的人，然后才是亚健康者，健康人最不愿意购买健康保险，保险公司面临的风险大大增加。保险公司的亏损会导致下一轮保费的上升，这样高健康风险者倾向于驱逐低健康风险者，可能使一些亚健康者也退出保险市场，最终市场交易会趋于零，保险市场走向瓦解。

道德风险（moral hazard）是在保险合同签订以后交易一方的行为不易被另一方察觉而导致另一方利益受损的现象。道德风险根据发生的时间可以分为事前和事后道德风险。事前道德风险指被保险人减少预防措施或从事有风险的活动，从而增加了保险事故实际发生的风险。事后道德风险指健康保险承担了大部分或全部医疗费用，相当于降低了医疗支出的净价格，这会使消费者对医疗服务的需求增加，使用更多更昂贵的治疗。当健康保险为这些道德风险买单时，也造成了社会损失。这些额外的医疗支出会转嫁给保险池中所有被保险人。最终，任何道德风险都会导致保险池中每个人的保险费上涨，这也意味着人人都必须为他人的道德风险和医疗资源的过度消费买单。

图 2-1 说明了道德风险是如何导致社会损失的。以抗生素的使用为例，没有保险时，$A$ 点是社会效率均衡点，此时抗生素的边际成本（MC）等于边际收益，消费者最佳购买量是 $Q_1$。当消费者只需负担部分医疗支出时，如以 20% 的共付保险率支付，消费者的实际价格从 $P_1$ 降低为 $P_2$，因而需求会增加，抗生素购买量从 $Q_1$ 上升到 $Q_2$。需求曲线向外移动，当抗生素购买量为 $Q_2$ 时，达到新的均衡。市场的成本仍旧是 $P_1$，现在所提供服务的价值是 $P_1Q_1$，增量成本是 $P_1(Q_2-Q_1)$，即长方形 $ABQ_2Q_1$。增量收益是初始需求曲线下的区域 $ACQ_2Q_1$，三角形 $ABC$ 为增量成本与增量收益之差，

即为由消费者购买的抗生素数量超过了最佳数量导致的社会福利损失。

道德风险的存在已在许多研究中得到证实。20世纪80年代，兰德公司在我国26个农村地区开展了中国农村医疗保险试验（China rural health insurance experiment）。研究者把具有不同共付率的保险方案随机指定给不同的参与人，并追踪了参与人两年（1988~1989年）的医疗费用。研究表明，共付率低的参与人的医疗费用高于共付率高的参与人。门诊服务的费用差别更明显，与共付率最高的病人相比，共付率最低病人的门诊费用增加了106%，住院费用增加了53%。针对需方设置控制方法，如起付线、共付比和封顶线是解决道德风险导致的服务利用和医疗支出增加的重要方法。

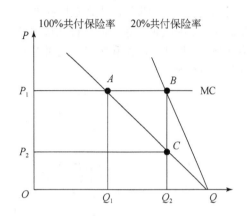

图 2-1　不同共付保险率下医疗服务数量的变化

（三）购买者与医疗服务提供方之间的信息不对称

由于个体之间的异质性和治疗方案的差异化，对患者的服务强度、服务组合和质量通常只能在服务后确定，购买者与医疗服务提供方之间也存在广泛的信息不对称。在后付制的情况下，购买者在提供医疗服务之后根据医疗费用开支的多少，向医疗机构或病人支付医疗费用，这时医疗保险方也难以对医疗支出的合理性进行监管，当地保险机构对异地医疗机构提供的服务监管难度更大。因此，医疗保险机构和医疗服务机构支付方式的机制设计尤为重要。中国农村医疗保险试验中的平均医疗支出如表 2-1 所示。

表 2-1　中国农村医疗保险试验中的平均医疗支出

| 共付率 | 门诊服务/元 | 住院服务/元 |
| --- | --- | --- |
| 20% | 13.49 | 4.51 |
| 30% | 12.04 | 4.18 |
| 40% | 10.72 | 3.88 |
| 50% | 9.52 | 3.61 |
| 60% | 8.42 | 3.36 |
| 70% | 7.43 | 3.14 |
| 80% | 6.54 | 2.95 |

资料来源：Cretin S，Williams A P，Sine J. 2006. China rural health insurance experiment：final report［R］. Santa Monica：RAND Corporation.

## 三、委托代理理论

委托代理问题与信息不对称密切相关。委托的动机在于消费者认识到自己缺乏信息来做出合理的决定，这样就产生了必须要选择一个代理人（agent），来替自己做效用最大化的决定。委托人（principal）将决策权委托给另一方代理时，就形成了委托代理关系（principal-agent relationship）。委托代理关系广泛存在于卫生服务战略购买体系中，如图 2-2 所示，卫生资金筹集者（企业、政府）和持有者之间、卫生资金持有者和各类卫生服务提供者之间、卫生资金持有者与需求者之间、卫生服务提供者与需求者之间，都存在委托代理关系，其中最典型的是医生与病人之间的委托代理关系。

在医患关系中，患者（委托人）将医疗决定权委托给医生（代理人），后者在很多情况下也是被推荐服务的提供者。如果该医生在医院执业，医院用直接从患者或专门的卫生资金中获得的钱支付给医生。这种委托代理关系遵循一种独特的模式，在这种模式下，理想报酬应满足关系网络中的所有各方（病人、医生、医院和第三方支付者）。大多数研究关注的是第三方支付者与医疗服务提供方之间的支付体系。

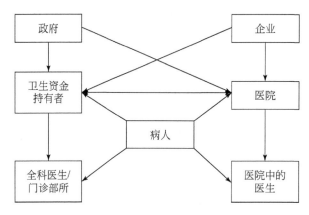

图 2-2　卫生服务购买中的委托代理关系

资料来源：Preker A S，Liu X Z，Velenyi E V，et al. 2007. Public ends，private means：strategic purchasing of health services ［R］.
Washington：World Bank.

　　理想的代理人所做的决定和完全知情的患者为自己做出的决定应该是相同的，一旦产生冲突，理想的代理人将关注患者的而非自己的利益。但由于代理方具有信息优势，在无效的制度安排下代理人的行为很可能最终损害委托人的利益。这种现象广泛存在于卫生资金筹集者和持有者之间、卫生资金持有者和各类卫生服务提供者之间。

　　标准的委托代理理论需要具备一定的假设条件：第一，委托人和代理人都追求自己的效用最大化，委托人和代理人的效用函数是相互独立的。第二，收入和努力是代理人效用函数的两个主要参数，收入会给代理人带来正效用，而努力会带来负效用。因此，代理人总是试图最大化收入和最小化努力。这种效用冲突意味着代理人不会为了委托人的利益而行动，除非他获得补偿合同的激励。第三，委托人完全知道代理人应该采取什么行动，但是代理人的实际行动只有代理人自己可以获得。代理人的行动信息是可以收集的，因此可以通过直接观察或间接收集信息来监控代理人的行为，从而判断代理人努力程度。第四，委托人须对代理人的活动有完全的信息，代理结果完全取决于代理人的努力。第五，委托人和代理人必须自愿签订合同。有了这些假设，就可以设计一个激励相容的支付合同，可以激励代理人以委托人的利益最大化为行动目标，同时代理人的期望效用也可以得到满足。虽然代理人有逃避或欺骗的倾向，但他因为害怕减少支付而不会这么做。这是因为委托人可以发现代理人的逃避和欺骗行为，从而减少支付，或者当支付是以结果为基础时，代理人的逃避和欺骗行为会减少服务提供的结果，影响支付。由于订立合同是自愿的，低收费也不会吸引代理人。

　　事实上，支付合同以及委托人的合同效率往往受到结果的不确定性、信息不对称、道德风险、逆向选择等因素的约束。以道德风险问题为例，个人一旦有了保险，就会增加风险行为。在这种情况下，根据投入或产出而不是结果获得报酬的购买者，几乎没有动机去执行限制不必要利用服务的政策。由于委托人不能观察代理人的每一个行动，代理人很容易利用这种信息不对称使自己获利。传统的按项目付费情况下，医生与患者的利益是一致的，但是与医疗保险之间的利益是相悖的。当病人生病时，医生为其提供的服务越多，从医疗保险中获得的补偿也越多，结果是病人和医生都需要能够促进健康的医疗服务而忽略了资源浪费。更可怕的是医生会诱导病人消费很多不必要的医疗服务。委托代理理论的核心任务就是研究在信息不对称和利益冲突的情况下，委托人如何设计最优契约激励代理人，确保代理人的行为符合委托人的最大利益。设计在委托人和代理人之间平衡分担这种风险的支付系统是契约成功的关键。

## 四、诱导需求理论

诱导需求产生于医疗服务市场，由于需方被动而供方垄断的特殊性，医生的职业地位和特殊的医患关系都根源于医生必须扮演的双重角色。医生作为病人的代理人，提供专业指导，但同时医生收入与提供服务的数量和价格相关。在这个角色中，医生过分强调服务的提供，并使病人的选择偏向于那些为医生带来单位时间最高净收入的服务。

虽然供方诱导需求不好确定，但对于供方诱导需求的发生已经达成了一致定义，即当医生影响病人需求偏离了医生认为的病人最佳利益时，就产生了诱导需求。传统的按项目付费情况下，医生的收入取决于医疗服务提供的价格和数量，医生出于自身经济利益的驱动而提供过度的、不合理的服务。如图 2-3 所示，在一般商品市场中，其他条件不变的情况下，当供给增加时，均衡价格就会下降。但在医疗服务市场中，由于医生具有医疗服务提供决定权，当供给增加时，供给曲线由 $S$ 右移至 $S_1$，此时医生为了维持目标收入，通过向病人推荐额外服务创造新的需求，从而使需求曲线由 $D$ 右移至 $D_1$，结果既保持甚至提高了其经济收入，也增加了需求量。

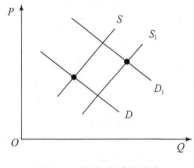

图 2-3　供给者诱导需求

## 五、激励相容理论

2007 年诺贝尔经济学奖获得者里利奥尼德·赫维茨创立了激励相容理论。激励可以引起一个人做出某种行为，如惩罚或者奖励措施，它的中心作用是人们对激励做出反应。激励是引导经济主体（个人或机构）走向自利行为的经济信号，即个人和组织试图优化并采取行动，以促进自身利益。激励相容是指委托人要设计和选择一种办法或制度，使代理人能选择一种使委托人利益最大化的行为。这个制度必须既满足委托人的最大利益要求，又满足代理人的最大利益要求，只有这样才会是一种真正有效率的机制设计。激励相容就是交易双方的利益都能满足。

委托代理理论的关键问题是设计支付合同或制定激励相容的支付机制。卫生服务提供中，所有供方支付方式都会产生经济信号，而每个提供者都会对这些信号做出反应，从而使其对收入和其他利益的负面影响最小化，积极影响最大化。供方支付方式可以通过创造经济信号、引导医疗提供者做出自我利益最大化的行为，这些行为同时也符合患者的利益，使代理人按照委托人的意愿行动，从而使双方都能趋向于效用最大化。最理想的支付方式是符合整个医疗保健系统的利益最大化。但由于卫生服务战略购买的各方构成了若干委托代理关系，这些代理关系形成一个关系网络，其中一对关系的变化也会影响到其他人，这一特点也使得构建激励相容的卫生服务支付制度更加困难。

信息不对称会增加存在利益冲突的代理人和委托人之间在订立合同和监督方面的代理成本。信息不对称包括隐藏行为和隐藏信息两种形式。隐藏行为意味着委托人看不到代理人的行为或努力，只能观察到行为结果。隐藏信息是指代理人拥有委托人没有的信息或知识。在这种情况下，即使行为是可观察的，委托人也不知道它们是否合适。在信息不对称的情况下，代理人的报酬并不完全取决于努力或行为，否则会导致报酬的失真，对代理人的偏差行为控制作用也不大，即在信息不对称的情况下，基于行为的薪酬契约将不是激励相容的薪酬契约。

# 六、博 弈 论

博弈论（game theory）是指两个及以上的参与人利用已获取的信息预测对方的策略以及行为来决定自身的决策和行为从而实现最大收益的过程。博弈的构成要素主要有参与者、策略、顺序、支付及结果。此外，博弈还涉及均衡，均衡是一种状态，它是博弈的一种结果。博弈论的一个重要理论就是纳什均衡（Nash equilibrium）。纳什均衡是由所有参与人的最优策略组成的策略组合。在给定其他参与人策略的情况下，没有任何一个参与人有足够理由打破这种均衡。博弈论被评为20世纪社会科学领域取得的最大成果，目前博弈论已在经济学、社会学、管理学等社会科学领域得到广泛应用，近年来也成为分析医疗领域各方利益关系的重要手段和方法。

医疗保险系统中，医疗保险机构成为患方的代理人，与医疗机构进行博弈，从而实现三方利益的最大化。以住院DRG/DIP付费方式为例，医疗保险机构主要通过权重和费率或者分值和点值来调整医疗机构的行为。医院在目前规则下，基于自身利益最大化的考虑，理性的选择就是增加病组权重、组别高套诊断或者冲点数。医疗保险机构从医保基金使用效率最大化的角度出发，设定了区域医保基金总额控制指标，如果权重/分值增加，费率/点值就会下降。如果医生降低服务数量和质量来博得收益，医疗保险机构就采取年终清算的方式，将质量纳入年终清算考核指标体系，采取奖励或者惩罚性措施来约束医疗机构的不良行为。通过这种相互之间的利益博弈，医疗保险机构和医疗服务提供机构各自的行为依赖于对方的行为，相互寻找纳什均衡点，从而不断推动和完善医疗保险支付方式改革措施，促进医疗服务体系的不断提升。

# 七、卫生服务战略购买

卫生系统如何筹集充足的资源与如何有效使用有限资源同等重要。卫生服务的购买实际上是购买者向提供者转移资金的过程。卫生服务购买关系的构成要素包括卫生服务提供者、需求者以及购买者。在以社会医疗保险为主的国家中，卫生服务购买者通常为社会医疗保险基金，而在以税收为主的国家卫生服务制度的国家中，购买者则是政府的各级卫生主管部门和代表政府的基金持有者。传统的卫生服务购买方式是卫生服务提供者按照其所提供的服务获得补偿并且（或者）由中央政府根据上一年的预算向其他各级政府、部门和服务提供单位拨付预算，也被称为被动购买（passive purchasing）。这时购买者更像"被动的出纳员"，只专注于发放他们应该支付的款项。战略性购买（strategic purchasing）是指购买者积极主动地提出购买服务的内容和数量，以及所购买的价格、方式及对象等，通过满足国民的健康需求来提高购买的质量和效率，从而不断寻找最大限度提高卫生系统绩效的最佳方法。战略性购买主要包括：在国民健康优先项和成本效果证据的基础上决定应购买哪些干预措施以满足国民的健康需求；根据卫生服务提供者的质量和效率决策应向谁购买干预措施；如何通过签订契约和设计支付制度购买这些服务。

支付方式作为卫生服务战略购买整体的一部分，对卫生系统绩效水平的提高有重要作用。有效的支付方式应通过鼓励病人获得必要的、高质量的卫生服务和改善公平性，同时高效地使用资源，并合理控制费用上涨，从而实现卫生政策目标。目前主要通过三种方式向卫生服务提供者支付费用：①由患者直接支付给提供者；②由患者直接支付给医院，然后由保险全额或部分报销；③由保险或政府直接支付给提供者，患者只需支付自付部分或医保目录外费用。由患者直接支付可以给其带来服务价格的明确信号，但因重病接受昂贵治疗的患者可能没有资金支付，即使以后全额或部分报销也可能无法跨越支付服务费用和收到报销之间的时间差。由保险或政府直接支付给供方所使用的激励机制，提供了可以改变供方行为的机会。

一个好的支付方式既能把医疗费用的增长控制在合理的范围之内，又能激励定点医疗机构提高服务效率和服务质量，促使医疗保险与医疗服务健康协调地发展，成为卫生系统实现政策目标的有力工具。因此，在卫生系统中，供方支付体系完成的远不止简单地转移资金以支付服务费用。供方支付方式可以看成将资金从医疗服务购买者转移到提供者的机制。供方支付方式所产生的激励及提供者对这些激励的反应、为支持供方支付方式的管理信息系统，以及在提供者和购买者之间建立的问责机制可以对卫生资源分配和卫生服务提供方式产生深远影响。

## 第二节　医疗保险支付方式的作用机制

### 一、医疗服务定价机制

早期医疗保险系统中，通常是由患者直接支付给医院，再从保险机构获得全部或部分补偿，医疗保险机构与医疗服务提供机构之间不存在直接的支付关系。一方面，医疗保险机构难以影响医疗服务提供方的行为和控制医疗费用；另一方面，患者由于缺少与医疗服务提供机构的议价能力，通常按照所接受的服务项目价格和数量进行支付。这种支付方式引发的道德风险和诱导需求等问题日益凸显，医疗费用出现快速上涨。当前的医疗保险系统中，医保开始代替患者向医疗服务提供机构直接支付全部或部分医疗费用，患者只需支付自付部分或医保目录外费用，这就给保险机构提供了改变供方支付方式的条件。

早期实施全民医保的国家开始实行总额预算的方式对一定时期内医疗机构的医疗费用总额做出限制，相当于同时确定了医疗服务的价格和数量。这种方式短期内能控制医疗费用上涨的速度，但等候时间长、服务质量下降等负效应也逐渐凸显。人们逐渐认识到有效配置医疗资源和合理引导医患双方诊疗行为是医疗保险可持续发展的关键。一些国家开始转向多元化的付费方式，以建立激励相容的供给与支付机制，并强化供方的竞争机制，使其减少不必要的服务，包括对全科医生实行按人头付费，对医院实行按疾病相关诊断分组付费、按床日付费等。对于医保付费而言，这些支付方式将医疗服务以某一支付单元进行打包定价，但没有限制服务单元的数量，因此医疗机构仍可以通过增加服务单元的数量获得更多的补偿，如按床日付费时，医疗机构可以通过延长住院日增加医疗费用。因此，支付方式在发挥定额打包定价机制的同时，还需要考虑行为规范、服务能力、服务效率、服务质量等因素进行综合的支付制度设计，切实发挥医保的战略购买作用。

### 二、激　励　机　制

支付方式根据支付依据通常可分为基于投入、基于产出和基于结果的支付方式。表 2-2 列出了常见支付方式的特点以及它们可能给供方带来的激励。每种类型的支付方式都有不同的变体，可能会产生不同的激励机制。这些支付方式可以结合使用，以增强或减轻各自产生的激励。实行合理的混合型支付方式可能比实行单一支付方式获得更高的效率和质量，部分国家已经开始建立针对医院以及私人医疗机构的混合支付制度。例如，德国的卫生系统将其预算与按疾病诊断相关分组支付方式相结合来控制费用支出。在芬兰，医生的薪酬是由工资、人头收费以及服务收费三个部分组成的。在实践中，保险政策经常将供方和需方支付结合在一起。需方支付方式可以限制道德风险，供方支付方式可以限制诱导需求，二者结合在一起可以产生最优治疗决策。中国农村医疗保险试验发现引入共付政策后，患者使用医疗服务的概率得到了控制，同时管理医疗也限制了医疗服务的提供水平。通过需方控制方法限制就诊量，供方控制方法限制每次就诊的服务量。

表 2-2    不同供方支付方式的特点及其激励机制

| 支付方式 | 支付标准 | 支付基础 | 供方激励 |
|---|---|---|---|
| 按服务项目 | 后付制 | 投入 | 增加服务数量；增加医疗费用 |
| 总额预算 | 预付制 | 投入或产出 | 减少必要服务；转诊到其他提供者；改进投入效率 |
| 按人头 | 预付制 | 产出 | 吸引更多参保者；降低投入；减少必要服务；更愿意提供便宜的健康促进和预防服务；选择患者；改进投入效率 |
| 按床日 | 预付制 | 产出 | 增加住院日；减少每住院日投入；增加床位供应能力 |
| DIP | 预付制 | 产出 | 高编码；增加病例数量，包括不必要的住院；减少单病例投入；改进投入效率；降低住院日；将康复治疗转到门诊 |

　　支付方式的激励机制在实践中更为复杂，医疗服务产出不仅受外部支付方式的影响，还受医院内部激励机制的影响。如果医院对医生的内部激励没有改变的话，外部的支付方式也不会产出预期的结果。这也提示了关注供方支付方式改革所处制度背景的必要性。

# 三、医保基金风险控制机制

　　近年来，伴随着医疗费用的快速上涨，我国部分地区的医疗保险基金也出现了收不抵支的状况。一方面，我国人口老龄化程度进一步加深，2020 年第七次人口普查的结果显示，我国 60 岁以上人口和 65 岁以上人口分别占总人口的 18.7% 和 13.5%。随着人口老龄化程度加剧，与年龄密切相关的疾病，诸如缺血性心脏病、癌症、脑卒中、关节炎和阿尔茨海默病等慢性非传染性疾病所累及人口的绝对数字将持续增加。第六次国家卫生服务调查显示，我国 65 岁以上老年人两周患病率为 58.4%，远高于其他年龄组的 22.7%。65 岁以上老年人慢性病患病率为 62.3%。人口老龄化带来医疗服务需求增加，助推了医疗费用增长。医疗技术的迅猛发展也成为推高医疗费用的重要因素。卫生经济学家约瑟夫·纽豪斯（Joseph Newhouse）对美国 1940 年至 1990 年 50 年间卫生费用增长的原因进行了分析，他认为技术变革是卫生费用增长的主要原因，技术变革以外的人口老龄化、医疗保险、收入增加、医疗服务价格等非技术因素仅能解释不到一半甚至不到 25% 的增长。另一方面，经济进入新常态后，政府财政收入增速放缓，企业缴费水平和财政补贴水平都难以保持持续快速增长。社会医疗保险要面临需求不断上升和筹资能力下降的持续增长的压力。保障医保基金的收支平衡，提高基金支出效率已经成为当前社会医疗保险制度的重要目标之一。部分国家卫生总费用占 GDP 的比例如表 2-3 所示。

表 2-3    部分国家卫生总费用占 GDP 的比例

| 国家 | 1960 年 | 1970 年 | 1980 年 | 1990 年 | 2000 年 | 2010 年 | 2015 年 |
|---|---|---|---|---|---|---|---|
| 澳大利亚 | — | — | 6.3% | 6.9% | 7.6% | 8.5% | 9.3% |
| 加拿大 | 5.4% | 6.9% | 7.0% | 8.9% | 8.3% | 10.7% | 10.2% |
| 法国 | 3.8% | 5.4% | 7.0% | 8.4% | 9.5% | 10.7% | 11.0% |
| 德国 | — | 6.0% | 8.4% | 8.3% | 9.8% | 11.0% | 11.1% |
| 日本 | 3.0% | 4.6% | 6.5% | 6.0% | 7.4% | 9.5% | 11.2% |
| 韩国 | — | — | 3.4% | 4.0% | 4.0% | 6.4% | 7.2% |
| 墨西哥 | — | — | — | 4.8% | 4.9% | 6.2% | 5.9% |
| 英国 | 3.9% | 4.5% | 5.6% | 6.0% | 6.3% | 8.5% | 9.8% |
| 美国 | 5.1% | 7.0% | 8.7% | 11.9% | 12.5% | 16.4% | 16.9% |

在后付制下，医院在提供医疗服务后就能够从医保和患者两方面获得支出补偿，无论这些支出是否有效利用，医保基金只能被动支付，缺乏对基金的预算管理和风险控制机制。越来越多的国家通过各种方式的预付制来控制基金风险。其中总额预付制的基金风险控制力度最强，通过对医疗机构的补偿总额设置天花板，实现医保基金的"以收定支"。但这种方式难以独立应用，通常需要与按服务项目支付方式、DIP 支付方式等结合使用。

## 四、成本控制机制

从后付制向预付制的支付方式改革成为各国规范医疗服务行为、控制医疗费用的重要措施，是卫生服务提供体系高效运行的关键因素。预付制是在医疗服务发生前设定支付标准，如果医院使用的资源超过了预先设定的标准，它们将得不到更多的补偿，而那些成本低于该标准的医院则获得了优势，为成本控制提供了经济激励。这种支付方式将医疗成本风险转嫁给医疗服务提供者，能够降低供方过度医疗的诱导需求，减少不必要医疗服务的提供，鼓励有效率的提供，但具体的成本控制效果还与支付方式的设计密切相关。购买方为了更有效地控制成本，越来越多地采用预付制的支付方式。例如，英国早在 1948 年政府开始购买初级卫生保健服务时就开始对全科医生采用按人头付费的方式。美国在 20 世纪 80 年代将老年医疗保险计划的住院支付方式改为按疾病诊断相关分组支付方式，澳大利亚、德国等也相继引入支付方式改革。

以按疾病诊断相关分组为例，它可以更好地识别疾病的严重程度，根据可观测和测量的患者特征，特别是诊断分组，为给定的患者提供一个准确的成本评估，明确支付价格，在一定程度上减少了信息不对称的问题。按疾病诊断相关分组不仅起到补偿供方的支付作用，还会在不同程度上影响供方的选择。按疾病诊断相关分组需要基于临床和经济两方面进行分组。从经济角度来说，同组病人应该有相同的成本。从临床角度来说，同组病例应基于主要诊断、严重程度、并发症形成可区分的整体。任何成功的支付制度最终的判断依据都是在多大程度上激励供方行为符合社会目标。按疾病诊断相关分组系统会增加那些预期成本低于补偿标准的患者的治疗成本，医疗机构会尽量提供必要的医疗服务，也可能会选择尽量避免治疗病情相对复杂的患者。同时，医疗机构会减少那些预期成本高于补偿标准的患者治疗，可能导致更多的组别高套或将成本转移到患者或其他机构。

病种分组对成本控制效果有很大影响，病种分组越宽泛对效率的激励越有力，病例高套编码的机会更小，但是可能会激励对低成本病人的"撇奶油"。病种分组越细化则越易于产生诊断升级的问题，当分组过度依赖提供的服务或住院天数等治疗措施时，最极端细化的病种分组则接近于按服务项目付费。有学者比较了欧洲 11 个国家按疾病诊断相关分组系统对阑尾炎患者的影响。这一研究对被诊断为阑尾炎并接受阑尾切除术的病例进行了按疾病诊断相关分组分类算法和资源消耗指标的比较，发现欧洲按疾病诊断相关分组系统之间差异很大。他们根据不同的变量集（2～6 个分类变量）将阑尾切除病例划分为不同数量的按疾病诊断相关分组（2～11 个按疾病诊断相关分组）。最复杂的按疾病诊断相关分组的资源密集度是法国一个病例指数的 5.1 倍，但仅是芬兰的 1.1 倍。在波兰最复杂病例的支付金额仅为 1005 欧元，而在法国则为 12 304 欧元。如此大的分组差异也提示按疾病诊断相关分组的合理性对于成本控制的影响。

## 五、质量保障机制

*JAMA Internal Medicine* 杂志每年都会发表有关上一年度过度医疗危害的文章，其中包括创伤性检查带来的身体损伤，镇静药物使用的增加、过度影像学检查导致的辐射和过度诊断，使用不当的营养支持和给氧、错误的抗生素使用导致的不良药物事件和耐药等危害。预付制通过成本控制的激励机制可有效控制由诱导需求引起的过度检查和过度医疗问题，减少对患者的健康损害和医疗负担。但同时预付制还可能导致推诿重症患者、减少必要医疗服务、使用低价格药品和低质量耗材等

负面影响，如何保证临床质量已经成为重要的关注点。以按疾病诊断相关分组支付方式为例，一方面，由于按疾病诊断相关分组支付方式将差异化的医疗服务转化为一种简明而有意义的衡量标准，增加了服务和费用的透明性，从而促进了对医院质量的监测和比较，增加了供方之间的竞争，从而刺激医疗机构为了吸引更多患者必须提高质量。另一方面，医疗服务机构会试图通过降低质量来达到控制成本的目的。医院可以通过避免某些诊断检测、选择低价的药品或耗材、降低每张病床的工作投入等来降低成本。评估按疾病诊断相关分组支付方式对医院质量的影响往往由于质量的概念相当分散而变得复杂。死亡率等结果指标对决策者和患者来说更有意义，但是由于无法观测到个体差异，往往无法得知卫生服务对健康结果的贡献。因此，如果选择结果指标，有必要进行严谨的风险调整。

进行支付方式改革时应持续关注医疗质量变化，综合考虑费用控制与医疗质量的关系。各国在实施预付制时都会通过引入医疗质量监管的措施，尽可能规避由预付费引发的医疗质量下降的风险。理论上，以按疾病诊断相关分组支付方式为主的支付系统可以明确将医疗质量作为考核和监管指标，改善医疗质量是推行按疾病诊断相关分组支付方式的先决条件。

## 第三节　医疗保险支付方式对医疗卫生服务体系的影响

### 一、医疗保险支付方式是医疗卫生服务体系运行中的重要环节

现代的医疗保险体系包括医疗保险经办机构、医疗服务需方、医疗服务提供方三方，政府发挥三者之间的协调、管理等作用。在这个系统中，医疗服务提供方是医疗保险的实现形式，医疗保险基金支付是对医疗服务提供后资源消耗的补偿。

美国哈佛大学出版了《通向正确的卫生改革之路——提高卫生改革绩效和公平性的指南》一书，提出了卫生服务系统的五个控制柄理论，这五个"控制柄"也是卫生服务系统的五个抓手，包括筹资、支付、组织、规制、行为（图 2-4）。

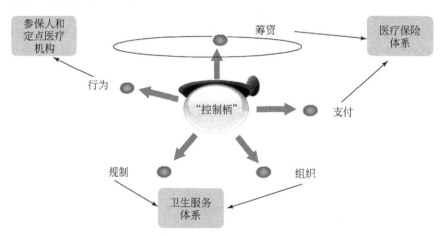

图 2-4　卫生服务体系五个控制柄

（一）医疗保险基金成为医疗卫生服务体系主要筹资控制柄

一直以来，我国医疗卫生服务体系的筹资模式以政府财政预算补助、社会卫生支出和居民个人现金支付为主。根据《中国统计年鉴》公布的数据，2000 年，政府卫生筹资占卫生总费用的比例为

15.47%，社会保障经费支出占 21.89%，个人现金卫生支出占 58.98%。因此，医疗卫生服务体系是以个人现金支付为主的筹资模式，这种模式也导致个人疾病经济负担的加重。近年来，我国医疗保障事业快速发展，据国家医疗保障局官网公布，截至 2022 年底，我国基本医疗保险参保人数达 13.46 亿人，参保覆盖面稳定在 95% 以上。2019 年我国卫生总费用的筹资结构发生了重大变化，政府卫生支出快速增长，占卫生总费用的 27.36%，社会卫生支出（含医疗保险）较 1997 年提高了近 15 个百分点，占 44.27%，个人卫生支出下降了近 25 个百分点，降为 28.36%（表 2-4）。医保全民覆盖的前提条件下，95% 的医疗服务消费者都具有不同类型的医疗保险。这些参保人在医疗机构接受医疗服务，医疗保险经办机构需要将医疗保险经费支付给医疗服务提供机构，以补偿医疗资源的消耗。因此，医保基金取代了传统的财政拨款和个人自付的筹资模式，成为医疗服务机构重要的筹资来源。

**表 2-4　我国卫生总费用筹资来源**

| 年份 | 政府卫生支出占比 | 社会卫生支出占比 | 社会医疗保障经费占卫生总费用比例 | 商业健康保险占私人卫生支出比重 | 个人卫生支出占比 |
| --- | --- | --- | --- | --- | --- |
| 1997 | 16.38% | 30.78% | 26.70% | 0.76% | 52.84% |
| 2000 | 15.47% | 25.55% | 21.89% | 0.99% | 58.98% |
| 2005 | 17.93% | 29.87% | 20.99% | 5.79% | 52.21% |
| 2010 | 28.69% | 36.02% | 34.85% | 7.42% | 35.29% |
| 2016 | 30.01% | 41.21% | 38.05% | 18.96% | 28.78% |
| 2019 | 27.36% | 44.27% | — | — | 28.36% |

### （二）支付是卫生服务系统另一个重要的控制柄

2020 年出台的《中共中央 国务院关于深化医疗保障制度改革的意见》提出："建立管用高效的医保支付机制"，指出"医保支付是保障群众获得优质医药服务、提高基金使用效率的关键机制"。医疗保险基金支付包括对需方支付和对供方支付，其中对供方支付是指医疗保险经办机构把医疗保险基金按照一定规则和程序拨付给医疗机构的过程。医疗保险支付是影响医疗卫生服务系统中干预性最强的措施之一，成为医疗卫生服务系统的另一个控制柄。医疗保险支付方式的改革，将对医疗卫生服务购买起到决定作用。因此，从理论上来讲，医保支付方式改革将从机制上影响到医疗卫生服务体系的整体改变。

## 二、医疗保险支付方式在医疗卫生服务体系中的作用

### （一）维持医疗保险基金的收支平衡

医疗保险基金是医疗保障制度发展的经济基础，也是医疗保障制度可持续发展的重要保障，医疗保险基金支付的主要任务就是保持基金收支平衡，提高基金使用效率。按照我国目前各地的医保政策，医疗保险基金要为参保人在定点医疗机构所接受的医疗服务买单，医保支付方式就成了保障医疗保险基金收支平衡的重要手段和途径。

### （二）调节医疗卫生服务供需双方的行为

在医疗卫生服务市场中，由于信息不对称、卫生服务需求的被动性和医疗服务供给的主动性，医疗机构服务行为的改变将直接或者间接地引导和规范参保人的就医服务行为。因此，医疗保险支付方式的实施将对改变医疗服务市场上供需双方的行为发挥重要的作用。例如，2010 年开始互

联网医疗在我国逐步兴起，但是发展缓慢，其主要原因是互联网诊疗服务没有纳入医保支付目录中。但是新冠疫情时期，互联网医疗得到快速发展，一方面是防疫的需要，另一方面医保基金及时对互联网诊疗服务进行付费买单，促进了互联网医疗快速发展。医保支付通过促进互联网医疗的规范化发展，从而调整医生诊疗行为和患者就医行为。

（三）调控卫生资源的配置和利用，提高资金使用效率

医疗保险基金作为医疗卫生服务的购买方，将通过医疗保险基金支付的方式来完成购买什么、购买多少、怎么购买的问题，这都将成为医疗保险基金支付前需要认真考虑和决策的事情。在医疗保险基金购买的过程中，医保经办机构不仅要考虑医疗服务提供的数量，更需要考虑医疗服务的质量。医保基金不仅可以购买住院服务，也可以购买门诊服务，不仅可以购买诊疗服务，也可以购买预防保健和健康管理。通过医疗保险基金支付方式和购买行为，调整卫生资源配置，引导医疗卫生系统发展，提高医疗保险基金使用的效率。

## 三、医疗保险支付方式对医疗卫生服务体系的影响

（一）医疗保险支付方式从后付制向预付制转变，医疗机构成为财务风险承担者

医保支付方式对医疗卫生服务体系的影响体现在医疗保险基金对医疗服务提供机构的支付由原来的后付制改成了预付制。后付制是根据服务发生之后的数量和支付标准进行付费，它不利于医保基金的控制，容易产生诱导需求，导致医疗费用增长过快。预付制是在医疗服务发生之前，医疗保险经办机构已经确定了支付标准，通过月度或者季度预拨、年终考核后对医疗机构进行决算，这就意味着医疗保险基金的财务风险由原来的医保经办机构承担改成了医疗机构自己承担。为了获得服务收益，医疗机构有内在的动力开展内部控制，主动承担控制财务风险，从而有利于控制医疗服务的过度利用。

（二）发挥医疗保险基金的购买作用，促进健康管理的实施

现有医疗保障制度中，以医疗服务为主的医保报销政策设计成为全国大部分统筹地区的共性。按照目前的规定，医疗保险基金只能用于医疗服务补偿，还不能用于健康管理或预防保健服务的支出。《中共中央 国务院关于深化医疗保障制度改革的意见》指出："大力推行以按病种付费为主的多元复合式医疗保险支付方式，推广按疾病诊断相关分组付费，医疗康复、慢性精神疾病等长期住院按床日付费，门诊特殊慢性病按人头付费。"随着住院按病种付费改革的推进，随着三级医疗机构功能定位的调整，一些慢性病、常见病将逐步下沉到基层医疗机构就诊。基层医疗机构采取按人头付费改革方式，在"结余留用、合理超支分担"的机制下，开展健康管理和预防保健，从而减少疾病发生率，提高慢性病管理的规范化治疗，促进医疗保险向健康保障的过渡。

（三）不同支付方式对医疗卫生服务行为产生不同影响

从我国目前的支付方式改革的实践来看，不同类型的支付方式改革对医疗服务提供行为的决策和卫生资源成本变化都将有不同的影响。例如，按照服务项目付费，有利于刺激医疗服务的增加，患者可以自由选择诊疗服务，选择不同医疗机构就诊，从而导致卫生费用快速增加。如果采取按病种付费，由于医保支付的标准和额度是事前确定好的，医疗服务行为会趋向于提供那些费用高、成本低的病种。如果按人头付费，会刺激医疗卫生服务提供方开展健康管理，减少患者就诊的次数和费用。总之，不同类型的支付方式，对医疗卫生服务提供方的决策都将产生不同的影响。因此，支付方式的不断调整，也引导了医疗卫生服务行为的不断变化，从而调整了卫生资源的配置。

## 四、医疗保险支付方式对医疗机构运行与管理的影响

### （一）促使医疗机构改变经营模式和运营方式

医保支付方式改革条件下，由于采取预付制，在医保基金支付标准和额度确定的前提条件下，药品、耗材等原来医疗机构主要的收入将变成医疗机构经营的成本，在"结余留用、合理超支分担"的激励措施下，医疗机构为了得到合理补偿，必须主动控制费用，开展成本核算，这就需要医疗机构从过去以扩大规模为主的外延式经营方式改变成精打细算内涵式发展的经营方式。因此，要以医保支付为抓手形成机制联动，以效率、疾病严重程度和先进技术应用为正性指标的核心要素，以成本及医保支付率为负性指标，医保支付方式改革将改变医疗机构的体制机制，改变医疗机构的经营方式。

### （二）有利于形成医疗机构合理功能定位，促进分级诊疗的落地

2019 年起，全国 30 个城市推行 DRGs 支付方式试点改革，2021 年 71 个城市实施 DIP 支付方式试点改革，这两种支付方式都有相同的原理，按照疾病分组，根据疾病费用计算权重。权重是不同病组的难度系数，费率是标准化之后的次均费用。病组支付标准=权重×费率。在医保区域总额基金确定的前提条件下，如果医疗机构开展疑难杂症的治疗，权重较高，将会得到更多的补偿，如果开展常见病多发病的治疗，权重较低，补偿较少。因此，医疗机构为了获得补偿，从理性人的角度来看，将更倾向于开展疑难杂症的诊疗服务，而减少常见病多发病的治疗，这就客观上改变了医疗机构的功能定位，让三级医疗机构趋于开展高科技、高精尖的疑难杂症治疗，使其回归合理功能定位，而将普通疾病逐渐从三级医疗机构剥离出来，也改变了目前我国三级医疗机构人满为患的就医不合理流向的现象，促进分级诊疗的落地。

### （三）促使医疗机构主动开展内部控制和成本核算

医保支付方式的改革，促使医疗机构改变运营方式，控制成本是医疗机构发展的必由之路。医保支付方式改革以后，通过大数据方法剖析医疗机构成本，建立医疗机构成本标准。病种是成本核算的基本单位，由病种成本聚类到科室成本及全院成本，从而实现降低成本和能耗，控制医疗费用不合理增长的目的。例如，以 A、B 两家医院腰椎或腰骶部区域的关节融合术病组为例，按疾病诊断相关分组支付方式编码为 IB49，如果按疾病诊断相关分组支付方式付费标准为 102 126 元，那么 A 医院将亏损 414 万元，B 医院将盈利 800 万元。推行 DRGs 支付方式改革以后，两家医院将不得不开展成本管理，一段时间以后发现，A 医院该病组例均使用 8 个多轴螺钉、2 个人工骨，共计 99 000 元耗材支出，而 B 医院例均使用 4 个万向螺钉、2 个同种骨，共计 30 157 元。A、B 两家医院的盈余发生很大变化（表 2-5）。由此可见，由于主动降低了成本，B 医院获得收益，而 A 医院亏损。

表 2-5　不同医院关节融合术收益表

| 医院名称 | 病例数/个 | 按疾病诊断相关分组支付方式付费标准/元 | 按疾病诊断相关分组支付方式改革前 | | | 按疾病诊断相关分组支付方式改革后 | | |
|---|---|---|---|---|---|---|---|---|
| | | | 次均费用/元 | 耗材费用/元 | 盈余/万元 | 次均费用/元 | 耗材费用/元 | 盈余/万元 |
| A | 146 | 102 126 | 130 508 | 107 070 | -414 | 122 438 | 99 000 | -297 |
| B | 267 | | 72 165 | 55 272 | 800 | 47 050 | 30 157 | 1 471 |

（四）改变医疗机构绩效考核和分配方式

绩效考核是最有效的一种激励措施，它将影响到医生的行为。《中共中央 国务院关于深化医疗保障制度改革的意见》明确规定：科学制定总额预算，与医疗质量、协议履行绩效考核结果相挂钩。加强监督考核，结余留用、合理超支分担。随着医保支付方式改革的推进，将医疗机构传统收支结余分配模式转变为按卫生资源要素分配模式。在总额控制下，病种作为绩效分配的最基本单位，聚类至科室、医疗机构等多个层面，"结余留用、合理超支分担"的激励措施将改变医疗机构获得补偿的模式，医务人员收入模式也将从过去以服务病人数量为主改变成以低成本高效率的服务质量为主。因此，医疗机构绩效考核的方式也必将发生改变。

（五）培养和打造一支具有高水平的管理人才队伍

开展医保支付方式改革，尤其是按疾病诊断相关分组改革，需要一大批具有专业知识和能力的人员。《中共中央 国务院关于深化医疗保障制度改革的意见》明确提出"健全医疗保障经办机构与医疗机构之间协商谈判机制，促进医疗机构集体协商"。经过医保支付方式改革的不断磨合，也培养锻炼了一批管理人才。医保管理人员负责统筹组织，信息技术专家提供信息系统支撑，统计分析专家负责数据模型的设置和建立，病案管理专家负责疾病诊断的标准界定。医保支付方式改革更离不开临床医学专家的技术支持。其中，建立常态化的病案管理机制非常重要。提高病例书写质量是保证按疾病诊断相关分组付费改革的前提条件。按疾病诊断相关分组实施以来，医疗机构需要定期对医保病案首页进行常态化核查，从而培养和锻炼了相关管理人员的技能和水平。目前，从我国医保支付方式改革开展较早的地方的经验来看，通过改革，造就了一批高水平、高素质的医疗机构管理人才，客观上推动了医疗机构管理职业化的进程。

（六）有利于提高医疗机构精细化管理水平

在医保支付方式改革的前提条件下，医疗机构需要开展成本核算，为了获得合理收益，医疗机构更需要改变自身的经营管理，促进精细化管理水平的提升。例如，从按服务项目支付转变为疾病组打包支付的本质是建立医保支付标准，通过医保结余留用政策，促使医疗机构转变运行方式，从收入中心转向成本中心，促进医保政策和医疗机构运营同向而行。通过DIP，形成大数据病种分值和价格/成本标准，精准契合临床资源消耗。建立医保资金与医疗机构运营的平衡机制。基于大数据方法形成各科室单价标准，既尊重历史，更注重医疗机构发展和新技术应用，激励医疗机构提高效能。通过按疾病诊断相关分组的付费机制，医疗机构管理者要细化不同学科的发展，客观上促使医疗机构必须开展精细化管理才能够适应支付方式改革发展的需要。

# 第四节　医疗保险支付方式改革与相关领域发展的关系

## 一、医保支付方式与医保治理能力

（一）医保治理能力提升的意义

《中共中央关于全面深化改革若干重大问题的决定》提出"推进国家治理体系和治理能力现代化""建立更加公平可持续的社会保障制度"。医保政策惠及千家万户，医保经办部门作为政策执行者，直接面对社会和居民，对于这样一个事关全民医保制度健康发展的重大问题，实现制度的治理效能，让医疗保险制度惠及广大参保人，其治理能力的提升尤其重要。为此，需要从中国国情出发，坚持问题导向，加强顶层设计，建立和完善医保治理体系，提升医保治理能力，从而建立更加公平可持续的医疗保障制度。

**（二）我国医保治理能力存在的问题**

经过多年探索实践，我国已经建立起了全世界最大的医疗保障体系。但是也暴露出在医保治理体系中存在的问题。问题主要包括：①统筹层次低，各地差距较大；②医疗资源分配不均，医疗费用快速上涨，医保基金面临潜在风险，迫切需要通过现代化手段提高医保能力，尤其是医保基金监管能力；③经办主体的经办能力和水平有待提高。

**（三）提升医保治理能力的途径**

**1. 全面加强信息化建设，提升医保综合治理能力**

医疗保障信息化是医保治理体系和治理能力现代化的重要支撑，也是开展医保支付方式的基础保障。为提升医保经办能力和水平，2019 年印发了《关于医疗保障信息化工作的指导意见》，明确了建设全国统一的医保信息平台，包含公共服务、跨省异地就医管理等 14 个业务子系统，搭建国家和省级两级医保信息平台，支撑提高全国医保标准化、智能化和信息化水平，重点推进公共服务、经办管理、智能监管、分析决策四类医保信息化应用的总体目标。2019 年，国家医疗保障局又出台了 15 项医疗保障信息业务编码标准，形成了新时期医保信息交换的"通用语言"。信息系统的建立和统一，为经办能力的提升奠定了基础。

**2. DRG/DIP 改革是提升治理能力的重要手段**

目前，我国共有 30 个城市开展 DRG 试点，71 个城市开展 DIP 试点，这些试点都客观上促进了经办能力的提升。例如，浙江省金华市中心医院在省内率先实施的总额预算管理下按"病组点数"付费的医保支付方式改革，切实改善患者就医体验，降低群众就医负担。医院不断加强临床路径信息化建设，着力提高临床路径的病种覆盖率、完成率等，并把临床路径与病组管理相结合，建立院科两级的病组管理模式，重点加强药品、耗材使用及检查检验等方面的分析并及时做好应对处理，以便合理控制药品和耗材使用。不仅如此，医院还将开展门诊病例分组医保支付改革，并做好与精细化管理的有效衔接，严格执行各项医疗服务项目价格政策，推动医院可持续发展。通过这些工作，提升了医院管理水平，促进了医保经办能力的不断提升。

**3. 利用高科技手段创新医保经办管理**

要想提高治理能力，信息化手段必不可少。2021 年 1 月 1 日起，医保电子凭证在全国开始实施。未来，国家医疗保障局将积极推广医保电子凭证应用，进一步便利参保人办理医保业务，提升医保公共服务水平，满足人民群众线上服务和异地结算需求；推进医保经办"网办""掌办"，让数据多跑路，群众少跑腿，甚至零跑腿；此外，药品追溯码的建立，智能监管系统的实施和应用，都将提升医保的经办能力。

## 二、医疗保险支付方式与信息系统建设

**（一）DRG/DIP 分组器的选择和建立**

DRG/DIP 改革的前提是开展按疾病诊断相关分组，需要统一病案填报标准，一般采用通用的《国家医疗保障疾病诊断分类与代码》(ICD-10)和《国家医疗保障手术操作分类与代码》(ICD-9-CM-3)。而开展疾病分组，就离不开信息系统的支撑，也就是要建立疾病分组器。

我国最早的分组器自 2008 年诞生，而后陆续产生了诸多优秀分组器，推动了行业快速发展。但由于各自工作目标和侧重点不同，一直存在较大差异。2019 年，国家医疗保障局本着统筹全局、

科学严谨的工作方针，组织目前市场上应用范围最广、权威性最高的 BJ、CR、CN、C① "四大家族" 版本，实现了对 BJ、CR、CN 三个版本的融合，从而形成国家医保按疾病诊断相关分组（China Healthcare Security-Diagnosis Related Groups，以下简称 CHS-DRG）（1.0）分组方案，包括 26 个主要诊断大类（Major Diagnosis Category，MDC），376 个核心按疾病诊断相关分组（Adjacent Diagnosis Related Groups，ADRG），其中 167 个外科手术操作 ADRG 组、22 个非手术操作 ADRG 组和 187 个内科诊断 ADRG 组。

（二）DRG/DIP 分组方案的确定

**1. 按疾病诊断相关分组器的确定**

第一版的国家版 CHS-DRG 共分 376 组，随后又收集 30 城市 2016 年至 2018 年历史数据 6500 万份病例，以国家医保疾病诊断和手术操作代码为基础，经中华医学会 30 个专业委员会组织 300 名权威临床专家论证，辅以数据统计分析，2020 年 6 月 18 日确定并公布了 ADRG 细分组方案共计 618 组。同时，建立大数据监管，打造智能化的监管平台，建设专业化的监管队伍实时监控，实施精细化的监管措施，通过大数据捕捉医疗行为变化，与医疗机构收益挂钩。这些都需要信息系统的大力支持。因此，医保支付方式与信息系统建设相辅相成，而随着医保支付方式的推进，信息化水平也将不断提高，成为推动医保支付改革的重要手段和途径。

**2. DIP 分组规则的确定**

DIP 分组数据是以上海、广州等地的目录为基础，利用东中西部 10 个代表性省份病案数据，在疾病诊断与治疗方式组合穷举与聚类的基础上，确定稳定分组并纳入统一目录管理，支撑分组应用常态化的基础应用体系一级目录、二级目录、三级目录。经过不断融合、汇总，形成国家 DIP 目录库，全国各地利用当地病案数据，对国家 DIP 目录进行完善，形成地方 DIP 目录库，2020 年底出台了统一的《国家医疗保障按病种分组付费（DIP）技术规范》。这些工作的基础是信息化，没有信息化基本上不可能实现如此巨大的数据量聚类与统一分析，也做不出全国统一的版本。

由此可见，信息化的建设和完善与医保支付方式改革的推进相辅相成，同向同行。信息化是开展支付方式改革的基础和条件，信息化的发展保障了支付方式改革的实施，而随着支付方式改革的推进，也对信息化发展提出了更高的要求，从而推动了信息化的发展。

# 三、支付方式与价值医疗

（一）医疗保险基金支付中存在的问题

《"健康中国 2030" 规划纲要》提出了 "到 2030 年，实现全人群、全生命周期的慢性病健康管理" 的目标，明确了 "以基层为重点、预防为主" 的卫生工作方针。这就要求我们树立大健康理念，从以治病为中心向以健康为中心转变，从疾病管理向健康管理转变。中国已经建立了全民覆盖的医疗保险，医疗保险基金成为医疗卫生服务体系的主要筹资来源之一，医疗保险基金的使用和流向对医疗卫生服务体系的发展有重要的引导作用。

从全国医保政策来看，现有的医保政策设计主要以补偿疾病为主，医疗保险基金较多支付给医疗服务领域，没有起到向基层医疗机构倾斜，向预防保健服务倾斜的引导作用。根据北京市医疗保障局数据，2019 年城镇在职职工基本医疗保险基金总支出中，61.6%流向了三级医疗机构，19.6%支付给社区医疗机构。社会普遍存在重疾病治疗而轻预防保健的问题。如何通过医保基金的支付，

---

① 分别代表四个不同的按疾病诊断相关分组器版本，其中 BJ 是北京医疗保险协会研发版本，用于付费；CR 是国家卫生健康委卫生发展研究中心研发的版本，用于县及县以下医疗机构，CN 是北京市卫健委信息中心研发的版本，主要用于绩效管理；C 是国家卫生健康委员会版本，主要用于福建、深州、新疆的医疗机构。

发挥医疗保险基金战略性购买作用，利用医疗保障基金购买有价值的医疗，实现以健康为目标，促进全体人群健康水平的提高是一个非常重要的话题。

### （二）医疗保险基金购买有价值医疗的途径

**1. 医疗保险战略性购买推动医疗卫生服务体系的改革**

以医保支付方式为手段，通过复合式医保支付方式改革，发挥医疗保险战略性购买的作用，推动医疗服务体系的转变。在住院服务方面，通过推广 DRG/DIP 付费改革，改变医疗机构管理理念和运行机制，促使三级医疗机构开展疑难杂症的治疗，减少常见病的治疗。在门诊服务方面，实施以基层服务为主的按人头签约付费，全科医生根据医疗规范化服务要求，为每一个签约患者提供健康管理、慢性病防控、传染病防治等服务。医疗保险基金根据服务人口和服务质量，按照签约人数和每人支付标准，采取预付的方式，将医疗保险基金支付给基层医疗机构。根据基层医疗机构考核结果进行基金结算，促使基层医疗机构转变运行机制，强化健康管理，引导患者基层就诊，真正实现"基层首诊、双向转诊、急慢分治、上下联动"的分级诊疗目标。

**2. 以健康管理为目标，建立紧密型健康共同体**

建立基于医保付费的以健康为目标的健康共同体，建立医疗保险基金按人头总额包干、结余留用、合理超支分担的机制，探索医保总额预算下的绩效薪酬制度改革，实施目标考核年薪制；在组织管理上，发挥上级医疗机构的龙头作用，基层医疗机构的托底作用，建立以服务内容为导向的纵向融合，形成激励约束机制及费用控制机制同向发力。在服务提供上，深化"医疗服务+公卫服务"融合模式，整合传染病防治、慢性病管理等健康服务共同体，探索疾病预防和诊疗服务相衔接。通过医保支付方式的引导作用，推动优质卫生资源的下沉，提升基层服务能力。在实施措施上，将家庭医生签约服务纳入医保支付体系中，发挥健康守门人作用。让家庭医生签约服务考核结果与资金分配挂钩，逐步提高基层卫生人员待遇，真正落实强基层的政策。

总之，以健康中国为出发点，以健康管理为目标，以医保支付方式为手段，以信息化和大数据为支撑，发挥医疗保险基金的战略性购买作用和引领作用，发挥政府在资源配置和医疗保障基金监管中的作用，全方面提升医疗保险治理能力和治理水平的现代化，建立整合型的以人为本的健康服务体系，提高全民健康水平。

1. 医保支付方式改革涉及哪些基础理论？

2. 医保支付方式改革将对卫生资源配置发挥怎样的作用？

3. 医保支付方式改革会对医疗机构产生哪些影响？

（高广颖　张　歆）

# 第三章　按服务项目支付方式

**内容提要**

按服务项目支付方式是最传统、应用最广泛的一种医疗保险支付方式。本章主要介绍了按服务项目支付方式的概念、关键要素、对医疗保险各方行为的影响；分析了按服务项目支付方式的优势和缺陷；结合按服务项目支付方式的发展历程与趋势，介绍了多元复合式医疗保险支付方式改革背景下按服务项目支付的发展历程与趋势，以及"互联网+"背景下按服务项目支付方式的应用新进展。

## 第一节　概　　述

### 一、按服务项目支付方式的概念

按服务项目支付方式是医疗保险机构或患者根据医疗服务提供方提供的医疗服务项目和数量、每个服务项目的价格向医疗机构提供补偿或费用的方式。具体来说，患者在接受医疗服务时，先按服务项目（如诊断、治疗、化验、药品和护理等）的价格计算费用，然后由医疗保险机构或患者向医疗服务提供者偿付费用，所偿付的费用的数额取决于各项服务项目的价格和实际服务量。

按服务项目支付方式属于典型的后付制类型。在这种支付方式中，医生和其他医疗工作人员将按照事先确定的价目表或当时通行的价格收取服务费用。可以说，按服务项目支付方式，实际上是一种变相的计件工资制。按服务项目支付方式，是由医疗保险机构根据医疗服务机构报送的患者接受服务项目及其收费标准的明细账支付医疗服务机构报酬（按实际支出支付）。因此，需要医疗服务机构认真记录每个患者所享受的各项服务和检查，分别计费，然后将这些明细账报送给保险机构，保险机构对这些账目进行审查，根据审查情况进行报销或者拒付。按此种支付方式，患者一次住院的费用，等于住院期间每天接受的各项服务费用之和。

从经济学角度来看，作为传统的医疗保险费用补偿模式，按服务项目支付方式曾被认为是患者和医生适应经典市场经济模式的最佳方法。按照保险的损失补偿原则，作为被保险人的患者，在发生健康损失后，应当从保险人（医疗保险机构）那里获取相应的补偿。然而，人的生命与健康是无法用货币准确测算的，由疾病、伤残、死亡等健康损失所造成的生理和心理创伤是难以恢复的。因此，通过保险的方式来弥补健康损失所带来的经济损失，最容易达成一致的测算标准便是医疗费用支出，而最简便的赔付方式则是根据实际发生的医疗费用进行按服务项目补偿。这一赔付方式的事后性特征与以事故风险为主的一般财产保险的赔付方式较为接近，在医疗保险制度建立之初体现了较为强大的应用价值。然而，在"生物医学模式"下发展起来的按服务项目支付方式适用于可以进行项目分解的医疗服务活动，对于预防保健、长期照护、精神卫生、康复治疗、健康管理等"生物-心理-社会医学模式"下全生命周期健康服务需求而言，则难以发挥其有效作用，迫切需要实施改革。

从公共管理学角度来看，按服务项目支付方式一度被认为是增强公共服务供给、提升公共服务效率的制度选择。面对政府提供公共服务效率低下、财政开支日益增长的普遍现象，20世纪70年代末80年代初兴起的新公共管理运动提倡"重塑政府""再造公共部门"。对于包括医疗卫生服务在内的公共产品的提供，更加注重政府、市场、消费者的共同责任和合作机制和以增强效率为导向的改革公共服务供给机制。在基本医疗保险领域实施按服务项目支付方式，符合"钱随事走"的原则，能够改变公共服务提供者的激励机制，有效解决公共服务部门人浮于事、生产效率低下等问题。然而，技术效率的提升并不意味着配置效率同步增长，盲目追求医疗服务的数量增加带来的卫生费用增长过快成为长期影响卫生事业发展的系统难题。完善的公共服务体系不仅具有效率目标，还应综合兼顾公共服务的可及性、公平性，这也为改革单一的按服务项目支付方式埋下了伏笔。

## 二、按服务项目支付方式的关键要素

（一）按服务项目支付方式的医疗费用控制模型

按服务项目支付方式所产生的医疗费用总额由各项服务项目的价格和实际服务量所构成。实际服务量即医疗服务活动中所产生的卫生服务数量，服务项目的价格则主要取决于卫生服务效率和卫生资源价格。如下所示：

$$F = Q_S \times \frac{Q_r}{Q_S} \times P_r$$

其中，$F$ 为医疗费用总额；$Q_S$ 为卫生服务数量；$\frac{Q_r}{Q_S}$ 为每单位服务的资源投入数量（即卫生服务效率的倒数）；$P_r$ 为卫生资源价格。

在按服务项目支付的条件下，医疗保险基金需要偿付的费用总额体现为上述指标的共同作用结果。一般而言，在其他条件不变的情况下，随着卫生服务数量增加，医疗费用总额也将面临增加的趋势。例如，"大处方""大检查"等诱导需求行为的发生，就是医疗服务提供方通过增加卫生服务数量造成的卫生费用快速上涨现象。

在其他条件不变的情况下，卫生服务效率提升，将会限制医疗费用总额的增加。例如，通过控制平均住院日、提升住院患者病床周转率等管理措施，能够有效遏制医疗费用总额的不合理上涨。

在其他条件不变的情况下，随着卫生资源价格上涨，将会推动医疗费用总额的增加。例如，对公立医院所需药品实施集中招标采购制度，能够在一定程度上抑制药品价格的不合理上涨，进而缓解医疗费用总额持续上涨的趋势。

（二）按服务项目支付方式中关键要素的特征

基于上述的卫生费用控制模型及其运作机制，按服务项目支付方式在以下几方面的关键要素中表现出区别于其他医疗保险支付方式的特征。

**1. 风险分担**

实施按服务项目支付方式，医疗服务提供方、医疗服务需方、医疗保险经办方之间的风险分担存在不平衡的现象。其中，医疗服务提供方所承受的经济风险最小，主要表现为各项目的成本之和超过各项目的收费总和所带来的经营亏损状况。至于个别项目成本高于价格也不要紧，通常可以通过提供更多的其他类型的成本低于价格的项目来确保总收益的结余。对于医疗服务需方和付费方而言，则需要分担过高的经济风险。由于医疗卫生服务领域存在着严重的信息不对称，医疗服务活动中的服务项目实施、所需服务数量的多少，主要取决于医疗服务提供方的决策，医疗服务需方和付费方无法控制各类服务项目提供的数量，从而控制不了最终需要支付的费用总额，因而可能导致超过个人支付能力或导致基金预算总额的赤字。

**2. 激励机制**

与按服务项目支付方式的风险分担机制相对应，在医疗卫生服务开展过程中，医疗服务提供方存在着较强的逐利动机。为了获取更多的经济激励，医疗服务提供方有较强的动机去提高服务能力、增加服务项目的数量和提高服务项目的质量，并愿意接受较为复杂的病例。按服务项目支付方式一方面能够通过医疗服务项目复杂化、资源集聚化等趋势促进医学科学技术的发展，另一方面也可能带来不必要的服务数量增加。医疗服务提供方为了追求更多的经济利益，可能会对卫生服务过度利用，诱导不必要的医疗服务，即出现诱导需求行为。针对医疗服务项目的价格进行单纯控制，是无法解决医疗费用总额控制难题的。在面对服务价格控制时，医疗服务提供方仍可通过提供更多的服务数量、降低服务效率等方式维持较高水平的医疗费用总额。

**3. 管理成本**

按服务项目支付方式通常需要较高的管理成本。在实施按服务项目支付方式的过程中，按照详细的服务项目进行补偿，需要记录服务的数量和种类。现代医学科学技术的发展，使得临床诊疗手段，以及药品、器械、卫生耗材等卫生服务要素的使用更加精细化，所涉及的服务项目也越来越繁杂，因此管理成本的增加是不可逆转的趋势。医疗保险机构在验证医院等医疗服务机构提供服务的数量、质量以及必要性时，需要掌握大量的信息资料，并具有较强的临床实践知识。因此，无论是医疗服务提供方还是付费方，都需要掌握所有服务的项目和收费标准，都要在监管、审计方面投入大量的人力和其他资源，才能确保信息的及时、准确和可靠。

**4. 实施条件**

按服务项目支付方式应用范围广泛，适用于"生物医学模式"下的常规医疗服务的开展过程，既适用于实验室诊断、影像学诊断、病理学诊断等临床诊断服务，也适用于手术治疗、非手术治疗、物理治疗等各类临床治疗服务。然而，随着全生命周期健康管理理念的推广，医疗服务的连续性、系统性、整体性特征日益凸显，以慢性病为主的人群疾病谱改变，以及分级诊疗制度实施的现实需求，都对按服务项目支付方式的实施提出了新的挑战，需要在实践中探索与其他支付方式相结合推进医疗保险支付方式改革。

## 三、按服务项目支付方式下医疗保险各方的行为特征

（一）医疗服务提供方

医疗服务提供方是医疗服务开展过程中诊疗行为的实施主体，在按服务项目支付方式下表现出如下的行为特征。

**1. 过度供给医疗服务**

由于医疗费用总额与医疗服务数量直接挂钩，即医疗机构与医生所提供的服务数量越多，其医疗收入也越多，因而按服务项目支付方式具有诱导医疗服务过度供给的倾向。医疗机构及医生在按服务项目支付方式下，会产生如下的行为激励：增加就诊患者的数量；增加提供给患者的服务数量；增加疾病严重性的报告等。当前医疗服务提供中仍然广泛出现的分解项目、挂床住院、重复检查等过度医疗现象，均会导致医疗服务供给的不合理增加，不利于控制医疗费用的不合理增长。

**2. 成本控制意识较差**

由于按服务项目方式下医疗服务机构的利润主要取决于增加服务数量带来的收入，医疗服务机构普遍缺乏控制运营成本的动力。同时广大的公立医院所承担的经济风险较少，甚至接近于零，对于社会卫生总费用的控制也缺乏足够动力。由此所产生的医疗资源浪费、配置效率低下问题也长期未得到根本解决。

（二）医疗服务需方

医疗服务需方是医疗服务利用行为的主体，在按服务项目支付方式下表现出如下行为特征。

**1. 诱导患者过度需求**

作为患者，通常希望能够得到良好的医疗服务以及承担较低的个人经济负担。正常的患者大多没有追求过度服务的意愿，然而，由于实施按服务项目支付方式，患者对单一服务项目的成效更为重视，而容易忽略医疗服务全过程的整体效应。因此，为了充分利用医疗保险基金对个人的经济风险分担功能，实现参保费用的"物超所值"，部分患者会选择过度需求，甚至出现与医疗机构合谋套取医疗保险基金的现象。

**2. 容易造成医患关系紧张**

由于医患双方信息不对称和利益冲突，参保患者对医疗服务的质与量难以做出正确判断和选择。这直接影响患者对医疗服务效果的综合评价，进而阻碍医患相互信任关系的建立。如果患者认为其所获取的医疗服务不足，达不到其预期水平，则会认为服务的价格高于价值，因而产生不满。患者如果认为所获取的医疗服务过多，也会产生不满，会认为因此产生了更多的医疗费用，加重了自身经济负担。上述两种情况，都容易使医患双方因医疗服务项目的类型、数量或质量产生纠纷，难以达成和谐的医患关系。

（三）医疗保险经办机构

**1. 事后监管力度不足**

在医疗服务提供方、医疗服务需方及医疗保险经办机构三方关系中，医疗保险经办机构既面临医疗服务需方"逆向选择"风险，又面临医疗服务提供方过度供给的"道德风险"。按服务项目支付方式将医疗保险经办机构置于被动付费、事后审核支付的地位。按照"收支平衡、略有结余"的要求，主要针对医疗服务的数量、价格等关键要素采取事后控制的手段加以调节，缺乏主动性和前瞻性。在控制过程中，牵涉到大量的人员精力投入，管理成本相对较高。

**2. 难以形成监管合力**

在按服务项目支付方式下，医疗保险经办方与医疗服务提供方、参保人员均处于相对独立状态，相互之间存在对立的利益格局。参保人员和医疗保险管理方各自为政，关注的重点在于具体的医疗服务项目，缺乏促进群体健康结果的协作意识，难以针对医疗服务提供方形成强大的买方优势。同时，由于按服务项目支付方式所产生的扭曲的利益激励机制，医疗服务提供方和药品流通、服务利用等其他领域仍存在较强的合谋动力，增大了医疗保险基金监管难度。

# 第二节　按服务项目支付方式的特点

## 一、按服务项目支付方式的优势

在过去相当长一段时期内，按服务项目支付方式是医疗保险支付方式的主要形式。在这种支付方式下，医疗服务机构的收入与其提供服务项目的多少有较大的关系。在简单的"买卖双方交易"逻辑下，按服务项目支付是最为合理的，这也使得它在世界各国长期存在。具体来看，在实践过程中，按服务项目支付方式的优势主要体现在以下几方面。

（一）简单易行

作为传统的医疗保险支付方式，按服务项目支付方式的费用计算简单且容易理解，支付灵活、核算方便，便于应用。

**1. 操作性强**

由于按服务项目支付方式符合一般的市场规律，社会医疗保险各方比较容易理解。按实际发生的服务项目和项目价格标准计算并支付医疗费用，操作方法比较简单，所需配套条件比较少，易于操作，适用范围较广。因此，医疗服务提供方在收费标准系统的控制下开展工作，社会医疗保险经办机构按照各服务项目的收费标准向医疗服务提供方支付医疗费用，并对医疗服务提供方实行监督管理。

**2. 费用信息详尽**

按服务项目支付方式是由医疗保险机构根据医疗服务机构报送的记录患者接受服务项目及其收费标准的明细账支付医疗服务机构报酬，医疗保险机构对医疗服务机构报送的明细账进行审核，根据审核结果进行费用的支付。因此，该支付方式可以让医疗保险经办方获得大量且详细的费用信息，从而有利于医疗保险机构更好地监管医疗服务机构。

（二）接受度高

按服务项目支付方式所涉及的医、患、保三方关系相对简单，较容易得到医疗保险运行相关利益主体的接受。

**1. 参保人员选择性大**

按服务项目支付方式符合个体化医疗原则，最能满足参保患者的实际医疗需求。患者可一次性享受充分的治疗，对医疗服务的各种要求容易得到满足，比较容易得到数量较多和方便、及时的医疗服务。医生也不必为了满足医疗费用控制的指标要求而降低医疗服务标准，有利于保证医疗质量。

**2. 医务人员积极性高**

由于医疗服务机构和医务人员的收入与所提供的服务实际数量有着直接联系，按服务项目支付方式对医疗机构及医务人员形成了较强的经济激励。为了获取更高的医疗收入，医疗服务机构及医生会不断提升内部工作效率，不断改善服务条件、提高服务能力，从而吸引更多的患者，更大限度地满足患者的医疗服务需求。与预付制相比，医务人员以提供更多的医疗服务为行为导向，不会出现推诿患者的情形。同时，按服务项目支付方式不需要服务提供方承担财政风险，在项目价格合理确定的情况下，能够比较完全地对医疗服务提供者给予补偿，有利于调动医疗服务机构及医务人员的工作积极性。

（三）有利于改进服务质量

在按服务项目支付方式下，医疗服务提供方在增加服务数量的同时，也具有一定程度的改进服务质量的驱动力。

**1. 提升医疗服务能力**

为了获取更多的医疗服务收入，医疗服务提供方将以患者需求为导向，不断加强专业知识学习，不断提高自身的专业技能和医疗水平，改善服务态度，从而客观上促进医疗服务能力的持续提升。例如，对于疑难复杂病例的收治，后付制下的医生能够根据病情发展的实际需要充分动员各项医疗资源，从最有利于病情诊治的角度改进服务，在此意义上具有预付制难以达到的优势。

**2. 促进新技术应用**

为了吸引更多的患者到所在的医疗机构就医，医疗服务提供方将不断改善服务条件、增加新的医疗设备、开展新的服务项目，以满足患者的需要。因而，按服务项目支付方式对于医学新技术的发展具有较强的推动作用，同时充分竞争的条件也有利于促进医疗服务技术创新。但是，应当看到，按服务项目支付方式也可能会提高费用高昂的新技术、新药品的使用率，不利于控制医疗费用的上涨。

# 二、按服务项目支付方式的缺陷

在医疗保险制度的长期发展过程中，人们总结发现按服务项目支付方式逐渐暴露出的一系列系统缺陷，为推进医疗保险支付方式改革提供了理论与实践基础。对照我国新时代深化医药卫生体制改革实践，可以看出按服务项目支付方式仍然是制约"看病贵""看病难"等实践难题系统解决的障碍因素，对于实现"保基本、强基层、建机制""看好病""少生病"等一系列政策目标而言，也难以提供有效的改革动力。

## （一）不利于解决"看病贵"问题

### 1. 存在诱导需求与过度供给倾向

由于医患双方掌握的医学知识信息量不同，医疗消费具有供方主导性。医生常常兼有患者咨询者和服务提供者的特殊双重身份，处于主动地位的医生往往作为患者的"代理人"和"参谋"对服务的种类、数量和方式等做出选择，患者往往只是被动地接受医生为他们提供服务。

按服务项目支付方式是典型的后付制支付方式，只能在服务产生后对医疗服务的账单进行监督检查，因此导致医疗机构诱导需求现象严重，如过度检查、用药、治疗等服务项目的增加，延长住院天数，高新医疗技术过度配置等问题不断出现。目前医疗服务机构出现的通过自立收费项目或自定标准收费、分解收费项目、重复收费和扩大收费范围等方式变相提高收费标准，强制或变相强制服务并收费、不按规定提供服务而收费等价格违法行为，以及升级使用大型设备检查和过度使用进口药品等问题，都与按服务项目支付方式存在的这一缺陷相关联。

### 2. 难以有效控制医疗费用增长

按服务项目支付医疗费用是与医疗服务的量挂钩的，所以医疗机构会尽可能多地提供医疗服务，包括一些不必要的医疗服务，不仅使得患者费用快速增长，也导致医疗保险基金支出迅速增长。医疗服务机构会倾向于购买高精尖的医疗设备和提供舒适的医疗环境来竞争患者，这些"医备竞赛"会导致医疗费用的快速增长，形成无效的品质竞争，造成大量的资源浪费。国外有研究称，卫生总费用上涨的 12% 要归结于按服务项目支付。

从各国医疗保险的经验和教训来看，单纯地按服务项目付费的支付方式是造成医疗费用上涨过快的重要原因之一，仅凭医疗服务需方控制难以抑制医疗费用的大幅增长，医疗服务供方控制是各国医疗管理的必然趋势，医疗保险费用支付方式改革是其中的重要措施。

### 3. 管理成本高昂

社会医疗保险机构作为第三方，在医疗服务行为发生后根据实际发生费用对医疗服务提供方进行支付，处境过于被动，难以对医疗总费用进行控制。由于医疗机构服务项目种类较多，制定合理的服务价格比较困难。按服务项目支付方式属于后付制，难以对医疗费用的总量实现预算管理，如果处于被动付费地位的医疗保险机构想控制医疗费用浪费，就必须事后对服务项目和费用支出进行审核，需要投入大量人力、物力，同时需要专业的医学知识以审核医生是否恰当地治疗，这样必将大大增加管理成本。而且，医疗保险经办方与医疗服务提供方、医疗服务需方之间围绕合理的医疗服务项目、数量、价格等支付标准较难达成一致，反复博弈过程带来的交易成本增加也不利于真正解决"看病贵"问题。

## （二）不利于解决"看病难"问题

### 1. 加剧公立医院的不合理扩张

目前我国大部分地区采取的医疗保险支付方式仍是按服务项目支付的后付制。虽然这种支付方式在一定程度上免除了患者担心因无力支付医药费而降低服务质量，满足了患者的医疗服务供给和安心看病以及休养的需要，但是后付制的无约束支付特征为医院的道德风险和寻租提供了可能。医院可能为了赚取更多的医疗费对患者实施"过度服务"，提供价格昂贵但没有真正诊疗效果的服务。因此，许多医院经常重金购置大型医疗器械，肆无忌惮地给患者进行各种检查，使医疗费不断攀升，难以控制。大型公立医院的盲目扩张，不利于区域内医疗卫生资源的优化配置。几家大型公立医院的技术效率提升，不能代表卫生资源配置效率的改善，也无法促进分级诊疗就医格局的早日实现。

**2. 制约基层医疗机构的服务能力提升**

基层医疗机构是社区居民健康的守门人，我国长期以来施行的基层医疗机构补偿方式是以按服务项目支付方式为主的。作为以基本医疗与公共卫生服务职能为主的医疗服务机构，对于基层医疗机构的补偿更应注重采取总额预算、按人头支付等打包支付方式，避免因分解项目带来的卫生服务连续性差、可及性差等问题。与公立医院相协同，基层医疗机构也应逐步推进医疗保险支付方式改革。只有公立医院与基层医疗机构的补偿机制相协调，才能确保双向转诊、上下联动等分级诊疗机制的实现，促进整合型医疗服务体系建设，进而扭转社区居民"小病到大医院"的不合理就医格局，真正解决"看病难"的系统难题。

（三）不利于实现"少生病"的目标

**1. 不适应全生命周期健康管理体系**

全生命周期健康管理从健康影响因素的广泛性、社会性、整体性出发，以人的生命周期为主线，对婴儿期、幼儿期、儿童期、少年期、青年期、成年期、老年期等不同阶段进行连续的健康管理和服务，对影响健康的因素进行综合治理。贯彻全生命周期健康管理理念，需要推动医疗服务体系为全民提供集预防、治疗、康复和健康管理为一体的整合医疗。然而，按服务项目支付方式作为医疗保险后付制的主要形式，医疗保险管理方也主要采用事后控制的方式对其进行监管，与构建全生命周期健康管理体系的政策要求显然存在较大差距。因此，针对按服务项目支付方式这一单一支付方式实施系统改革，是建设健康中国、促进将健康融入所有政策的必然要求。

**2. 易造成重治不重防的局面**

按服务项目支付会促使医疗机构扩张发展，有些医疗机构为了开展更多的高收益服务项目，片面追求高、精、尖医学科学技术，争先购置先进诊疗设备，这种高新医疗技术的过度配置一方面导致卫生资源的严重浪费，另一方面也违背了疾病预防为主的原则，忽视了常见病多发病的防治工作，出现卫生投入与健康水平提高不一致的情况。随着"生物-心理-社会医学模式"的转变，人群疾病谱发生了重大改变，慢性非传染性疾病逐渐取代急性传染病，成为人类的主要健康威胁。新冠疫情的发展，也更加凸显了综合人群健康管理的重要性。因此，按服务项目支付方式应当主动顺应从"以治病为中心"向"以人民健康为中心"的战略转变，在基本医疗保险制度建设进程中尽快融入多元复合式医疗保险支付方式的改革实践。

# 第三节　按服务项目支付方式的发展历程与趋势

## 一、按服务项目支付方式的历史演变

（一）国外按服务项目支付方式发展历程

国外建立社会医疗保险制度的国家，在医疗保险建立之初，采取了按服务项目支付方式。随着人口老龄化的加深以及物价上涨和人们保健意识的增强，医疗费用支出大幅上涨。后来各国逐渐探索适合本国国情的医疗保险费用支付方式，控制飞速上涨的医疗费用。按服务项目支付方式仍是美国、德国等国家主要的医疗保险支付方式。

美国的医疗保险制度分为三个部分：由政府主导的主要面向 65 岁以上老年人的医疗照顾制度（Medicare）、政府主导的以贫困者为对象的医疗救助制度（Medicaid）和由商业保险公司主导的覆盖就业人口的商业医疗保险。

1965 年，Medicare 设立之初，主要采用的是以治疗项目实际成本为基础的后付费方式，即按服务项目付费，从 1967 年实行该种付费制度以来，到 1983 年，Medicare 年住院费用由 30 亿美元增长至 370 亿美元。1983 年，美国国会授权 Medicare 和 Medicaid 服务中心推行按病种预付制（prospective payment system，PPS），根据诊断主要症状、并发症、主要治疗措施（手术）、性别、年龄对患者进行归类，同一病种内的病例根据历史平均治疗费用在每一个财政年度前预先定价。1980~1983 年，Medicare 的人均支出平均增长 15.5%；实行按病种付费制度后，1984~1987 年的人均支出平均增长为 6.6%，住院天数由 1983 年的 10.2 天缩短至 1987 年的 8.9 天。按病种付费的实施对医疗费用的控制效果显著。从 20 世纪 70 年代开始，Medicare 与健康维持组织合作推行按人头付费模式。由 Medicare 和 Medicaid 服务中心为每个选择该计划的参保人向商业保险公司每个月支付固定的月费，由商业保险公司负责营运，而固定月费支付的措施是按人头保费进行风险调整。

虽然按服务项目支付方式尚未从美国医疗保险系统中消失，但以健康维持组织等为代表的管理型医疗保险已经成为医疗保健服务融资的核心。大多数医院仍然是针对特定类型的服务付费，在一些健康维护组织模式中，医生的工资是基于集体执业带来的收入，这些收入通常基于某种类型的按服务付费技术计算，结果是多种模式的"混杂"。

（二）国内按服务项目支付方式发展历程

我国按服务项目支付方式从整体上来说与医疗保障体制改革的进程是相一致的，主要分为四个阶段。

**1. 第一阶段：计划经济时期（1949~1978 年）**

受计划经济体制的影响，我国医疗保障制度改革前主要包括公费医疗、劳保医疗和农村合作医疗等几部分，国家对医疗费用的支付主要采取的是按服务项目支付方式。这个时期国家也对医疗费用支付方式进行过一些探索，如对公费医疗采取定额管理、单病种支付的方式，对劳保医疗费用采取预算制的支付方式，但是由于各方面条件的限制，实施效果不太理想，影响了新型医疗费用支付方式的推广。例如，1955 年《改进医院财务管理》的文件中明确提出对医疗机构实行全额管理、差额补助，年终结余一律上缴，历年结余应清理上缴。1960 年又进一步提出对医院财务"全额管理、定项补助、预算包干"的方式，医务人员的基本工资由财政全包，医院经费的结余可以充实机构，进行自我发展。这种定项补助的办法使医疗机构有了较为稳定的经费来源，但是不利于调动医务人员的积极性，导致人浮于事、效率低下，限制了医疗机构的发展。

**2. 第二阶段：转轨时期（1978~1995 年）**

这一时期，国家开始实行改革开放，重心逐渐转移到经济发展上来。原有的计划经济体制下的医疗保障制度也开始面临着调整。医疗机构也成为市场经济的参与者，自主权开始扩大，更多地关注自身的经济效益，忽视了公共卫生服务的社会效益，医疗费用快速上涨。按服务项目支付方式仍是这一时期的主导医疗费用支付办法。同时国家也制定了相应的规章制度来对医疗机构的行为进行约束。例如，1979 年 4 月，卫生部等部委出台《关于加强医院经济管理试点工作的意见》，提出将对医院的经费补助政策由"全额管理、定向补助、预算包干"改为实行"全额管理、定额补助、结余留用"的方法，提出按编制床位实行定额补助，医院的收支结余可以用于改善医疗设施和条件，也可用于员工的福利和奖励。1981 年在《医院经济管理暂行办法》中，提出医院"要逐步建立成本核算制度""加强科室核算，制定各项经费和开支定额"。1985 年卫生部又发布了《关于卫生工作改革若干政策问题的报告》，进一步完善了以往的医疗机构财务政策，提出国家对医院的补助经费，除大修理和大型医疗设备购置外，实行定额包干，补助经费定额确定后，单位有权自行支配使用。对其他医疗卫生机构则实行预算包干的办法。这一时期，医疗机构逐渐开始扭转"大锅饭"的局面，出现了绩效核算和奖金分配制度，医疗机构快速发展，同时也造成了医疗费用的快速上涨。

**3. 第三阶段：医疗保障制度建立时期（1995～2009 年）**

20 世纪 90 年代初，我国经济体制改革实现了从计划经济向社会主义市场经济的重大转变，亟须建立起与社会主义市场经济体制相适应的社会保障制度，医疗保障体制改革再次提上日程。1994年起开始试点建立城镇职工医疗保险制度，并不断扩大其覆盖面，极大地缓解了疾病风险给广大职工带来的经济负担。随后于 2003 年启动新型农村合作医疗制度，2007 年开始试点城镇居民基本医疗保险制度，覆盖城乡居民的基本医疗保障制度基本建立起来。在各项医疗保险制度建立过程中，医疗费用的支付方式主体上依旧延续了计划经济体制下的付费模式，即仍然采用按服务项目支付的后付制支付方式。在计划经济条件下，由于国家对医疗服务价格采取管控措施，所以医疗费用的服务价格比较低，医疗费用增长处在居民可承受范围之内。到了市场经济条件下，由于价格体系的市场化和医疗保险制度的不完善，按服务项目支付方式呈现出巨大的弊端。医疗费用增长速度开始加快。"看病难""看病贵"现象屡有发生，居民医疗负担加重。

面对这样的严峻形势，1999 年 6 月，《关于印发加强城镇职工基本医疗保险费用支付管理意见的通知》，指出"基本医疗保险费用的具体结算方式，应根据社会保险经办机构的管理能力以及定点医疗机构的不同类别确定，可采取总额预付结算、服务项目结算、服务单元结算等方式，也可以多种方式结合使用。各地要根据不同的结算方式，合理制定基本医疗保险费用的结算标准"。例如，镇江 "总额预算、弹性决算、部分疾病按病种付费"的支付方式；上海则制定了"总量控制、结构调整"的总控政策；深圳选择"门诊按服务项目支付、住院按服务单元支付和部分疾病按病种支付"的混合式支付方式；牡丹江则实施"住院按病种支付为主，对门诊定额支付、部分疾病按服务项目支付"的混合式支付方式。

2001 年劳动和社会保障部完成了"基本医疗保险费用支付办法研究"课题，进一步规范和明确了医疗保险费用支付方式的使用，为各地医疗保险费用的支付提供了科学的指导。这项课题对医疗费用支付方式的发展趋势和种类进行了梳理，并对各种医疗费用支付方式的特点和利弊进行了概括，指出医疗费用支付方式的多元化才是控制医疗费用不合理增长的关键所在。2004 年卫生部办公厅发布《关于开展按病种收费管理试点工作的通知》，在天津、辽宁、青海、山东等 7 个省份开展按病种收费管理的试点工作。

**4. 第四阶段：深化医药卫生体制改革时期（2009 年至今）**

随着按服务项目支付弊端的不断显现，自"新医改"以来，我国开始探索从单一支付方式向多元支付方式的转变，发挥各种支付方式的优势。2009 年，我国启动了新一轮医药卫生体制改革的进程，在《中共中央 国务院关于深化医药卫生体制改革的意见》中指出，要"完善支付制度，积极探索实行按人头付费、按病种付费、总额预付等方式，建立激励与惩戒并重的有效约束机制"。2011年 5 月，人力资源和社会保障部发布《关于进一步推进医疗保险付费方式改革的意见》，明确了医保支付方式改革的目标，即探索总额预付制改革，在此基础上结合门诊统筹，探索按人头付费；结合住院、门诊大病的保障，探索按病种付费。2016 年 12 月，财政部、人力资源和社会保障部、国家卫生和计划生育委员会发布《关于加强基本医疗保险基金预算管理发挥医疗保险基金控费作用的意见》，要求"各统筹地区要结合本地实际，全面实施以总额预算为基础，门诊按人头付费，住院按病种、按疾病诊断相关分组（DRGs）、按床日付费等多种方式相结合，适应不同人群、不同疾病及医疗服务特点的复合支付方式，逐步减少按项目付费，将支付方式改革覆盖所有医疗机构和医疗服务"。2017年6月，国务院办公厅印发《关于进一步深化基本医疗保险支付方式改革的指导意见》，明确了"实行多元复合式医保支付方式"的改革方向，设定改革目标为：到2020年，医保支付方式改革覆盖所有医疗机构及医疗服务，全国范围内普遍实施适应不同疾病、不同服务特点的多元复合式医保支付方式，按项目付费占比明显下降。

2018年，国家医疗保障局的组建，为医疗保险支付方式改革进一步深化和落实奠定了组织管理基础。2019年5月，国家医疗保障局等四部委发布《关于印发按疾病诊断相关分组付费国家试点城市名单的通知》，提出"以探索建立DRG付费体系为突破口，实行按病种付费为主的多元复合支付方式，有助于医保支付方式改革向纵深推进"。2020年2月，中共中央、国务院发布《关于深化医疗保障制度改革的意见》，明确指出医保支付是保障群众获得优质医药服务、提高基金使用效率的关键机制。要聚焦临床需要、合理诊治、适宜技术，完善医保目录、协议、结算管理，实施更有效率的医保支付，更好保障参保人员权益，增强医保对医药服务领域的激励约束作用。要求持续推进医保支付方式改革，推行以按病种付费为主的多元复合式医保支付方式，推广按疾病诊断相关分组付费，医疗康复、慢性精神疾病等长期住院按床日付费，门诊特殊慢性病按人头付费。探索医疗服务与药品分开支付。适应医疗服务模式发展创新，完善医保基金支付方式和结算管理机制。

## 二、按服务项目支付方式的改革完善

2017年6月国务院办公厅发布的《关于进一步深化基本医疗保险支付方式改革的指导意见》明确将"全国范围内普遍实施适应不同疾病、不同服务特点的多元复合式医保支付方式"作为医疗保险支付方式改革的主要目标。2020年2月中共中央、国务院发布《关于深化医疗保障制度改革的意见》，再次确认了多元复合式医保支付方式在持续推进医保支付方式改革中的指导意义，明确要求"建立管用高效的医保支付机制"。

作为最传统和应用范围最为广泛的支付方式，按服务项目支付方式仍然是多元复合式医保支付方式的重要组成部分，在改革进程中仍有用武之地，需要主动顺应医保支付方式改革的基本原则，促进"更有效率的医保支付"这一改革发展目标的实现。

### （一）在特定领域发挥按服务项目支付的优势

#### 1. 不宜打包的复杂病例

《关于进一步深化基本医疗保险支付方式改革的指导意见》明确指出："对不宜打包付费的复杂病例和门诊费用，可按项目付费。"打包支付，或称捆绑支付，是医保支付方式改革的重要策略，能够针对患者在特定时期内从多个不同服务提供者所获得的与该疾病有关的所有服务进行打包支付，有利于消除无效服务和重复服务。但是，这一策略主要适用于有明确诊疗路径的疾病，其应用需要以明确的诊疗指南和临床路径为基础，并且进行有效的信息监测。因此，对于病情特别复杂、没有显著规律的疾病而言，打包支付就存在较大的难度，而按服务项目支付方式在此方面仍可发挥其优势。

医保支付方式改革的持续推进应以切实保障广大参保人员基本医疗权益作为重要出发点，因此，多元复合式医保支付方式的构建与应用应考虑参保人员的受益水平改善。研究显示，针对实行按床日付费和总额预付的地区，医保部门和医疗机构之间是按照打包价格进行支付的，但参保患者仍然是按服务项目支付（实际发生的费用），支付方式改革后参保人员住院治疗实际发生的费用水平是否降低或增长速度是否减缓，是判断参保居民是否从改革中直接受益的主要依据。

针对按病种付费模式，参保患者和医保部门都是按照打包价格进行结算的，因此需要对比分析参保患者面临的三种价格：一是病种的打包价格；二是实际价格，即参保患者住院治疗时实际发生的费用金额；三是假设没有实行按病种付费，按照医疗机构在按服务项目支付模式下既往的费用增长速度，参保患者住院就医可能会产生的费用金额，简称潜在价格。对于某一按病种付费模式结算的参保患者存在以下三种受益情况：①当实际价格＞打包价格，且打包价格＜潜在价格时，参保患者将绝对受益；②当实际价格＜打包价格，且打包价格＜潜在价格时，参保患者也是受益的，但受益程度不及前者；③当打包价格＞潜在价格时，参保患者不受益，且费用负担会更重。

因此，在推进医保支付方式改革中，如果针对特定支付方式，改革后费用水平或费用增长速度大于按服务项目支付方式，则属于不宜打包支付的情形，仍应实行按服务项目支付方式。

**2. 不宜打包的门诊费用**

门诊统筹的支付方式改革，关系到公立医院门诊服务和基层医疗卫生机构的基本医疗服务，其改革成效不仅与医疗保障制度体系密切相关，同时也直接影响分级诊疗制度的构建与完善。2021年4月国务院办公厅发布的《关于建立健全职工基本医疗保险门诊共济保障机制的指导意见》，明确要求"完善与门诊共济保障相适应的付费机制。对基层医疗服务可按人头付费，积极探索将按人头付费与慢性病管理相结合；对日间手术及符合条件的门诊特殊病种，推行按病种或按疾病诊断相关分组付费；对不宜打包付费的门诊费用，可按项目付费"。

从国际经验来看，各国对基层医疗服务普遍采取复合式的付费方式。按人头付费为主、其他付费方式为辅是主流的支付方式。部分国家仍保持按服务项目支付为主的组合，按服务项目支付或其变种（如总额控制下的按服务项目支付方式）具有较广泛的应用。法国、比利时、卢森堡、德国、奥地利及韩国等国家的主要特点是一直使用社会医疗保险，从未进行过制度转型，仅在社会医疗保险制度框架内不断进行改革。除韩国外，欧洲几个国家都是较早建立社会医疗保险制度的国家。经过百余年发展和完善，这些国家基于按服务项目支付的定价、谈判和费用控制系统都趋于完善，利益格局相对固化，故未进行改革。这些国家基本没有法定的守门人机制（实施基层首诊的分级诊疗制度）。

按服务项目支付在未建立守门人机制的国家中是主流付费制度。在建立了守门人机制的国家中，按服务项目支付通常有两个用处：一是用来鼓励供给不足的服务的提供，通常为预防保健服务、偏远地区的服务、工作时间以外的服务等；二是因国家卫生服务体系内医务人员收入或工资水平低，而允许医务人员可以按服务项目付费的方式接诊私人病人，获取额外收入，但这一收入往往受限，防止医生在工作时间推诿病人情况的出现。在克罗地亚，实行混合型按人头支付政策，依据慢病患者的数量调整按人头付费的费率，以便为服务高危患者的机构和个人提供足够的补偿。初级卫生保健提供者的收入由两部分组成，70%是固定款项，也就是人头费及经常性支出，30%则与服务项目相关，根据开药、采血、转诊次数等服务项目的绩效监测进行支付。这种方式对于服务机构获得疾病记录、诊疗流程，降低再住院率能起到较好的效果。

因此，在门诊服务的支付方式改革领域，按服务项目支付方式可与其他支付方式联合运用，解决因经济激励不足造成的有效服务减少、推诿患者等难题，提升基层卫生服务的质量及有效性，促进合理就医秩序的形成。

（二）为推进医保精细化管理提供经验

**1. 改进诊疗项目成本核算**

推行以按病种付费为主多元复合式医保支付方式改革，必然需要加强医疗保险的精细化管理。当前开展的按疾病诊断相关分组付费和 DIP 等支付方式，均需以病种成本核算为前提。而准确、合理的病种成本核算又需要建立在诊疗项目成本核算的基础上。按服务项目支付方式作为最传统、应用最广泛的支付方式，在诊疗项目成本核算与管理方面积累了较为丰富的经验，可为促进病种成本核算提供坚实的理论与实践支撑。

诊疗项目成本核算反映的是诊疗项目所耗费的资金,主要作用在于考核诊疗项目的盈亏,进而作为补偿和定价的依据。病种成本核算是反映治疗某病种所耗费的资金总和,可作为对治疗过程的综合评价,为按病种收费提供依据,是诊疗项目成本核算的扩展和延续。作为基本的核算单元,住院诊疗过程涉及各类检查、治疗、药品及医用耗材等项目,应相应地建立、完善药品目录库、诊疗项目库、医用材料库等基础信息平台,从而与涉及医疗服务的执业医师库、诊断代码库、手术代码库等相结合,进而为病种分组的成本核算提供数据基础,分析成本构成的变化,确定稳定可靠的区域基准值,作为不同定点医疗机构不同时期进行横向和纵向比较的标杆基准。

同时,应当注意到,并非所有的住院项目都能纳入按病种打包支付的范围内。例如,部分上市时间较短、治疗费用较高、临床使用不成熟的药品和医用耗材,尤其是临床使用数量或同品种间价格差异较大的品种,最终产生的诊疗费用可能存在较大差距,从而导致其难以纳入病种付费范围或增加病种分组。对于此类项目,可采取另行制定支付标准的方式单独结算。以德国为例,为减少按疾病诊断相关分组中不必要的分组,德国设置了额外费用 ZE(Zusatzentgelt)作为补充支付方式,并对纳入其中的药品及医用耗材另行制定支付标准作为报销基准。我国三明市也针对高值创新产品,如人工晶体、心脏起搏器、支架、人工关节、体内固定材料、球囊、人工瓣膜、膜肺、除颤器等,采用了另行支付的方式,将其排除在 DIP 范围以外。

**2. 加强诊疗项目监管与治理**

在多元复合式医保支付方式改革进程中,医保基金是否得到合理使用是医疗保险监管与治理的关键问题。医疗保险经办机构需要对项目超支是否合理、结余是否恰当进行精细化稽核,而精细化稽核在一定程度上也需要借鉴按服务项目支付方式所积累的诊疗项目监管经验。

2021 年 5 月,以国务院令的形式施行的《医疗保障基金使用监督管理条例》对定点医药机构提出明确要求:"不得分解住院、挂床住院,不得违反诊疗规范过度诊疗、过度检查、分解处方、超量开药、重复开药,不得重复收费、超标准收费、分解项目收费,不得串换药品、医用耗材、诊疗项目和服务设施,不得诱导、协助他人冒名或者虚假就医、购药。"由此可见,对诊疗项目的规范监管与治理,已经成为维护医疗保险基金安全的重要保证。长期以来,按服务项目支付方式的实施,积累了一定的诊疗项目监管经验,如对诊疗项目范围及价格的公示管理较好地促进了行业专项监督与社会公众参与治理的有效结合,诊疗项目专题分析等措施可通过分析诊疗项目金额、药品等级用量等情况为医疗保险监管提供决策依据。

重庆市永川区医疗保障局于 2019 年 1 月在永川区人民医院一楼门诊大厅设置了 100 多平方米的驻医院服务站,重点开展医保诊疗项目事前审批等工作。通过实施"诊疗项目事前审批",要求医院 CT(computed tomography,电子计算机断层扫描)检查、核磁共振检查以及 8000 元以上的高值耗材项目,近 20 种中医理疗项目,须经服务站审批后才准予纳入医保报销。2019 年 1 月至 9 月,共事前审批医保诊疗服务项目 42 503 件,未审批通过 521 件,未审批通过金额 4.2 万元。这是重庆市永川区在优化医保治理和医保公共服务方面的一次改革探索,改变以往事中事后费用审核"灭火"的做法,采取"未病"先治的措施,将监督关口前移,更好地加强医保费用的审核和监管,有效监督医保协议执行,减少小病大治和不必要的检查等违规行为。

由此可见,按服务项目支付方式的长期应用,虽然造成了医疗服务提供方只关注服务数量增加的扭曲激励,势必需要以多元复合式医保支付方式改变按服务项目支付独大的格局,但诊疗项目监管的有效经验仍将在医保支付方式改革及医保治理创新进程中发挥重要的作用。尤其是针对以 DIP 支付方式等为代表的预付制可能产生的过少医疗、推诿患者等非预期行为,按服务项目支付方式还将在相关领域为建立、完善正向的医疗保障社会监督激励机制提供支持。

# 三、互联网背景下按服务项目支付方式的应用

## （一）"互联网+"医疗服务医保支付的相关政策

2015 年 7 月国务院发布了《关于积极推进"互联网+"行动的指导意见》，提出将"跨地区医保结算等互联网应用"作为便民服务新业态加以推广，开启了大力推进"互联网+医保"服务的新局面。2018 年国务院办公厅《关于促进"互联网+医疗健康"发展的意见》明确提出要进一步完善医保支付政策，逐步将符合条件的互联网诊疗服务纳入医保支付范围。

2018 年国家医疗保障局组建以来，高度重视"互联网+"医疗服务医保支付工作的开展，于 2019 年 8 月制定、发布了《关于完善"互联网+"医疗服务价格和医保支付政策的指导意见》，提出探索新技术条件下开放多元的医疗服务价格新机制。2020 年 3 月国家医疗保障局联合国家卫生健康委员会发布了《关于推进新冠肺炎疫情防控期间开展"互联网+"医保服务的指导意见》，提出了"将符合条件的"互联网+"医疗服务费用纳入医保支付范围"。2020 年 11 月国家医疗保障局发布了《关于积极推进"互联网+"医疗服务医保支付工作的指导意见》，系统阐述了支持"互联网+"医疗服务模式创新的主要措施。2020 年 12 月国家卫生健康委员会、国家医疗保障局、国家中医药管理局联合发布了《关于深入推进"互联网+医疗健康""五个一"服务行动的通知》，要求推进"一站式"结算服务，完善"互联网+"医疗在线支付工作。2020 年 12 月国家医疗保障局发布《关于坚持传统服务方式与智能化服务创新并行优化医疗保障服务工作的实施意见》，聚焦解决"数字鸿沟"，改进线上服务等关键问题。

通过对上述政策的梳理，可以看出，推进"互联网+"医疗服务医保支付工作已经成为医保支付方式改革进程中的一项重要的政策议题，对于深化医药卫生体制改革、深化医疗保障制度改革均具有重要意义。

## （二）"互联网+"医疗服务诊疗项目管理

互联网医疗的开展，需要建立诊疗项目准入制度，当前采取的管理方式主要是签订"互联网+"医疗服务医保协议。在省级以上卫生健康、中医药管理部门相关规定框架下，开展"互联网+"医疗服务的医疗机构可以通过其依托的实体医疗机构，自愿向所在统筹地区医保经办机构申请签订"互联网+"医疗服务医保补充协议。

申请"互联网+"医疗服务医保补充协议的医疗机构应具备以下基本条件：一是具备与国家统一医保信息业务编码对接的条件，以及药品、医用耗材、诊疗项目、医疗服务设施、疾病病种等基础信息数据库。二是具备与医保信息系统数据交换的条件，结合全国统一医保信息平台建设，实现医保移动支付，能够为患者提供电子票据、电子发票或及时邮寄纸质票据。三是依托医保电子凭证进行实名认证，确保就诊参保人真实身份。四是能够完整保留参保人诊疗过程中的电子病历、电子处方、购药记录等信息，实现诊疗、处方、配药等全程可追溯。五是能够核验患者是否为复诊患者，掌握必要的就诊信息。六是医院信息系统应能区分常规线下医疗服务业务和"互联网+"医疗服务业务。

由此可见，"互联网+"医疗服务医保补充协议主要基于适宜线上开展的诊疗服务项目，由统筹地区医保经办机构向社会公布提供"互联网+"医疗服务的定点医疗机构名单、主要服务内容和收费价格等信息。互联网医疗所涉及的药品、医用耗材、诊疗项目等卫生资源与服务的提供主要通过线上沟通、线上服务、线上配送、线上支付等形式完成，医疗保险经办机构对诊疗、处方、配药等行为的补偿也主要产生于上述行为实行之后，因此，按服务项目支付方式也即后付制是当前"互联网+"医疗服务医保支付方式的主要选择。例如，上海推进"分时预约+医疗后付费"的居民社区就

医服务模式，利用云端技术进行就诊环节的再造；针对居民自我健康管理渠道难获取的问题，通过智能物联终端设备，将健康管理下沉到社区服务站点，开展针对慢性病高危人群和确诊患者的体征指标数据的监测跟踪和管理，结合家庭医生签约服务，实现居民对健康的自我管理和预防。

（三）"互联网+"医保支付价格项目管理

"互联网+"医疗服务医保支付政策的实施主要通过按服务项目支付方式完成，对于医疗机构申报的新增"互联网+"医疗服务价格项目，各地要坚持以结果为导向、反映资源消耗规律、线上线下合理衔接的原则，加快受理审核，科学确定项目名称、服务内容、计价单元、收费方式等，为跨机构合作开展服务、分配收入提供政策依据。定点医疗机构提供符合规定的"互联网+"医疗复诊服务，按照公立医院普通门诊诊察类项目价格收费和支付。发生的药品费用比照线下医保规定的支付标准和政策支付。

设立"互联网+"医疗服务价格项目，应同时符合以下基本条件：一是应属于卫生行业主管部门准许以"互联网+"方式开展、临床路径清晰、技术规范明确的服务；二是应面向患者提供直接服务；三是服务过程应以互联网等媒介远程完成；四是服务应可以实现线下相同项目的功能；五是服务应对诊断、治疗疾病具有实质性效果。

公立医疗机构提供"互联网+"医疗服务，价格包括了一个项目的完整费用，并按照属地化原则，由公立医疗机构或其所在地区的省级医疗保障部门制定。例如，贵州2017年印发的《贵州省远程医疗服务管理办法》，制定出台了远程医疗服务项目价格，将远程医疗服务按照常规诊疗费用纳入基本医疗保险报销范围。

针对各类服务特点细化价格政策规定：一是公立医疗机构提供检查检验服务，委托第三方出具结论的，收费按委托方线下检查检验服务项目的价格执行，不按远程诊断单独立项，不重复收费；二是公立医疗机构开展互联网复诊，由不同级别医务人员提供服务，均按普通门诊诊察类项目价格收费；三是公立医疗机构依托"互联网+"提供家庭医生服务，按照服务包签约内容和标准提供服务和结算费用，不因服务方式变化另收或加收费用。由此可见，除第三类家庭医生签约服务的支付方式属于打包支付以外，第三方检查检验服务、互联网复诊服务均以按服务项目支付方式为主。

由于当前我国"互联网+"医疗服务还处于起步阶段，一方面各级医疗服务机构及社会资本在投入方面具有较强的积极性，按服务项目支付方式可以较好地促进各类服务主体提供更多的"互联网+"医疗服务，另一方面"互联网+"医疗服务的内容和形式还较为简单，在综合性、复杂性等方面与线下服务还存在较大差距，实施打包支付、预付制还具有较大难度，按服务项目支付方式在"互联网+"医疗服务医保支付工作中还将发挥较大的作用。

1. 实施按服务项目支付方式为什么不利于有效控制卫生费用？

2. 结合健康中国"全方位全周期健康服务"理念，分析按服务项目支付方式的缺陷有哪些？

3. 在多元复合式医保支付方式改革中如何发挥按服务项目支付方式的作用？

（陈　羲　詹长春）

# 第四章　总额预算支付方式

---内容提要---

　　总额预算支付方式是控制社会医疗保险费用过快增长的有效手段之一。本章介绍了总额预算支付方式的概念、分类、实施、形成与发展,分析了总额预算支付方式对医疗机构、医疗保险经办机构和参保人等各方面的影响。在具体实践中,本章介绍了总额预算支付方式在国内外的运用并附以具体的实例加以说明。总体来看,总额预算支付方式是一种宏观控费作用强但也比较粗略的支付方式,在总额预算支付下辅以其他微观支付手段,是近几年各地都在采用的主流支付方式。

## 第一节　概　　述

### 一、总额预算支付方式的概念

　　总额预算(global budget)支付方式,通常简称总额预付制,是指医疗保险经办机构和医疗服务机构通过协商或谈判的方式,确定在一定时期内(通常为1年)支付给医疗机构的医疗费用预算总额,用于购买一定数量和质量的医疗服务。总额预算支付方式是一种供方支付方式,主要用于住院医疗费用的支付,偶尔也用于门诊医疗费用的支付,属于预付制类型。总额预算支付方式是在医疗保险基金总收入确定的情况下,对医疗保险基金总支出的一种计划安排,通常是根据医疗机构提供的医疗服务量,再考虑适当的增长率因素,确定下一年度的医疗费用预算总额,然后将预算总额分配到相应的医疗机构,一般采用包干使用的方式,"超支不补,结余留用"。预算总额一般1年协商调整一次。

### 二、总额预算支付方式的分类

　　(一)根据总额预付的实施范围来划分

　　全球各国总额预付的实施范围差异较大,通常可以采用多种方式,如全国总额预付、全系统总额预付、地区总额预付、医疗机构总额预付等。总额可以针对整个系统,如英国将其应用于整个国家卫生服务体系,也可以针对地区范围,如加拿大,也可以是一个独立系统,如美国将其应用于退伍军人系统,也可以在一个医疗机构,如我国的绝大部分地区,通常是将预算总额分配到某一医疗机构。

　　(二)根据预算基金的支付范围来划分

　　根据预算基金的支付范围来划分,可以分为门诊总额预付和住院总额预付。

　　门诊总额预付是指在一定时期内,医疗保险经办机构根据一定标准,对医疗服务机构确定门诊费用预算总额,医疗服务机构在此预算额度内提供应有的门诊医疗服务,由此产生的超支风险由医疗服务机构部分或全部承担的一种费用支付方式。

　　住院总额预付指在一定时期内,医疗保险经办机构根据一定标准,对医疗服务机构确定住院费用预算总额,医疗服务机构在此预算额度内提供应有的住院医疗服务,由此产生的超支风险由医疗服务机构部分或全部承担的一种费用支付方式。

（三）根据预算管理费用范围的不同来划分

总体来看，总额预付根据预算管理费用范围的不同，可以分为医保基金支付总额预算、全费用总额预算与列支费用总额预算三个类型。医保基金支付总额预算的"标的"是基于医疗保险基金本位的选择，仅对应由医疗保险基金支付的医疗费用进行总额控制。全费用总额预算的"标的"是基于医疗保险社会责任的选择，对包括医疗保险报销政策范围内的诊疗项目、药品目录、服务设施等以及范围外的各项自费医疗费用，进行全口径的预算管理。列支费用总额预算是以医疗保险的列支费用，也就是政策范围内的医疗费用作为总额控制的"标的"，是基于基本医疗保险责任的选择，也是一种折中选择。

从现有医药卫生体制改革和医疗保险支付方式改革的目标和社会责任的角度来看，选择全费用总额预算比较符合当下的改革需要，但推行的难度相对较大。列支费用总额预算作为折中选择，在比较多的地区采用。

## 三、总额预算支付方式的实施条件

（一）医疗保险基金占据主导地位

总额预算支付往往是在医疗费用迅猛增长，医疗保险基金支付压力较大的状态下予以实施的。这种付费方式在医疗机构的服务量方面有着高度的控制权，医疗机构一旦采纳这种方式，必须对所有前来就诊的参保人提供医疗保险范围内的医疗服务，亏损不补。因此，医疗机构需要在总预算额内精打细算，控制过量医疗服务。这种情况下，一般要求社会医疗保险基金总量较大，基金总支出占当地医疗总费用中较大的比例，医疗保险经办机构才有实力和医疗机构进行总额的谈判，否则，总额预付制不容易被医疗机构接受。

（二）要有基础数据和历史数据

在总额预算支付方式中，医疗机构下一年总额度的分配是根据该医疗机构本年度的基础结算数据和前几年（一般是前 3～5 年）的历史数据，再假设一定的增长率进行测算的，要考虑的因素主要有医院规模、医院服务总人次数、服务地区人口密度及人口死亡率、次均医疗费用、医院是否是教学医院、医院设施与设备情况、上年度财政赤字或结余情况，再考虑就诊患者的数量增长、通货膨胀、医疗保险政策的调整、疾病谱的改变、医疗技术的发展、人口结构的变化等。因此，总额预算支付方式要求各医疗机构的基础数据和历史数据完整，以便进行总额的测算。

（三）科学测算制定总额标准

总额预算支付方式是国际上非常成熟的付费方式，其宏观控制力强、控费力度大，可以较好地改善微观管理效率，有事半功倍的效果。鉴于疾病风险发生的不确定性、诊疗方案的多样性以及治疗效果的个体差异性，医疗服务费用存在较大的不确定性，大范围地实施总额预付制，严格控制医疗费用增长额度，可能会对卫生公平性和可及性产生重大影响，影响医疗机构治疗的积极性。因此，基于"历史法"测算总额时，要考虑区域经济水平和医疗技术的发展等各种因素对医疗费用造成的影响，建立科学的预测模型，优化总额控制指标。应根据"实际医疗需求"而不纯粹是"基金收入"来确定总额，来保证医疗卫生服务的公平性和可及性。因此，医疗保险经办机构应构建一支强大的社会保险精算、数据处理分析的人才队伍。

（四）严密的医疗质量监控体系和有力的法律保障

在总额预算支付方式中，医疗保险经办机构为促进医疗机构主动控费，多数地区会采取"超支不补，结余留用"的激励方式。在这种情况下，医疗机构在完成协议规定的医疗服务量后，可能会缺乏动力去提升医疗服务质量，甚至为了盈利而降低医疗服务质量。随着医疗技术的发展，其对医疗服务效率的抑制作用也很大，长远来看可能会损害医疗服务体系的健康产出水平。因此，在总额预付制下，医疗保险经办机构应加强对医疗机构的监督与考核，建立科学可行的医疗服务质量考核评价指标体系，加强对医疗行为的监督，同时出台相应的法律保障制度，确保在控制医疗费用的情况下，不降低参保人的医疗服务数量和质量。

# 四、总额预算支付方式的形成与发展

（一）国内外总额预算支付方式的形成

总额预算支付方式作为一种由医疗机构承担全部或部分医疗费用超支风险的支付制度，能有效促进医疗机构主动控制医疗费用，较好地控制医疗费用的增长，有利于医疗保险基金的安全可持续性，因此，许多医疗保障制度比较成熟的国家都在不同时期采用了总额预算支付方式。例如，美国主要实行市场型医疗保险制度，支付方式种类最多，技术最为复杂，因此医疗费用全球最高。为控制医疗费用的快速增长，美国发展形成了一种经典的总额预算支付方式——管理式医疗支付模式，已成为美国医疗保险的主流支付方式。

我国真正意义上的社会医疗保险制度建立于 20 世纪末，至今发展也就二十多年的历史，二十多年来，这一制度不仅提供了不同程度的医疗费用补偿，大大缓解了群众看病难、看病贵问题，而且社会保险部门通过不断地完善医疗费用的支付制度（从最开始的按服务项目支付方式，到按服务单元付费，再到总额预算支付方式等），在一定程度上抑制了医疗机构的不合理行为。但是，由于卫生领域中市场导向的政策机制并没有发生根本性的转变，社会保险部门在与医疗机构不断博弈的过程中，始终处于被动地位，医疗机构对到目前为止的每一种支付制度都会拿出应对的策略，医疗费用的控制难度越来越大。近年来，一些医保运行比较成熟的城市，由于参保人数相对稳定，筹资增幅相对放缓，但医疗费用仍然保持快速上涨，甚至造成了医保基金赤字。如何抑制医疗费用过快上涨？如何避免基金赤字？站在医疗保险基金管理的角度，首先考虑的就是要运用更强有力的控费手段，总额预算支付方式作为最有效的撒手锏被顺势推出。相对而言，我国台湾地区的总额预付制要比大陆早，台湾从 1995 年实施全民健保起，就有计划、分步骤地推动按服务项目付费向总额预算支付方式转变，到 2002 年已全面推行。总之，总额预算支付方式的出现是我国医疗保险发展到一定阶段后的必然产物，是有效管理医疗费用支出的必然选择。

（二）我国总额预算支付方式的发展趋势

根据各地医疗保险走过的历程和我国医疗保险制度的特点，结合国际上的理论和经验，我国总额预算支付方式的可能发展趋势如下：一是在目前总额预算支付方式的基础上，进一步细化和完善微观的操作手段，如点数法和"DIP 支付方式"等，二是随着门诊统筹的实施，门诊总额预付将会结合参保人数，以按人头付费的方式向社区医疗机构团购服务；三是医疗服务系统建设相对完善后，如三级医疗服务网络较为健全，或出现完整体系的医疗集团，则可实施类似于国外管理式医疗的总额预算支付方式，即实现对包括社区卫生服务、专科门诊、急救医疗、住院医疗、康复医疗、长期护理、临终关怀等在内的一个完整的医疗卫生服务费用的总包干。

# 五、总额预算支付方式对各方行为的影响

## （一）对医疗保险经办机构的影响

由于总额预算支付方式对总额的刚性要求，基金赤字风险可以降到最低，基金筹集和支出的预算功能大大提高，医疗保险经办机构作为医疗保险基金的主要管理者，其对医疗服务机构和参保人的管理也发生了根本性的变化。医保经办机构对医疗机构的管理，从监管过度服务、不合理价格和收费，转变为监管医疗质量、防范服务不足。医保经办机构对参保人的管理，从着重监管医疗费用的不合理使用和道德欺诈，转变成主要管理各项就医管理规定（如定点医疗、双向转诊等），并帮助参保人合理使用和维护自身的医疗权益。需要特别指出的是，由于总费用控制与医疗技术和医疗需求不断发展之间的矛盾，医疗保险对医疗价格和卫生资源管理的介入将不可避免，由于总额预算支付方式相对来说比较固化，灵活性和活力显得不足，难以满足不同人群的对不同医疗保障的需求，保险监管工作可能存在被动和弱化。

## （二）对医疗机构和医生行为的影响

总额预付作为一种控费作用较强的支付制度，对医疗机构的影响较大也较直接。二十多年来，医疗机构作为卖方市场的主导者，对医疗服务需求的受限将会有一个较长的适应期。总额预付使他们清晰地看到，医疗费用也是会受到限制的，医疗卫生事业的发展，不可能脱离时代无止境地发展，一定是在有限资金范围内的发展，大到一个国家，小到一个医院都是如此。这种理念一旦建立，就会带来整个医疗卫生系统发展模式、制度设计、机制安排和行为方式的根本改变。从一个地区来看，那种不考虑资金总量的医疗卫生事业的盲目发展、无序竞争、重复建设的状况一定会受到限制，而卫生资源的科学规划、合理配置和有效利用一定会引起高度重视。从一个医院来看，医院将改变盲目扩张、盲目开发市场、不计成本、不讲效益的粗放式经营方式，逐渐向控制成本、提高质量、追求效益的高质量发展阶段迈进。

从医生的角度来看，那种过度服务、高价多收的医疗行为，将会受到医院的监管，受到同事的指责，更会受到付费制度的惩戒，而因病施治、合理服务、减少支出将成为广大医务人员的自觉行为，"病有所医"将向"病有良医"转变。当然，总额预付同样有一定的缺陷，过度严格的总控制度，有可能对医疗事业的合理发展和技术水平的提高产生制约，同时过于简单的总控制度会抑制医疗系统内的合理竞争，导致活力缺乏、服务效率下降。

## （三）对参保人的影响

总额预算支付方式的实施对参保人的影响存在有利的一面：一是由于总额预算支付方式对医疗费用的有效控制，医疗服务行为将逐步转入因病施治的正常轨道，过度医疗和高额费用将大大减少，参保人可以得到价廉质优的医疗服务；二是来自医疗机构对费用效益管理的推动，全面系统的健康管理服务将会兴起，参保人乃至全体国民的健康水平将得以提高。总额预算支付方式对参保人的影响也存在不利的一面：一是该制度对医疗服务费用的控制，可能带来就医的不方便，有些先进技术的使用可能会受到限制，有些服务的获得可能要排队；二是由于医生对治疗方案掌控的权力较大，可能会使参保人受到不公平的服务待遇。

# 第二节　总额预算支付方式的特点

## 一、总额预算支付方式的优势

### （一）有效控制医疗费用增长

在总额预算支付方式下，由于建立了"超支不补，结余留用"的风险分担机制，费用超支风险成功地转嫁给了医疗机构，医疗机构会尽可能地减少不必要的检查和治疗，从而有利于控制医疗费用的快速增长。特别是在全费用总额控制的方式下，不仅可以控制统筹基金对医疗机构的支付，还可以控制患者对医疗费用的支付，从而极大程度地降低了医生的诱导需求，控制了医疗费用的增长，减轻了参保人员的费用负担。所以，仅从费用控制的角度看，总额预算支付方式不失为一种较为理想的支付方式。

### （二）责任明确，医保基金赤字风险小

社会医疗保险基金遵循的是"收支平衡、略有结余"原则。在总额预算支付方式下，医疗保险经办机构和医疗服务机构双方的责任非常明确，医疗保险经办机构仅履行基金的管理职责，超支医疗费用由医疗机构全部承担。医疗保险经办机构每年下拨给各医疗机构的基金分配总额是根据医疗保险基金总额来确定的，在目前医疗保险待遇水平不断调高的情况下，待遇调高的风险同样也转嫁给了医疗服务机构，医保部门的预算额度和医保基金的收支平衡基本不受影响。因此，医疗保险基金发生赤字的风险大大降低。

### （三）促进医院主动控制成本，合理配置医疗资源

由于受经济利益的驱动，医疗机构在按服务项目付费方式下，存在着严重的诱导需求行为，而总额预算支付方式则打破了这种利益驱动机制，促使医院主动控制成本、合理治疗、合理配置现有医疗资源，优化各种流程，避免盲目扩张和盲目引进先进设备。

### （四）总额预算稳定，可操作性强

在总额预算支付方式下，由于医疗保险基金总收入的稳定性，下拨给各医疗各机构的年度预算总额也基本稳定，一般不会大幅变动，受医保基金支付范围和待遇调整的影响都不明显。医保机构在确定预算标准时，往往要综合考虑区域参保人数、往年就诊患者数量、次均医疗费用、医疗技术进步和通货膨胀等因素。在实际执行过程中，可以快速地将医疗保险总基金预留一定的比例，余下部分直接分配给各医疗机构，如果发生实际医疗费用超出预算标准的，其超支部分要由医疗机构自己承担，以便将医保费用控制在合理的增长范围之内，一般不超过医保基金收入的增长水平，因此可操作性强。

### （五）管理成本较低、效率较高

多数情况下，预算总额一般由医疗保险经办机构通过直接或协商的方式分配给区域医疗服务机构，采用定期预支、年终结算的方式，医保经办机构仅对医疗保险基金支付范围内的医疗费用进行总额控制，结算相对简单。由于大多数地区的总额预算支付方式采用"超支不补，结余留用"的财务激励机制，医保经办机构的管理主要集中在医疗服务的数量和质量上，而对于医生的诱导需求，医院的成本管控等方面都可以忽略，因此管理费用较低、效率较高。

## 二、总额预算支付方式的缺陷

### （一）影响医疗服务数量和质量

医疗机构为了有效控制成本，防止费用超支，实现结余留用，通常会人为控制住院率或缩短住院天数，推诿重症患者，导致医疗服务供给数量不足，质量下降。例如，在每年的第四季度，当医院的医疗服务量达到协议规定的要求后，医院可能会拒绝接收住院病人或者缩减处方，从而造成合理的药品及诊疗项目供给不足，损害参保人的利益。

为避免医疗机构减少必要服务以提高单位报酬，医疗保险经办机构应建立医疗质量监控体系，确保医疗服务质量及民众就医的可及性，同时建立医疗专业团体自律制度，使审查及稽核更为制度化。另外，还要从顶层设计出发，对医院、人力、病床及新技术等资源同步规划，使医疗资源合理配置，避免浪费。

### （二）预算总额难以科学合理地确定

影响预算总额的因素非常多，如医院规模、服务总人次数、服务地区人口密度及人口死亡率、次均医疗费用、医院是否是教学医院、医院设施与设备情况、上年度财政赤字或结余情况，还有就诊患者数量增长、通货膨胀、技术进步等。因此，预算标准的制定，是一个非常复杂的工程，涉及经济学、管理学、统计学等学科的知识，科学合理地确定预算总额较为困难。预算标准过高或过低，都会产生负面效应，预算标准过高，会造成医疗费用不合理增长，预算标准过低，将导致医疗服务供给不足，损害参保患者利益。

解决预算额度"定不准"的难题，需要根据医疗服务需求的费用变化，及时调整预算，建立风险共担机制，既能保障预算充足和医疗服务的供给数量，又能对医疗机构形成足够的压力，促使医疗机构降低成本。因此，总额预付作为一种宏观调控手段，必须配套一定的微观措施，如实施按疾病诊断相关分组付费、点数法、DIP支付方式等微观配套策略来调动医院和医务人员的积极性，从而提升服务效率、减少医疗浪费。同时应落实财务责任制度，当预算总额严重影响医疗服务的数量和质量时，应及时进行总额调整，或采取其他财务配套措施，以维持医疗机构良性运行。

### （三）患者自付费用可能增加

由于大多数地区的总额预付是针对医疗保险统筹基金支付部分的，如果对患者自付费用不进行监管，可能会导致医生尽量避免使用医保目录范围内的服务和药品，而过多使用自费项目和药品，从而加重参保患者的费用负担。不过，这种担忧可以通过全费用总额控制的方法来解决，也就是医保经办机构不仅对统筹基金支付的总额进行控制，对患者自付费用部分也进行总额控制，这样可以有效避免医疗机构为"逃脱"统筹基金支付总控而增加患者自付费用，也可以通过有效补偿比例来进行监督管理。

## 三、我国总额预算支付方式的完善

### （一）防止医疗服务过快减少

医疗资源过度利用，医疗费用浪费已是不争之实。总额预算支付方式的实施，可能会导致医疗机构过快压缩"泡沫"，医疗服务提供下降过猛，引起参保人员不满。同时，医院也会担心次年预算压缩并逐年递减，失去"结余共享"的空间，力求把总额用到极致，从而使总额控制丧失激励作用。针对这种不良后果，总额控制设计中，一方面可以规定总额结余过多时，不予"共享"，全部收归基金。在政策上形成渐进式的"挤水分"办法。另一方面，应考虑将医院因服务效率提高而节约的医疗费用，部分或大部分计回次年预算中，或者直接将医院的"结余共享"部分计回医院的次年预算中，提高医院控制费用的积极性。

（二）控制分解住院和轻症住院，防止医院人为降低次均住院费用

医疗保险经办机构在制定预算总额过程中，多数地区考虑了次均费用指标，这种类似于按服务单元付费的考核指标，激发了医院分解住院和选择轻症入院的积极性，这也是实行按服务单元付费的统筹地区参保人员住院普遍高于按项目付费统筹地区的重要原因。部分地区由于没有建立门诊统筹，或门诊统筹待遇过低，为获得医疗保险的支付，也激励着轻症病人挤向住院。鉴于医院可以通过不合理手段降低次均费用，从基金中获取最大利益，在总额控制设计中，可以采用四个方面的措施进行控制：第一，科学设计指标，引入人头人次比指标，使院内分解住院失去作用，这一做法在江苏镇江发挥了比较好的作用，浙江在推行总额控制中将其作为核心指标；第二，控制住院率，住院率是统筹区域范围内的统计指标，难以在医院总额清算中进行考核，但可以作为次年预算增长的负因素设计；第三，总额中剔除过低费用，由于医院有摊低次均费用的冲动，将过低住院费用从控制总额中剔除，清除非正常费用影响，或许是一种政策选择；第四，适当提高门诊统筹待遇，注重门诊和住院待遇的平衡化设计，一般而言，门诊的诊疗成本大大低于住院，如果病人在普通门诊即可得到有效补偿，可以减轻轻症病人往住院挤的动力，降低住院率。

（三）防止医院推诿重症病人，避免医疗费用转嫁给个人

研究表明，实施按服务项目支付方式向总额预算支付方式改革后，其对重症病种、罕见病种在个人自付医疗费用方面的影响比轻症病种、常见病种更明显。在现实情况中，重症病种、罕见病种的诊疗过程需要更多的医疗服务项目，且更具专业性和复杂性，因此所需的医疗服务成本更高。但是，由于总额预算支付方式提前确定了支付总额，医疗机构提供高成本的医疗服务将无法从医保基金里获得相应的补偿，医疗机构更有可能提供医疗保险报销范围外的自费项目以避免亏损，因此增加了个人自付的医疗费用。由此表明，我国在进行医疗保险支付方式改革时，应当针对重大疾病的治疗给予医疗服务机构额外的费用支付，避免医疗费用向个人自付部分转移。同时，我国应当继续完善大病保险制度，缓解重大疾病造成的个人医疗负担。

（四）避免制约新技术的应用

付费方式的控费力度越大，医疗机构对新技术应用的动力就越低，总额预算支付方式的负面作用——制约新技术的应用是不言而喻的。世界卫生组织估计，由于医疗服务效率问题引起的浪费占总费用的20%~40%，而我国药物滥用程度高于国际水平，新技术应用的水平和频率都比较高，因此，不合理费用压缩空间会高于国际水平，相对乐观地估计，近年因总额控制而出现病人必需的新技术得不到应用，概率较低，但其长期影响必须予以考虑。在总额控制之下，促进新技术应用可以从以下三个方面考虑：一是开展新技术项目的卫生经济评估，并对新技术进行预算影响分析，按照谨慎、有序的原则，有步骤地将新技术纳入医疗保险支付范围，同步对预算进行调整。二是考虑商业健康保险的发展，将新技术纳入商业健康保险的赔付重点，基本医疗保险应预见性地将由第三方支付的医疗费用，排除在总额控制之外。三是探索开展按质量付费（pay-for-performance，PFP）方式，鼓励供方提供更加优质的医疗服务，并给予相应的财务激励，提高总额控制下的医疗服务可及性。

# 第三节　总额预算支付方式的工作流程

## 一、总额预算支付方式的预算

总额预算支付方式在实际操作中分为预算和结算（清算）两个环节。医疗保险经办机构一般会根据服务需要和工作进度，定期（一般为一个月）预付一定数额，到一定期限（通常是一年）再进行结算。多数地区会采取"总额预算、按月预付、结余留用、超支不补"的基本原则。

（一）预算总额的测算方法

**1. 国外预算总额的测算方法**

目前，国外预算总额的测算方法大致有两种：一是基于往年实际费用并结合其影响因素确定当年的预付总额；二是基于成本的总额测算。加拿大、德国和英国属于前者，法国和荷兰主要采用后者。加拿大医疗保险预算是由省政府按照医院上年的实际支出和本年的增长率协商确定的，增长率由国民生产总值的增长率、职工平均工资的增长率和物价的变动等因素确定。德国住院总额预算主要涉及医疗费用上涨的幅度，制定审查服务规范、支付标准，调整每年住院支付金额的上涨指数、疾病基金平均投保薪资、一般国民平均薪资和医疗服务成本等。英国的医院费用采用由上而下预先决定预算再行分配费用的支付方式，分配时考虑的因素包括人口数、年龄、性别、发病率、物价指数和病人的流动等。法国由公立医院和本地区主要的疾病基金会提出预算，包括业务成本、医院建设和高成本设备的债务还本付息费用，其增长率是集中确定并适用于所有的医院。荷兰医院的总额预算包括业务成本、存货和医疗设备的资产成本。

**2. 我国预算总额的测算方法**

我国预算总额的测算方法有点数法、按实际测算法、按服务量测算法和按人头测算法四种。

（1）点数法。我国台湾地区由医疗费用协定委员会根据一定的增长率来确定每年全地区健保医疗费用总额，医疗机构依照支付标准与药价基准申报医疗服务点数（即服务量），医疗机构最终获得的医疗保险基金由年终服务点数和每个点数值确定。在全区总额限定情况下，若总服务量过多，就可能降低每点的点值，医疗机构不一定能够获得更多的医疗保险基金；反之，若医疗机构减少诱导消费、加强预防保健，则有可能提高每点的点值，医疗机构可能在总服务量少的情况下获得较多的医疗保险基金。

（2）按实际测算法。按实际测算是指以医疗机构上一年度实际发生的医疗费用作为预算总额的参照标准，根据实际基金情况进行相应的调整。例如，江苏无锡、湖南株洲和湘潭，就是采用这种方式。

（3）按服务量测算法。按服务量测算是根据一定的次均费用水平，乘以每个医疗机构的服务量来计算总额。根据费用制定标准不同，可再分为两大类：一是将医疗机构次均费用乘以各医疗机构的预测服务量来确定医疗机构预算总额。甘肃张掖、安徽岳西、重庆黔江及山东济南一级及以下医疗机构采用该方法计算。二是根据次均费用标准乘以各医疗机构的服务量来测算。主要代表地区为山东济南二级医疗机构，辽宁大连，江苏镇江，陕西临潼、旬邑和云南禄丰。其中陕西临潼、旬邑和云南禄丰是根据基金支付能力来考虑支付标准，济南二级及以上医院则是将加权平均法计算出定点医院上年次均住院费用和同级医院次均住院费用的平均值作为定额标准。

（4）按人头测算法。按人头测算是根据统一的人头付费标准乘以被保险人数来测算总额。表 4-1是我国部分地区总额预付类型及总额确定的依据。

表 4-1　我国部分地区总额预付类型及总额确定依据

| 地区 | 总额预付类型 | 总额确定的依据 |
| --- | --- | --- |
| 镇江 | 基于总量预算管理的混合支付方式 | 依据医疗机构既往就诊数量、医院特点、医疗服务质量等综合因素 |
| 上海 | 总额预付下的分类支付制度 | 总额预算"四项公开"、额度分配"三轮协商" |
| 北京 | 城镇职工基本医保总额预付 | 预付指标=基数×（1+增速）+结余/超支核增额 |
| 广州 | 总额预算支付方式下的复合支付方式 | 依据医疗机构前两年社保年度普通住院人数、次均费用、人头人次比等情况 |

（二）确定总额控制指标的流程

通常情况下，确定总额控制指标的流程如图 4-1 所示。

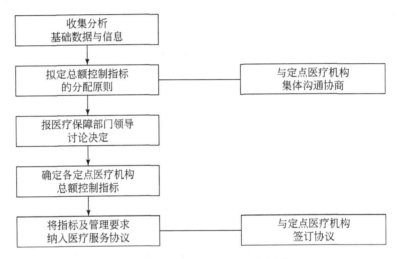

图 4-1　确定总额控制指标流程图

## 二、总额预算支付方式的结算

（一）结算方式的分类

在总额预算支付方式中，结算方式主要有以下三种：一是严格总额预付，即对医疗机构严格执行预算，超支不补，结余全部留归供方，也就是"预算包干"；二是总额严格、分额变动的总额预付，对一定区域范围内的医疗费用总额固定，医疗机构根据具体工作量获取总额中的一部分，如点数法或 DIP 等；三是弹性总额预付，即对医疗机构超出预算部分给予适当补助，结余部分按一定比例给予奖励。严格的总额预付仅从整体角度控制费用支出，不考虑不同病种之间的费用差异，是一种粗放式的预付费制度，在无法精确计量具体病种治疗成本的情况下，不失为一种较好的选择。相对而言，"总额严格、分额变动"的方式加入了微观技术控制，更为科学合理，因此，近年采用点数法或 DIP 的地区较多，也有部分地区实施"总额预算、节约共享、超支分担"的财务激励办法，这属于弹性预算。

（二）年终清算

在总额预算支付方式下，一般医疗保险经办机构并不会按照预算金额全数下拨给各医疗机构，而是会预留不超过 10% 的资金，等医疗机构年终考核合格后再拨付。这就是"年终清算"的过程。

在年终清算过程中，医疗保险机构会按照当初在结算办法里的约定，对医疗服务的数量和费用进行核查，按照原来结算协议约定的对于亏损或结余的处理办法，来对医疗机构整年度的拨付基金进行清算。年终清算流程如图 4-2 所示。

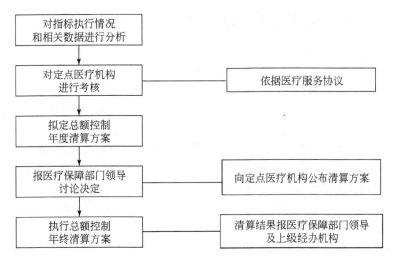

图 4-2　年终清算流程图

## 三、总额预算支付方式的工作流程

综合上述内容，总额预算支付方式的工作流程大致如图 4-3 所示。

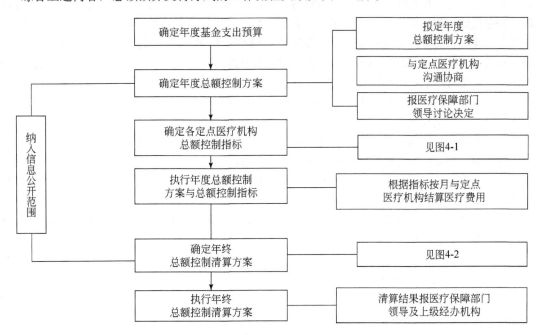

图 4-3　总额预算工作流程图

# 第四节　总额预算支付方式的应用

## 一、总额预算支付方式在国内的应用

### （一）门诊费用总额预算支付方式的应用

**1. 门诊费用总额测算的原则**

门诊预算总额的确定需要遵从以下三大基本原则。一是确保门诊统筹基金的收支平衡。确定门诊预付总额也必须遵循"以收定支、收支平衡、略有结余"的原则，同时必须根据统筹地区的经济发展水平、人口结构与数量、物价水平等因素做出合理的测算，确保门诊统筹基金短期与中长期的平衡。二是测算方法科学，可操作性强。科学的测算方法是确保测算准确的重要工具，医疗保险管理方需要综合考量门诊医疗费用支出水平和总量的相关因素，并予以取舍和量化，形成简明、可操作性强的指标体系。三是有助于形成良性激励机制，实现各方共赢。门诊预付总额必须在控制医疗费用和保障医疗质量方面取得均衡，虽然控制过快的门诊费用支出有利于统筹基金的收支平衡，但也绝不能通过牺牲医疗服务质量和减少医疗服务数量来实现控制门诊费用的目标。因此，在门诊医疗服务机构获得合理经济补偿、医疗保险机构控制统筹基金风险和参保人获得质优价廉的门诊服务之间取得平衡，实现三方共赢，是医疗保险支付方式需要实现的目标。

**2. 门诊预付总额测算的方法**

门诊预付总额的测算通常有三种方法，依据实际医疗费用、按人头、按服务量来测算，这三种测算方式各有利弊。按实际费用测算门诊预付总额，测算结果与实际发生费用相接近，考虑了同级医疗机构存在的门诊总费用差异，但对过高的门诊利用率和次均门诊费用缺乏有效的制约机制。按人头测算门诊预付总额的测算结果与实际发生费用相差较大，没有考虑到人群性别结构、年龄结构、同级医疗机构之间门诊费用和利用率之间的差异，有些医疗机构服务量大，费用超出预付总额，有些工作量小，还有结余，同样缺乏有效的监督管理和制约机制。按服务量测算门诊预付总额的测算结果与实际发生费用比较接近，考虑了同级医疗机构门诊利用率之间的差异，对次均门诊费用进行了平均，但是对过高或过低的门诊利用率缺乏有效的管理。

鉴于按实际费用、按人头、按服务量测算门诊预付总额各自存在的利弊，科学测算预付总额需要考虑以下五个要素：年人均门诊费用、次均门诊费用、年人均门诊利用率（即年人均门诊次数）、补偿比改变下的保险因子的影响、实际增长率结合基金可支付能力确定的增长系数。由此可以得出年人均门诊费用。

$$年人均门诊费用=次均门诊费用×年人均门诊利用率×增长系数×保险因子$$

主要因素指标说明如下。

年人均门诊费用是测算预付总额的指标，在参保人口数一定的情况下，与门诊统筹基金的收支平衡密切相关，由次均门诊费用和年人均门诊利用率确定。

次均门诊费用是费用控制、影响门诊实际补偿比和参保人疾病经济负担的关键因素，涉及对医疗服务供方的合理支付与补偿，合理确定次均门诊费用有助于控制门诊医疗费用支出。

年人均门诊利用率涉及参保人门诊服务的可及性和可获得性，以及可能存在的道德风险，如诱导需求与过度医疗，合理确定年人均门诊利用率有助于加强卫生服务体系建设，合理配置医疗资源。

增长系数反映门诊费用和利用率的变化，如人口老龄化、疾病谱和通货膨胀等因素发生改变所导致的变化。

保险因子体现医疗保险政策改变和实施导致门诊利用率的变化。

通过测算次均门诊费用和年人均门诊利用率,下一步就可以计算出门诊预付总额,其公式如下。

门诊预付总额=参保人数×年人均门诊费用×实际补偿比×保险因子×增长系数

**3. 门诊总额预付年终弹性结算**

(1)医疗费用增长系数。在一定时期、一定条件下,医疗费用的增长有其客观的规律,医疗费用的增长是可以预估的,因此可以根据增长系数和对门诊实际服务情况的考核、门诊统筹基金的支付能力,在年终进行弹性结算。

(2)门诊统筹基金风险影响因素。基金风险的影响因素主要有保险覆盖面、保险对象风险波动程度和医疗保险面临的超常风险。保险覆盖面:门诊统筹总额预付到乡村两级医疗服务机构,每个乡镇卫生院,特别是村的服务人口数较少,总额预付情况下超支的风险增大。保险对象风险波动程度:与地区人群的人口学状况和保险制度有关,如人口老龄化,风险波动程度较大。医疗保险面临的超常风险:地区性疾病大流行、大规模自然灾害、地区疾病谱变化、地区经济大幅波动以及其他特殊原因。由不可控因素造成的门诊总额预算基金出现超支需采用风险基金应对,增加门诊统筹基金抗风险能力,同时实施弹性结算。

(3)预算总额超支的处理。在合理的情况下,支付超支部分的成本,根据村卫生室的成本估算,可以支付小于等于超支部分60%的费用,剩余部分由医疗机构自己承担。在不合理的情况下,全部由医疗机构承担。对于违规情节和发生严重的,如联合参保群众骗保等,可以给予一定程度的处罚作为惩戒。

(4)门诊预算总额结余的处理。目前各地区门诊补偿比普遍较低,医生劳务部分约占医疗机构支出的25%~40%,在结余情况下,可以考虑将结余额中的一部分,如30%作为医生的劳务补偿,以维护与激励基层卫生服务人员的工作积极性。

(二)住院费用总额预算支付方式的应用

自20世纪90年代开始,我国各地已开始内容丰富、形式多样的支付方式改革试点。除了医疗保险建立初期的按服务项目支付方式,各地已逐步探索总额预付、按病种分值付费、按人头付费等多种付费方式。

1997年,海口的六家医院开始了支付方式改革,将传统的按服务项目付费改变为按月度进行总额预算支付方式。医保机构核算医院上一年度对应月份的医疗费用为依据,按90%的比例对医院当年该月份进行医保基金预付,剩余10%用于年终考核,合格后再补发。在医院当年的医疗费用和诊疗量不低于上一年度90%的基础上,医院的医保基金实行"结余留用、超支分摊"的使用原则,该方法有效控制了费用的增长。

镇江作为"两江"医改试点城市之一,从1994年就已开始医疗保险制度改革,长期的支付方式改革和不断完善,使镇江医疗费用控制取得了一定的成绩。改革初期,镇江采取定额结算,控制每一个单元费用的额度。1997~1998年,开始实施"总额控制+定额结算"的支付方式,从总量和单位费用上对医疗费用进行双重控制。1999~2000年,镇江的统筹基金已全面实施总额控制,根据历年费用进行总额测算,个人账户按实际发生的费用进行支付。

2002年开始,上海开始探索总额预算支付方式,以控制医保费用的快速增长给医保基金带来的压力。该方法是以当年医保基金的筹资水平来确定总额控制标准,按月支付、年终考核结算。该方式较好地控制了医疗费用,但是简单的总控导致2003年医保拒付费用达到了近11亿元,医院开始出现推诿病人的现象。

## 二、总额预算支付方式在国外的应用

英国作为福利型国家医疗保障制度的代表,实行的是国家卫生服务体系,一直采用预算管理的方法来进行医疗费用的支付，国家财政通过预算拨款的形式将医疗保险基金分配给由政府主办的医疗机构，或通过合同方式购买民办医疗机构私人医生的医疗服务，由这些机构向国民提供免费或低收费的医疗服务。20 世纪 70 年代，为控制医疗费用的快速增长，美国发展形成了一种经典的总额预算支付方式——管理式医疗支付模式。1993 年，德国制定了"卫生保健法案"，规定门诊服务实行总额预算下的按项目付费，超过总额预算部分，医疗保险基金不予支付，住院服务实行总额预算下的按平均床日付费，超过总额预算部分，医疗保险基金承担 75%，医院承担 25%。这种支付方式通过控制医生的总体补偿水平，促进了医生的内部竞争，有效控制了医疗费用上升。为了在有效控制医疗费用的同时保证医疗服务质量，德国政府在全国 750 家医院进行试点，实行总额预算下的DIP 支付方式。试点结果表明，750 家医院的平均医疗费降低 35%，平均住院时间降低 30%。在此基础上，自 2004 年起，德国政府在全国范围内强制实施统一的 DIP 支付方式，务求使医疗资源的利用更高效，发展到现在，"总额预算、超支分担、结余奖励"的政策正在德国推行。部分经济合作与发展组织国家实行总额控制的情况如表 4-2 所示。

**表 4-2　部分经济合作与发展组织国家实行总额控制情况表**

| 国家 | 总额控制情况 |
| --- | --- |
| 澳大利亚 | 公立医院实施支出上限总额 |
| 比利时 | 政府订立年度健康保险预算总额；分部门订立医院、药品、诊所、检验、牙医及初级卫生保健的目标总额 |
| 加拿大 | 省政府订立（或协商）医院及医师的预算总额；采用支出上限或目标制则因省而异 |
| 丹麦 | 政府与地方政府（郡）协商年度卫生保健预算总额，地方政府不得增加地方税；给医院订立年度预算总额上限；初级卫生保健及药品则设定年度目标预算 |
| 芬兰 | 地方政府（郡）订立其医院与初级卫生保健的部门预算 |
| 法国 | 由国会决定目标预算总额；给医院订立预算总额上限；临床检验、护理服务、诊所医师、药品及物理治疗订立支出目标 |
| 德国 | 各地区（邦）初级门诊与牙医保健协商预算总额；给医院订立目标预算；各地区药品协商支出上限额度 |
| 意大利 | 订立年度全国预算，但未强制执行；药品支出订立预算总额；部分地区的门诊服务及私人医院支出订立预算总额 |
| 卢森堡 | 自 1994 年起，预先设定健康保险支出预算总额 |
| 荷兰 | 由政府决定目标预算总额，1994～1998 年增长率为 1.3%，1998 年提高为 2.4%；订立门诊、医院及精神疾病保健的支出目标 |
| 瑞典 | 多数的地方议会（郡议会）订立初级卫生保健中心及个别医院预算总额，但某些地方议会则会按医院群分配预算 |
| 瑞士 | 由地方政府订立医院、门诊预算 |
| 英国 | 政府订立医院及社区卫生保健预算总额；家庭医学服务支出（包括药费及医师费）则非直接规范 |

复习思考题

1. 我国是否已具备实施总额预算支付方式的基本条件？实施总额预算支付方式需要克服哪些困难与障碍？
2. 谈谈实施总额预算支付方式对医疗服务机构、医疗保险经办机构以及参保人的影响。
3. 实施总额预算支付方式时需要关注哪些指标？谈谈这些指标的含义与设置目的。

（刘海兰）

# 第五章　按疾病诊断相关分组支付方式

**内容提要**

我国从 20 世纪 80 年代开始研究按疾病诊断相关分组,本章介绍了按疾病诊断相关分组支付方式的概念和基本思想、疾病诊断相关分组构建的基本原理和方法,回顾了按疾病诊断相关分组的起源和发展历程;分析了按疾病诊断相关分组支付方式的优点和可能存在的问题;介绍了以按疾病诊断相关分组为基础的支付方式在中国的发展和应用。

## 第一节　概　　述

### 一、按疾病诊断相关分组支付方式的概念

按疾病诊断相关分组支付方式,即按疾病诊断相关分组支付医疗费用,是一种针对供方的支付方式,是世界公认的较为先进和科学的医疗保险支付方式之一,主要用于短期住院疾病费用支付。通常,医保基金管理部门会对每个病组给出一个预先确定的支付标准,所以按疾病诊断相关分组支付方式是一种预付制模式,也称为按疾病诊断相关分组-预付制(DRG-prospective payment system,DRG-PPS)。

疾病诊断相关组是一种病例组合系统,在这个系统下,病人在医院所接受的各种治疗与其在医院发生成本相关联起来。疾病诊断相关分组以国际疾病分类法(International Classification of Diseases,ICD)为基础,综合考虑病例主要诊断、辅助诊断、手术、并发症/合并症、年龄、入院情况、出院转归等诸多因素的影响,将病例分类、组合成若干诊断相关组,每一组在卫生资源消耗上具有较高同质性,经过对超大样本量的统计分析和成本核算,制定出每组病例的支付标准,再结合预付费制度,当患者到医疗机构就诊时,由第三方向医疗机构按患者的疾病诊断相关组分组付费。

20 世纪 60 年代晚期,美国耶鲁大学开始着手按疾病诊断相关分组的研究。它最初的目的是希望在医院环境下能够建立一个有效的框架来监督医疗质量和对医疗服务的利用,达到医疗资源利用标准化。引入医保支付后,统一的疾病诊断分类支付标准的制定,有助于激励医院加强医疗质量管理,规范医生的医疗行为,降低医疗成本,减少卫生资源的浪费,从而达到控制医疗费用的目的。

按疾病诊断相关分组的定义一般包含以下三部分含义:第一,作为一种住院患者分类方案,核心思想是将具有某一方面相同特征的病例归为一组,以方便管理;第二,按疾病诊断相关分组的基础是病人的各类诊断,在此基础上考虑患者的年龄、手术与否、并发症及合并症等情况的影响;第三,它把医院对病人的治疗和所发生的费用联系起来,从而为付费标准的制定,尤其是预付费的实施提供了基础。

支付方式的基本思想是住院患者的医疗费用可以通过特定形式的支付标准来加以控制,即通过医院和医生两者以外的其他措施来控制住院人数和住院病种。其标准费用是根据不同疾病的治疗费用,再参照不同地区、不同级别医院的权重系数,然后结合物价指数而最终确定。其医疗费用的支付主要是根据医院的产出(治疗病例),而不再是医院的投入(医疗服务项目和时间),从而对医院医疗服务资源的消耗给予较合理的补偿。

## 二、按疾病诊断相关分组支付方式的目标

与其他的支付方式一样，按疾病诊断相关分组的推出也是为了控制不合理医疗费用的快速增长。但是与其他方式不同的是，按疾病诊断相关分组作为一种以疾病诊断为基础、兼顾成本和效果的支付方式，更关注的是如何提高医疗服务质量，从而使付费变得"物有所值"。为了实现这一目标，按疾病诊断相关分组有三个基本的方向：增加医疗服务的透明度、改善医疗服务的绩效、促进医院管理的科学化。

（一）增加医疗服务的透明度

基于按疾病诊断相关分组支付方式的核心是如何将住院病例作合理分类，医院的住院病例数量巨大，每个病例都有其自身的特点，但很多疾病在治疗过程中使用的医疗资源又是极其相似的，如手术室的使用等。按疾病诊断相关分组就是在临床疾病分类的基础上，再按照医疗资源消耗的相似性将疾病分组进行管理。这样一来，疾病的治疗过程就会变得规范，医疗服务的过程有章可循，透明度得以增加。系统解决了医疗监管部门和患者对各医院内部流程了解甚少，甚至无法做出合理判断与评价等方面的问题。

（二）改善医疗服务的绩效

按疾病诊断相关分组是兼顾医疗服务质量和成本的支付方式，在疾病分组的基础上，实行按规范化的临床路径进行治疗，付费的标准是在规范化路径所消耗的成本的基础上进行测算的。相对于其他支付方式，病组的成本和质量都变得更加容易控制和掌握，而医院为了获得相应的报酬，就必须按照规范的临床路径来操作，虽然具体的个体病例有其特殊性，但在基本治疗程序上做到了规范化，减少了不必要的医疗服务，有利于提高医疗服务的质量。当然，要保障这一支付方式能够得到有效的利用与实施，还必须建立合理有效的激励机制，以及相对配套的管理措施与制度。

（三）促进医院管理的科学化

按疾病诊断相关分组的使用是建立在对大量疾病分类管理的基础之上的，仅仅依靠传统的人工病案管理模式是不可能实现的，一方面所有的病例都要按照国际疾病分类进行统一的编码，实现疾病的规范化管理，另一方面，在海量数据的基础上，只有借助信息化的手段才能对数据进行有效分析，因此按疾病诊断相关分组的使用会促进医院管理朝信息化、数据化管理的方向发展。

## 三、按疾病诊断相关分组支付方式的基本原理和方法

按疾病诊断相关分组的构建是一个跨学科的知识集合和利用，是运用了临床医学、循证医学、经济学、管理学、统计学、运筹学等多学科的方法得以完成的。

（一）基本结构要素

疾病诊断相关组构建的基础是病人的分类系统，尽管每个病人都有其自身的情况，但在人口学特征、诊断和治疗的大方向是趋同的，这也决定了每组病人在资源消耗上是同等水平的。换言之，按疾病诊断相关组系统分组的病人，应该既有相似的临床诊断又有接近的资源消耗。病人分类系统所具有的基本特点：①按疾病诊断相关组定义中所使用的病人分类特征应该是在医院管理系统中能够常规收集到的信息；②所收集的住院病人数量要足够大；③每个诊断相关组中的病人资源消耗相近；④每个诊断相关组中的病人具有相似的临床特征；⑤考虑到按疾病诊断相关组在医疗保险支付中的应用，尽可能将医保所支付的诊断纳入。

另外，也有学者总结了按疾病诊断相关分组支付方式的基本特点，认为病种分类体系、数据库、定价标准和实际补偿是按疾病诊断相关分组支付方式所具有的特点。

（二）按疾病诊断相关分组的方法和依据

按疾病诊断相关分组的核心内容之一就是对疾病进行归类、分组，通常情况下，分组需要考虑这样一些因素：疾病轻重程度、病程分期分型、患者性别和年龄、患者体质强弱程度、合并症或并发症、合并症轻重程度、手术大小、检查技术复杂程度、治疗手段与技术强度、护理等级、治疗结果等。分组一般会经历以下三个步骤。

第一，先将病例按照主要疾病诊断进行分类，形成以解剖和生理系统为分类特征的主要诊断分类（major diagnostic category，MDC），基于此，美国最初将疾病分为 23 个大类，具体包括：神经系统疾病，眼科疾病，五官科疾病，呼吸系统疾病，循环系统疾病，消化系统疾病，肝胆胰系统疾病，肌肉、骨骼和结缔组织疾病，皮肤、皮下组织和胸部疾病，内分泌、营养和代谢疾病，肾脏和尿路疾病，男性生殖系统疾病，女性生殖系统疾病，孕期、生产和产后疾病，新生儿和围产期疾病，血液、造血器官和免疫系统疾病，淋巴、造血及其他恶性疾病、放疗、化疗，传染和寄生虫疾病，精神疾病，酒精和吸毒及导致的器质性精神疾病，中毒和其他外伤，烧伤，康复及其影响卫生状况和卫生服务的因素，后来又增加了 HIV（human immunodeficiency virus，人类免疫缺陷病毒）感染和多发性创伤两个大类（表 5-1）。

表 5-1 美国疾病分类系统的主要疾病大类

| 序号 | 疾病系统 |
| --- | --- |
| 1 | 神经系统疾病 |
| 2 | 眼科疾病 |
| 3 | 五官科疾病 |
| 4 | 呼吸系统疾病 |
| 5 | 循环系统疾病 |
| 6 | 消化系统疾病 |
| 7 | 肝胆胰系统疾病 |
| 8 | 肌肉、骨骼和结缔组织疾病 |
| 9 | 皮肤、皮下组织和胸部疾病 |
| 10 | 内分泌、营养和代谢疾病 |
| 11 | 肾脏和尿路疾病 |
| 12 | 男性生殖系统疾病 |
| 13 | 女性生殖系统疾病 |
| 14 | 孕期、生产和产后疾病 |
| 15 | 新生儿和围产期疾病 |
| 16 | 血液、造血器官和免疫系统疾病 |
| 17 | 淋巴、造血及其他恶性疾病、放疗、化疗 |
| 18 | 传染和寄生虫疾病 |
| 19 | 精神疾病 |
| 20 | 酒精和吸毒及导致的器质性精神疾病 |
| 21 | 中毒和其他外伤 |
| 22 | 烧伤 |
| 23 | 康复及其影响卫生状况和卫生服务的因素 |
| 24 | HIV 感染 |
| 25 | 多发性创伤 |

第二，综合考虑主要诊断和主要操作进行分类，将病例再细分为核心诊断相关组（adjacent diagnosis related groups，ADRG），每一个核心诊断相关组包含一个以上的诊断相关组。

第三，综合考虑病例的其他个体特征、合并症和并发症，将核心诊断相关组进一步细分为诊断相关组。上述三个步骤的分类过程，需结合临床专家的经验和精密的统计分析工作，二者缺一不可。

分组是按疾病诊断相关组建立过程中一个极为重要的环节，能否恰当分组不仅影响到医院能否遵照临床路径执行，还影响到付费标准的制定。目前分组用的依据是病例组合（case-mix）系统。

根据建立按疾病诊断相关组路径系统的基本思想，在各疾病主要诊断分类下，疾病分类的最重要的标准是是否需要手术，手术病人和非手术病人在临床治疗过程中，所消耗的资源相差巨大，由此产生的治疗费用差别也很大，因此这是住院类疾病重要的分类特征之一。

病人就诊时经医生诊断后进入到某一个主要诊断类别中，然后在医生的判断下决定是否进行手术治疗。若需进行手术治疗则判断手术类型，其中包括与疾病治疗相关的主要手术和可能需要同时进行或因为并发症而进行的次要手术以及一些与主要诊断无关的手术，而其他手术通常是指很少见或在临床上尚不能清晰界定的手术。例如，一个肺癌（主要诊断类别为呼吸系统疾病）的患者，入院后进行肺切除和淋巴结清扫术（主要手术），术后出现呼吸衰竭和胸腔积液，接受气管切开（次要手术）和胸腔闭式引流术（次要手术）。在康复过程中出现褥疮，之后又做了褥疮的植皮术（与重要诊断无关的手术）。需要注意的是，在每个主诊断系统内，所有的手术都是按重要性排好了序的，而患者的最终分组会以其接受的最高层次手术为判断依据。

如果患者不进行手术治疗，则根据病情进一步确定重要诊断，如是否属于肿瘤/新生物，有什么样的症状，或者是否有与器官系统相关的特殊情况，这些情况是原发性的还是继发性的，另外还有什么诊断尚不能明确的情况。关于主要诊断类别的典型疾病诊断分组结构如图 5-1 所示。

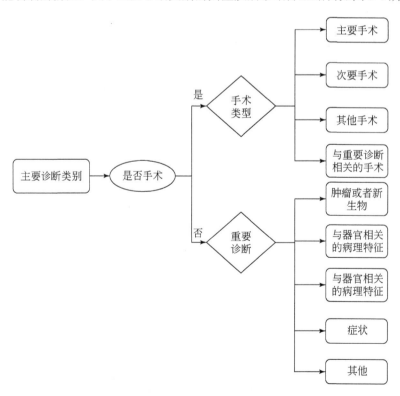

图 5-1  关于主要诊断类别的典型疾病诊断分组结构

资料来源：*All Patient Refined Diagnosis Related Groups*（APR-DRGs），20.0 版，图 1-1，3M 卫生信息系统公司编制

（三）合理测算支付标准

合理测算支付标准的前提是完成疾病分组，测算每个疾病诊断相关组所需要消耗的成本。这就要求：有足够的样本量，不同种类的医院数据都需要采集，分析相关成本，在实际操作中，由于医疗成本很难获得，往往采用医疗费用作替代测算；找到与成本相关的影响因素，测算权重系数，根据医疗保险基金量和当地经济水平确定支付标准。

目前，有学者概括了两种制定实际补偿标准的办法，一是直接法，即计算每一组按疾病诊断相关组的平均成本，并将其作为实际补偿标准的基础；二是间接法，需要考虑患者特征变量、医疗服务决策变量、医院结构与级别变量，根据前两类变量来确定每一组按疾病诊断相关组的成本权重系数，再根据医院结构与级别变量来确定基础补偿率，最后建立实际补偿标准，即每组按疾病诊断相关组补偿标准=成本权重×（基础补偿率+调整因素）。相对而言，间接法比直接法更能体现医疗资源的实际消耗情况，因此得到更多的运用。

此外，按疾病诊断相关分组对特殊情况的病例实行单独核算，如资源消耗明显高于或低于一般情况的病例，就不适用于在正常资源消耗情况下测算的支付标准。这样保证了医院即使遇到非正常治疗的情况，也能获得相应补偿，避免出现推诿病人或服务不到位的情况。同时由于新诊断疾病的出现和按疾病诊断相关组建立时对住院患者的特点考虑不充分，也可能出现特殊情况，如在支付系统中找不到对应的诊断组，此时就需要其他支付方式的共同使用。

# 第二节　按疾病诊断相关分组支付方式的特点和支撑条件

按疾病诊断相关分组的基本技术思想是将病人在医院发生的治疗费用与病人获得的治疗类型关联起来，而其产生的根本原因是医疗费用的快速上涨。

医疗费用的过快增长已经成为各国政府面临的严重问题，我国也不例外。近年来国家和地方层面出台了多种控制医疗费用的措施，2016～2019年，卫生总费用年平均增长率为12.58%，较2011～2015年的15.28%有所下降，但仍显著高于同期人均收入增幅，医疗费用支出已成为我国居民的重要消费项目。合理控制医疗费用已成为我国医疗卫生体制改革面临的重点和难点问题，因此寻找一种既能有效控制医疗成本、降低医疗费用，同时又能保证医疗服务质量、提高医疗工作效率的途径，是不断满足人民日益增长的美好生活需要，提高人民获得感、幸福感、安全感的必由之路。

## 一、按疾病诊断相关分组支付方式的优势

（一）激励医院主动控制成本，减少不合理费用的发生

按疾病诊断分相关分组付费模式下，医疗保险支付给每个住院病人的费用只和诊断的病种有关，而与服务量和每个病人的实际花费无关，医院的盈利水平取决于其对成本的控制力度。医院不仅要建立健全自己的成本核算体系，控制医疗成本，而且要规范医生的医疗行为，合理使用检查，提高治疗的有效性。在既定的支付标准下，配合标准化的临床路径，有效控制医疗费用。

举一个简单的例子，医疗保险采用了按疾病诊断相关分组支付方式，对每例单纯性阑尾炎的手术治疗方案支付5000元，这是在标准临床路径基础上测算的，由于每家医院的平均治疗成本是不同的，平均成本低于5000元的医院就会有盈利，而平均成本高于5000元的医院就会出现亏损。这样一来，为了获得更多的利润，医院的成本策略就会发生改变，如通过缩短不必要的住院天数，减少不必要的检查等方式，激励医院主动控制成本，优化资源配置，减少不合理费用的发生，缓解医疗保险基金的超支风险。

（二）规范医疗服务流程，促进医疗服务质量的提高

按疾病诊断相关分组的病人分类系统思想是将病人在医院发生的成本与其所接受的治疗相对应，实现这一思想的一个重要步骤就是制定出规范的诊断相关组，然后对每个相关组所消耗的资源进行评估和测算。诊断相关组的建立是在相关领域临床专家的反复甄别、筛选下完成的，具有临床实践的可操作性和规范性。实行按疾病诊断相关分组支付方式，在付费标准的前提下，医院会逐渐按照相关诊断过程进行操作，使治疗过程变得更加规范，有利于提高医疗服务的质量。

（三）按疾病诊断相关分组为医疗服务效果的评价，特别是医院间的比较提供了一种科学的方法

按疾病诊断相关分组系统的建立引入了一个重要的概念——病例组合复杂程度（case mix complexity），它整合了一系列的评价疾病各个维度的指标，包括疾病严重程度、死亡风险、疾病预后、治疗难易度、干预需要和资源消耗强度，在此基础上，提出了一个可以量化的指标——病例组合指数（case mix index，CMI），CMI 越大，说明该类疾病所消耗的资源越多，医保基金在补偿时会根据 CMI 的大小，在基本病种支付费用基础上来调节补偿金额。更进一步地，医院的 CMI 可以评价各医院的资源消耗情况，间接地反映了各医院所治疗疾病的严重程度和医疗水平，可以利用其对不同医院的服务能力进行比较。

## 二、按疾病诊断相关分组支付方式可能存在的缺陷

作为预付制的一种支付方式，实践证明，按疾病诊断相关分组支付方式可以较好地控制医疗费用的快速上涨，在控制费用的同时，还考虑到了医疗服务的质量，体现出这种模式很强的优势。但是到目前为止，这也不是一种完美无缺的模式，按疾病诊断相关分组支付方式在实际应用中，仍然面临一些问题，特别是来自供方的道德风险问题。

**1. 诊断升级和选择性入组**

尽管按疾病诊断相关分组支付方式可以促使医院调整成本策略，减少医生不合理用药、滥用检查的行为，但在实践中仍然存在一些不合理行为引起费用增加的情况。比如，在诊断界限模糊不清时，医疗服务供方往往会使诊断升级，或者也称作"高靠诊断"。这种情况不排除供方从更安全的角度考虑治疗，但也存在以期获得更高补偿的利益驱动，如果是后者的话，就是一种供方的道德风险。除此之外，在按疾病诊断相关组不同分组之间医保支付的标准是不同的，为了获得更高的医保补偿，也可能存在供方选择性地将病人放到更有利于医院收益的病组当中。这些行为都有可能导致医保基金不合理支出增加。

**2. 拆分住院次数**

另外，在实践中，有些国家实施的按疾病诊断相关分组会限制病种的住院天数，有些医院会采用病人先出院然后再入院的方式，将病人的就医次数拆分，通过更多的住院次数，来获得更多的补偿。

**3. 推诿重症患者**

按疾病诊断相关分组付费对每个诊断组实行定额付费后，对医院而言每个病组的收入是相对固定的。在缺乏其他配套监管措施的情况下，有些医院可能会出现推诿重症病人的情况，以此来减少自己的支出或成本，这对病人的健康是不利的。

**4. 增加患者负担**

由于按疾病诊断相关分组对病组费用予以相对固定的支付标准，医院为了减少治疗成本，可能会不将某些药品纳入医院药房，而让患者到院外购买，这样规避了纳入到患者支付的医院费用中，

表面上看降低了医院超支的风险，也减少了医保基金的支出，但实际上将疾病经济负担转嫁给了患者，损害了医保分担患者疾病风险的功能。

可以看出，在按疾病诊断相关分组支付方式的实施当中，尽管控费的效果明显，但在如何避免医疗行为的道德风险、保证医疗服务质量方面仍然存在诸多挑战。这是按疾病诊断相关分组支付方式在管理过程中需要加以重视的问题。

## 三、实施按疾病诊断相关分组支付方式的支撑条件

### （一）法律层面

因为按疾病诊断相关分组支付方式的特点，法律的支持是按疾病诊断相关分组实施的一个重要的保障。以美国为例，在按疾病诊断相关分组推出之前，国家财政支付 Medicare 和 Medicaid 采取的是按服务项目付费的方式，这种方式对于快速增长的医疗费用完全没有约束力，所以催生了以疾病诊断相关组为基础的按疾病诊断相关分组支付方式。1982 年美国修改了《税负公平和财政责任法》中的 Medicare 支付住院费用需要与病例组合调整系数挂钩的条款，次年，国会在此基础上对《社会保障法》作了修改，允许按疾病诊断相关分组作为全国范围内 Medicare 的支付方式。2000 年，德国政府通过了法定的《健康保险改革法案》，规定从 2003 年 1 月 1 日起，对住院费用引入普适病人按疾病诊断相关分组全新付费体系。政府通过立法解决按疾病诊断相关分组实施的法律地位问题，从根本上保障了按疾病诊断相关分组的实施过程。在奥地利，由于卫生服务的提供和控制都是联邦政府的职责，联邦政府和社会保险基金引入按疾病诊断相关分组后，政府负责制定相关法律框架，并与各州签署法定协议，监督医院服务的数量和质量。

在我国，社会保险立法相对滞后，按疾病诊断相关分组的立法层次较低，主要是规范、规定层面。2010 年 10 月《中华人民共和国社会保险法》颁布，在立法内容上，不仅包括我国基本医疗保险的内容，还包含了养老、工伤、失业、生育等各类社会保险，对于支付制度没有提及。关于支付制度的规定，主要是出现在部级、省级、市级等的各级医疗保险管理机构或者卫生部门的文件中，如 2011 年人力资源和社会保障部发布的《关于进一步推进医疗保险付费方式改革的意见》（人社部发〔2011〕63 号）中，就提出"当前推进付费方式改革的任务目标是：……结合住院门诊大病的保障探索按病种付费"，指导各地实施开展按病种付费支付模式。由于目前中国的两大基本医疗保险制度——城镇职工基本医疗保险、城乡居民医疗保险实行属地化管理，统筹地区有不同层次，以市或县为统筹单位，因此在国家层面出台的通常是支付方式的指导性文件，而地方性文件中会涉及具体的支付细则。

### （二）政策层面

20 世纪 80 年代，中国已有学者关注到了按疾病诊断相关分组，并做了一些探索式的研究。按疾病诊断相关分组被引入到中国时，也被译为"按病种付费"。2014 年科学出版社出版的《全科医学与社区卫生名词》中，"按病种付费"对应的英文即为按疾病诊断相关分组支付方式。在早期很多政策文件中，也都是以"按病种付费"来指代基于疾病诊断的付费方式。随着时间的推移，国内对这种方式的研究越来越多，对按病种付费与按诊断相关分组付费（按疾病诊断相关组）之间的关系有了更清晰的理解和认识。

一个病种可以只有一个诊断，也可以是由多个诊断组成，前者称为单病种，后者就会涉及主诊断、附加诊断以及合并症和并发症等复杂情况，也即多个诊断相关组。所以按病种付费包含了单病种付费和按诊断相关分组付费。在国内早期的政策文件中，单病种付费和按诊断相关分组付费都有涉及，但以单病种付费居多。最近几年，由于医保信息系统的快速发展，大数据分析成为可能，国

家医保局又推出了 DIP,其本质上也属于按病种付费方式之一。

2004～2021 年,关于支付方式改革的国家层面文件陆续出台(表 5-2),对支付方式改革做出各种指示,按病种付费被多次提及。2017 年国务院办公厅发布《关于进一步深化基本医疗保险支付方式改革的指导意见》,明确实行多元复合式医疗支付方式,重点推行按病种付费,开展按疾病诊断相关分组付费试点。

**表 5-2　2004～2021 国家层面出台的支付方式改革文件**

| 发布时间 | 发行部门 | 文件名称 | 文件内容 | 文件号 |
|---|---|---|---|---|
| 2004.8.17 | 卫生部办公厅 | 《关于开展按病种收费管理试点工作的通知》 | 确定在天津市、辽宁省、黑龙江省、山东省、河南省、陕西省、青海省开展按病种收费管理试点工作 | |
| 2010.4.30 | 国务院办公厅 | 《关于印发医药卫生体制五项重点改革 2010 年度主要工作安排的通知》 | 推行按人头付费、按病种付费、总额预付等支付方式。选择 50 种左右临床路径明确的疾病开展按病种付费试点 | 国办函〔2010〕67 号 |
| 2011.3.30 | 国家发展和改革委员会、卫生部 | 《关于开展按病种收费方式改革试点有关问题的通知》 | 充分鼓励各地开展按病种收费的定价方式改革,并就试点改革工作的有关问题提出要求 | 发改价格〔2011〕674 号 |
| 2016.4.26 | 国务院办公厅 | 《关于深化医药卫生体制改革 2016 年重点工作任务的通知》 | 加快推进支付方式改革,控制医疗费用不合理增长。推广地方成功经验、系统推进按人头付费、按病种付费、按床日付费、总额预付等多种付费方式相结合的复合支付方式改革 | 国办发〔2016〕26 号 |
| 2016.10.25 | 中共中央、国务院 | 《"健康中国 2030"规划纲要》 | 全面推进医保支付方式改革,积极推进按病种付费、按人头付费,积极探索按疾病诊断相关分组付费 | |
| 2017.1.10 | 国家发展和改革委员会、国家卫生和计划生育委员会、人力资源和社会保障部 | 《关于推进按病种收费工作的通知》 | 逐步扩大按病种收费范围,合理确定具体病种和收费标准 | 发改价格〔2017〕68 号 |
| 2017.6.28 | 国务院办公厅 | 《关于进一步深化基本医疗保险支付方式改革的指导意见》 | 实行多元复合式医保支付方式,重点推行按病种付费,开展按疾病诊断相关分组付费试点 | 国发办〔2017〕55 号 |
| 2021.11.19 | 国家医疗保障局 | 《关于印发 DRG/DIP 支付方式改革三年行动计划的通知》 | 到 2024 年底,全国所有统筹地区全部开展 DRG/DIP 付费方式改革工作,先期启动试点地区不断巩固改革成果;到 2025 年底,DRG/DIP 支付方式覆盖所有符合条件的开展住院服务的医疗机构,基本实现病种、医保基金全覆盖 | 医保发〔2021〕48 号 |

### (三)技术层面

随着国际疾病编码系统的日渐成熟和完善,按疾病诊断相关分组的疾病分类系统在疾病的名称、定义、并发症和合并症的确认方面会变得更加成熟。病人数据的不断积累,为疾病分类和成本测算提供了大量的、可靠的数据,使得以疾病诊断相关分组为基础的支付方式变得更加合理。从研制按疾病诊断相关分组的过程来看,大量的病人数据是必不可少的,这不仅要求医院有健全的信息管理系统,而且在病案管理上要有统一的编码和病案说明,这样收集到的数据才具有分析的价值。美国花了十年左右的时间,才推出了第一套按疾病诊断相关分组,难度可见一斑。从全球推行按疾病诊断相关分组的经验看,实行了按疾病诊断相关分组的国家都成立了专门的技术机构负责其研发和修订,无论是在研发阶段还是在实施阶段,其对管理水平的要求都是很高的。

在中国,按疾病诊断相关分组的研究从 20 世纪 80 年代就有学者开始接触,但是在医院信息系统尚不健全的情况下，要大规模地收集数据是根本不可能的，而且很多医院的病案编码系统也很不完善，在早期尝试的按疾病诊断相关分组付费中，效果并不明显。暴露出病种覆盖面窄、整体费用控制效果不明显、管理机构态度消极等诸多问题。如今，随着医疗保险在中国的快速发展，医院的信息管理系统方面已经有了很大进展，医保信息系统逐渐建立，为大规模数据分析奠定了基础。医保管理机构经过十多年的摸索，也积累了管理的经验，这些都为下一步推行中国版的按疾病诊断相关分组打下了基础。

除了依据 ICD-10 或者更新的 ICD 版本对主诊断进行分类，有两个辅助系统对按疾病诊断相关分组的开发也很重要。

**1. ICD-9-CM 系统**

ICD-9-CM 是美国根据世界卫生组织制定的第九版国际疾病分类法（ICD-9）改良而来的。作为官方的正式编码系统，它将医院的诊断和治疗过程通过编码来进行管理，是实现医院信息化管理的重要系统。ICD-9-CM 一直被应用于所有美国 Medicare 和 Medicaid，以及住院患者缴费的支付核算，它包括疾病的数字编码和疾病生成的字母索引，以及在此基础上建立的外科手术、诊断、治疗的分类系统。1985 年 9 月美国国家健康统计中心和美国老年医疗保险基金中心与穷人医疗救助基金服务中心（centers for medicare & Medicaid Services，CMS）共同成立了专门维护和调整的机构，其职能是维护和更新国际疾病分类系统，同时负责系统变化的确认、公布勘误表和附录表等工作，并负责每年提出两个调整草案，评议通过后，将在美国《联邦公报》上公布，并于当年 10 月 1 日生效，公布 3 个月后正式应用于美国老年医疗保险制度中。

**2. CCs 系统**

ICD-9-CM 为按疾病诊断相关分组提供了编码的基础，在疾病管理中，并发症和合并症的管理是一个非常重要的问题，如果只有单纯性的疾病编码，显然有很多临床发生的治疗过程将被排斥在外，为了使按疾病诊断相关分组支付系统更加完善，能够尽可能多地覆盖各个治疗过程，美国国家卫生筹资管理局设计了疾病并发症与合并症系统（complications and co-morbidities system，CCs），包括了众多疾病的并发症与合并症，主要应用于病情较重患者的附加诊断和二次分类。

# 第三节　按疾病诊断相关分组支付方式在中国的应用

## 一、早期探索阶段

2004 年 8 月，卫生部办公厅下发了《关于开展按病种收费管理试点工作的通知》，确定在天津市、辽宁省、黑龙江省、山东省、河南省、陕西省、青海省开展按病种收费管理试点工作。这次试点选取部分病种，测算病种收费标准，尝试医院按病种收取病人费用。虽然这并不是医保对医院支付方式的试点，但开启了从病种角度出发考虑医疗服务定价的国家层面实践。

除了按病种收费，按病种付费的试点也在展开。2005 年在联合国儿童基金会支持下，卫生部卫生经济研究所、四川大学、复旦大学、西安交通大学、湖南大学和江西中医学院在西部 4 县新农合中开展了按疾病诊断相关分组付费试点研究，在病种选取和支付标准测算方面进行了探索。北京市从 2004 年开始着手建立适合北京市实际情况的 DRG-PPS。

另外一些地区在新农合、城职保范围内也自行开展了按病种付费试点，但几乎都采用了"单病种付费"模式，即在缺乏对合并症、并发症的统计和分析的情况下，只选出诊断非常明确、治疗过程清楚、无合并症和并发症的单纯性病种，测算出一个医保支付标准后予以支付，如单纯性阑尾炎、剖宫产等。如果有合并症或并发症，或者在治疗过程中使用了不定量的血液制品等，因为每个需要输血的患者所需要的血液量可能不同，那么这种情况下，就不按单病种付费标准来执行，而仍退回到按项目付费执行。

# 二、发展阶段

我国城镇职工基本医疗保险建立于 1998 年，新农合从 2003 年下半年开始以试点的方式推行，如果把 2004 年看作一个分水岭的话，那么 2004 年以前是我国医保制度逐步建立的阶段，2004 年到 2018 年则是医保制度不断发展完善的阶段，在这一阶段随着医保管理、医疗服务信息化平台的建设，国内对按疾病诊断相关分组支付方式的研究从小规模探索开始进入到以大数据为基础的疾病诊断相关分组研究阶段。

（一）BJ-按疾病诊断相关分组支付方式

2004 年，在北京市劳动和社会保障局、北京市卫生局、北京市发展和改革委员会的支持下，北京大学成立了 DRG-PPS 课题组，相对当时全国很多地区而言，北京市大型公立医院有比较好的医疗数据资源管理能力，所以北京市可以结合本地的数据环境和政策管理环境，对按疾病诊断相关分组支付方式的分组方案、操作规范进行研究。经过 5 年的探索，于 2008 年推出了 BJ-按疾病诊断相关分组支付方式病例组合方式，这套系统借鉴了美国的 AP（all patients）-按疾病诊断相关分组经验，把疾病分为了 1 个前期分类（pre-MDC）25 个主要诊断分类（表 5-3、图 5-2），然后综合考虑主要诊断和主要操作种类设立了内科、外科和非手术室操作的核心诊断相关组，这点与澳大利亚的 AR（Australion refined）-按疾病诊断相关组分组方式一致，再考虑病人的个体差异、合并症和并发症细分出按疾病诊断相关分组支付方式。

表 5-3    BJ-按疾病诊断相关分组主要术语表（节选）

| 术语名称 | 术语全称 | 中文名称 |
| --- | --- | --- |
| MDC | major diagnostic category | 主要诊断分类 |
| ADRG | adjacent diagnosis related groups | 核心诊断相关组 |
| CC | complication & comorbidity | 并发症与合并症 |
| MCC | major complication & comorbidity | 严重并发症与合并症 |

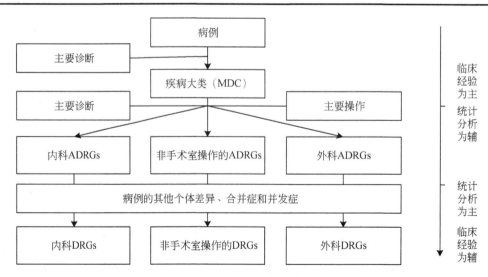

图 5-2    BJ-按疾病诊断相关分组支付方式的基本逻辑和病例组合过程

资料来源：简伟研，卢铭，张修梅，等. 2001. 北京诊断相关组的分组过程和方法. 中华医院管理杂志，（11）：829-831.

为适应本地数据环境，北京市使用了以 ICD-10 的诊断编码作为基础分类编码系统和以 ICD-9 为基础的操作编码系统，经改良后的本地 ICD 也被称为 ICD-BM。本着"临床过程一致性"和"资源消耗相似性"原则，经过临床论证和统计分析，形成了 25 个 MDC、300 个核心诊断相关组细分组和 650 个按疾病诊断相关组细分组。在经历了两年多的细化调整和应用实践，2011 年被正式命名为 BJ-按疾病诊断相关分组支付方式。与美国按疾病诊断相关分组支付方式一样，BJ-按疾病诊断相关分组支付方式也会随临床实践的新发展作不定期调整，在 2014 年版中，按疾病诊断相关分组支付方式细分组调整到 751 个。

为了实现对疾病诊断相关组的信息化管理，BJ-按疾病诊断相关分组支付方式对各病组建立了 4 位编码系统，均以英文字母 A～Z 和阿拉伯数字 0～9 表示。

（二）CN-按疾病诊断相关分组支付方式

2015 年 3 月，根据国家卫生和计划生育委员会医政医管局《关于指定北京市公共卫生信息中心作为疾病诊断相关分组质控中心的函》的内容，北京市公共卫生信息中心被指定作为国家按疾病诊断相关分组质控中心，牵头 15 个省区市开展按疾病诊断相关组支付方式协作工作，着手研究能在全国范围内推广的按疾病诊断相关分组支付方式方案。以北京市公共卫生信息中心（北京市医院管理研究所）享有著作权的按疾病诊断相关组分组方案为基础，结合其他省区市的工作，建立了基于我国诊断和手术编码数据环境的 CN-按疾病诊断相关组分组方案（2014 版）。随着医疗新技术的发展，一些诊断和手术编码进行了更新调整，在 2014 版的基础上又推出了 2018 版，对分组进行了修订。

CN-按疾病诊断相关分组支付方式是在 BJ-按疾病诊断相关组支付方式的基础上建立的，所运用的术语、分组逻辑、按疾病诊断相关分组支付方式编码原则与 BJ-按疾病诊断相关分组支付方式基本一致，综合考虑了全国 16 个地区的情况，最终形成了 783 个按疾病诊断相关分组支付方式细分组。

（三）C-按疾病诊断相关分组支付方式

C-按疾病诊断相关分组的全称是《全国按疾病诊断相关分组收付费规范》，它是 2010 年由国家卫生和计划生育委员会财务司委托卫生部卫生发展研究中心组建全国性的课题组，耗费 10 年时间研制开发的一套具有中国特色的按疾病诊断相关分组收付费系统。

C-按疾病诊断相关分组不是一项简单的分组或服务，而是一整套体系。该体系由 1 个规范体系、3 个基础工具、1 个成本平台、1 套收付费政策原则组成，简称"1311"体系。

"1"：1 套规范体系主要指《全国按疾病诊断相关分组收付费规范》，该规范由"分组分册""权重分册""支付与管理分册"三部分组成。值得注意的是，在开展疾病诊断相关组分组时，将使用统一的临床诊断术语进行分组，而不是疾病分类代码进行分组。

"3"：3 个基础工具，包括《疾病分类与代码》（GB/T 14396—2016），即中国 ICD-10 国标版，《中国临床疾病诊断规范术语集》和《中国医疗服务操作项目分类与编码》。

"1"：1 个成本平台，是指全国医疗服务价格和成本监测与研究网络。它有几个特点：第一，它涵盖了 31 个省区市 1268 家医院；第二，它是一个价格和成本数据的收集和管理平台；第三，它是医疗服务价格的数据监测平台，同时也是疾病诊断相关组分组和相对权重确定与修订的信息支撑平台。

"1"：1 个收付费政策原则，强调"费率调整和收付费政策原则"，并结合当地情况通过相关各方通过谈判协商定价。

C-按疾病诊断相关分组支付方式将需要住院治疗的疾病（主要诊断），分成 23 个组，且原则上不允许疾病跨组存在，再按照治疗方法的不同，分成了三大类别：①手术室的手术治疗（包括各种腔镜手术）；②手术室以外的手术治疗（包括内镜介入，除放疗以外的物理设备治疗，如激光、射频、超声、体外碎石）；③内科的药物治疗和放疗。将疾病（主要诊断）分为三大类别之后，再根据疾病的轻重度不同，进行归类，最后分成 484 类基本组。然后根据其他影响资源消耗的因素，如合并症与并发症、年龄等因素，将每一个基本组进一步分为 1～3 个细分组，最终形成 958 个细分组。C-按疾病诊断相关分组支付方式的主要诊断个数比 CN-按疾病诊断相关组支付方式少，基本的分组逻辑也是在主诊断基础上考虑治疗方法，获得基本组，但在分组方法上二者有差别。

（四）CR-按疾病诊断相关分组支付方式

2012～2017 年，国家卫生健康委员会基层卫生健康司推出 CR-按疾病诊断相关分组，主要面向地市级和县级医院，充分反映了基层疾病谱的特点和市县级医院医保管理能力，适用于当时新农合和城乡居民的支付和管理。

四种国内按疾病诊断相关分组方案比较见表 5-4。

**表 5-4　四种国内按疾病诊断相关分组方案比较**

| 方案 | 主导单位 | 适用范围 | MDC | ADRG 分组规则 | ADRG 分组数 | 功能 |
|---|---|---|---|---|---|---|
| BJ-按疾病诊断相关分组支付方式 | 北京市卫健委信息中心 | 所有短期住院病例 | 1 个先期+25 个 | 外科诊断、手术规则+非手术室操作+内科诊断 | 300 | 医保付费 |
| CN-按疾病诊断相关分组支付方式 | 国家卫健委医政医管局/北京市卫健委信息中心 | 所有短期住院病例 | 1 个先期+25 个 | 外科诊断、手术规则+非手术室操作+内科诊断 | 415 | 医保付费+医院绩效 |
| C-按疾病诊断相关分组支付方式 | 国家卫生健康委员会卫生发展研究中心 | 所有短期住院病例 | 23 个 | 外科诊断、手术规则+非手术室操作+内科药物治疗和放疗 | 455 | 医保付费 |
| CR-按疾病诊断相关分组支付方式 | 国家卫生健康委员会基层卫生健康司 | 市、县级医院短期住院病例 | 26 个 | 外科+非手术室操作+内科诊断 | 477 | 医保付费 |

除了这四套直接以按疾病诊断相关组支付方式命名的病例组合系统，上海、成都、淮安等国内其他城市，也在本地医保数据的基础上围绕以疾病诊断分组为核心开展了支付方式研究，推出了基于大数据的 DIP、总额预算控制下的按病组分值付费、区域点数法等支付方式。

## 三、全面应用阶段

2018 年 3 月，国家医疗保障局成立，标志着我国公立医疗保险管理进入了由国家医疗保障局全面负责的阶段。国家医疗保障局成立后，继续大力推进医保支付方式改革，2019 年 5 月 20 日，国家医疗保障局召开了关于疾病诊断相关分组（DRG）付费国家试点工作视频会议，意味着全国性的按疾病诊断相关组付费实践启动。尽管是全国性的试点，但仍然是以区域总额预算为前提。

（一）全国试点，统一行动

2018 年底，国家医疗保障局办公室发布《关于申报按疾病诊断相关分组付费国家试点的通知》（医保办发〔2018〕23 号），动员全国有当地政府支持、有改革意愿、有医保编码基础和数据支持、当地有 3 家以上可开展按疾病诊断相关分组支付方式的医院以及医保基金运行平稳的城市申报试点。

2019 年 5 月，国家医疗保障局公布了国家 30 个按疾病诊断相关分组支付方式试点城市名单，各个试点城市不再单独探索按疾病诊断相关组支付方式的建立，而是由国家医疗保障局给出统一的 MDC 和 ADRG，各个地方根据自己本地特色，完善按疾病诊断相关组支付方式细分组和付费方案。30 个试点城市包括了 4 个直辖市和 26 个地级市，除西藏地区以外，其他各省区市各有 1 个地级市入选。这些试点地区既有直辖市，又有省级、副省级城市和普通地级市；在地理位置上兼顾了中国东、中、西部地区，在经济水平上考虑了发达、中等和欠发达地区的代表性，体现了全国性试点的特征。

国家医疗保障局对试点给出了明确的时间安排，试点工作将按照"顶层设计、模拟运行、实际付费"分三年有序推进，首先由国家医疗保障局在 2019 年完成按疾病诊断相关组支付方式顶层设计，2020 年试点城市模拟运行，2021 年实际运用。

### （二）形成 CHS-DRG 技术规范和分组方案

2019 年 10 月，国家医疗保障局办公室《关于印发疾病诊断相关分组（DRG）付费国家试点技术规范和分组方案的通知》（医保办发〔2019〕36 号），正式推出 CHS-DRG 支付方式。

该文件包含了两份重要标准，分别为《国家医疗保障 DRG 分组与付费技术规范》（以下简称《技术规范》）和《国家医疗保障 DRG（CHS-DRG）分组方案》（以下简称《分组方案》）。同之前的按疾病诊断相关组支付方式方案不同，这两份标准的重要程度非同一般。根据国家医疗保障局医药服务管理司司长熊先军对试点方案的解读，"《技术规范》和《分组方案》是在国家统一指导下制定的权威、专业性标准，形成了国家医保按疾病诊断相关分组（CHS-DRG）的基本遵循。CHS-DRG 是全国医保部门实行按疾病诊断相关分组付费的唯一标准"。换言之，《技术规范》是全国按疾病诊断相关分组付费试点统一使用的技术规范和指导标准；《分组方案》的出台，则意味着各个试点城市在落实本地"按疾病诊断相关分组付费组"的过程中，必须按照《分组方案》所给出的统一分组操作指南，结合地方实际情况，制定本地的细分疾病诊断相关组。之前使用的 BJ-按疾病诊断相关分组支付方式、CN-按疾病诊断相关分组支付方式、CR-按疾病诊断相关分组支付方式、C-按疾病诊断相关分组支付方式就不再使用。

（1）CHS-DRG 分组原则。逐层细化、大类概括；疾病诊断、手术或操作临床过程相似，资源消耗相近；临床经验与数据验证相结合；兼顾医保支付的管理要求和医疗服务的实际需要。CHS-DRG 支付方式编码系统见表 5-5。

**表 5-5 CHS-DRG 支付方式编码系统**

| 代码位置 | 代码含义 | 代码赋值 | 备注 |
| --- | --- | --- | --- |
| 1 | MDC | 字母 A~Z | 根据病案首页的主要诊断，进入相应的疾病诊断分类 |
| 2 | 按疾病诊断相关组 | 字母 A~Z | 外科部分：A、B、C、D、E、F、G、H、J，9 个字母表示 |
|  |  |  | 内科部分：R、S、T、U、V、W、X、Y、Z，9 个字母表示 |
|  |  |  | 非手术室操作部分：K、L、M、N、P、Q，6 个字母表示 |
| 3 | 诊断相关组顺序 | 1~9 | 按疾病诊断相关组排列顺序 |
| 4 | 合并症、转归等情况 | 0~9 | "1"表示伴有严重的合并症和伴随病 |
|  |  |  | "3"表示伴有一般性的合并症和伴随病 |
|  |  |  | "5"表示未伴有合并症和伴随病 |
|  |  |  | "7"表示死亡或转院 |
|  |  |  | "9"表示未作区分的情况 |
|  |  |  | "0"表示小于 17 岁组 |
|  |  |  | 其他数字表示其他需单独分组的情况 |

（2）分组思路和策略。CHS-DRG 整合了 BJ-按疾病诊断相关分组、CN-按疾病诊断相关分组、CR-按疾病诊断相关分组和 C-按疾病诊断相关分组的优点，以病案首页的主诊断为依据，以解剖和生理系统为主要分类特征，参照 ICD-10 将疾病分为 26 个主要诊断分类，再在每个大类下，将病例按照"手术""非手术""操作"分作三类，把主要诊断和主要操作相同的病例合并为一组，形成核心疾病诊断相关组（ADRG）。初步形成了 26 个 MDC 和 376 组 ADRG。

（3）病组命名和编码规则。2020 年 6 月，国家医疗保障局办公室《关于印发医疗保障疾病诊断相关分组（CHS-DRG）细分组方案（1.0 版）的通知》，对《分组方案》376 组 ADRG 进一步细化，形成按疾病诊断相关组付费的基本单元，共 618 组。明确提出，各试点城市要参考 CHS-DRG 细分组的分组结果、合并症并发症/严重合并症并发症表（CC&MCC 表）、分组规则、命名格式等，制定本地的按疾病诊断相关组细分组。根据实际情况，试点城市也可直接使用 CHS-DRG 细分组开展本地的按疾病诊断相关分组付费国家试点工作。CHS-DRG 仍然采用了 BJ-按疾病诊断相关组支付方式的 4 位数编码系统，编码规则与之一致。CHS-DRG 具体分组过程、方法和分组效能评价可以参见《技术规范》和《分组方法》。

（4）CHS-DRG 相对权重计算与调整。按疾病诊断相关分组相对权重是每一个按疾病诊断相关分组依据其资源消耗程度所给予的权值，反映该按疾病诊断相关分组的资源消耗相对于其他疾病的程度。权重值越大，反映该病组的资源消耗越高，反之则越低。CHS-DRG 基础权重的计算公式如下：

$$某按疾病诊断相关分组基础权重 = \frac{该该按疾病诊断相关分组中的例均费用}{所有病例的例均费用}$$

病例费用可以采用历史数据法进行收集，即前 3 年住院病例的历史费用或成本数据，也可以采用作业成本法，按照医疗服务的过程，将住院费用分为"医疗""护理""医技""药耗（药品耗材）""管理"5 类，对照国际住院费用不同部分的成本结构，参考临床路径或专家意见确定每个按疾病诊断相关分组各部分比例，进行内部结构调整，提高按疾病诊断相关分组权重中反映医务人员劳动价值部分比例，并相对降低物耗部分比例，然后使用调整后的费用均值计算按疾病诊断相关分组权重值。

（5）CHS-DRG 费率与付费标准测算。在完成权重调整后，根据历史数据测算各类试点医院预计按疾病诊断相关组出院病人数和总权重，并根据医保年度预算基金额度和预期支付比例推算出年度医保病人总费用，再以总权重为系数将年度病人总费用分配到每一权重上，即计算出各类医院的费率。最后根据各按疾病诊断相关分组的权重和各类医院的费率即可计算出各类医院某按疾病诊断相关分组的付费标准。CHS-DRG 费率测算流程如图 5-3 所示。

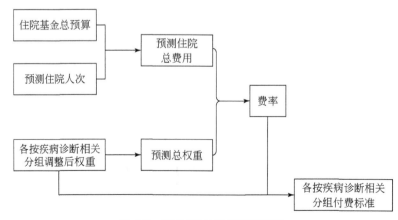

图 5-3　CHS-DRG 费率测算流程

资料来源：《国家医疗保障疾病诊断相关分组（CHS-DRG）分组与付费技术规范》

按疾病诊断相关分组费率和付费标准测算遵循以下原则：①区域总额预算；②给出医疗费用的合理增长空间；③同级医院同病同价；④考虑医疗机构间服务能力差异；⑤多角度验证；⑥医、保、患三方共赢。

（6）CHS-DRG 结算细则制定与实施。结算细则主要包括：①CHS-DRG 结算的适用范围。按疾病诊断相关分组付费更适用于急性期住院患者，并且是只适用于按疾病诊断相关分组付费试点机构。②规定疾病诊断和手术操作编码版本。根据《技术规范》，目前国家试点结算应全部使用国家医疗保障局制定的疾病诊断分类编码（ICD-10）和手术操作编码 （ICD-9-CM-3）的版本。③病案数据上传时间及结算流程。一般定点医疗机构在医保病人出院后（一般 3 日内）应当及时完成病案审核，并上传至医保经办机构；如有异常病案，定点医疗机构可在 10 个工作日对异常病案进行修改。④普通入组患者基金支付费用计算方法。⑤特殊病例基金支付费用计算方法。⑥医保基金拨付与清算。⑦其他补充规定，对当地和医保结算政策相关的其他政策如日间手术、医联（共）体按人头总额管理、违规查处等如何执行进行规定。

结算细则在运行一段时间后，还需要进行评估，以判断设定是否合理，并根据结果对结算细则做下一步的修订和完善。

（7）CHS-DRG 监管考核与评价。为了更好地保障 CHS-DRG 的可持续运行，减少医疗机构可能的道德风险行为，保护参保人的利益，在推行按疾病诊断相关组付费的同时，也要对其开展的过程和结果制定相应的监管考核制度。考核主体是各地医保局和医保经办机构，考核对象是各定点医疗机构。

按疾病诊断相关分组考核监管指标主要内容包括组织管理和制度建设、病案质量、医疗服务能力、医疗行为、医疗质量、资源使用效率、费用控制和患者满意度等（表 5-6）。

**表 5-6 CHS-DRG 考核监管指标**

| 考核指标类别 | 指标明细 |
| --- | --- |
| 组织管理和制度建设 | 病案管理 |
| | 临床路径管理 |
| | 成本核算管理 |
| | 绩效考核制度建设等 |
| 病案质量 | 病案首页完整性 |
| | 主要诊断选择准确率 |
| 医疗服务能力 | 收治病例覆盖的按疾病诊断相关组组数 |
| | CMI |
| | 住院服务量 |
| | 转县外住院病人比例 |
| 医疗行为 | 危重住院病人比例 |
| | 院外购药率 |
| 医疗质量 | 入出院诊断符合率 |
| | 30 天内返住率 |
| | 院内感染发生率 |
| | 平均住院日 |
| 资源使用效率 | 时间消耗指数 |
| | 资源消耗指数 |
| 费用控制 | 药占比 |
| | 次均住院费用 |
| | 实际补偿比 |
| | 自费项目费用比例 |
| 患者满意度 | 参保居民满意度 |

（三）因地制宜，制定付费标准

按疾病诊断相关分组支付方式本身是一个病例组合系统，按疾病诊断相关分组支付是在疾病诊断分组的基础上医保基金对病组消耗的医疗资源予以补偿。在分组完成以后，医保部门还需要对每个诊断相关组的支付标准进行测算。由于我国医保实行属地化管理，目前以地市为主要统筹单位，各个统筹地区的基金量不同、医院数量不同、服务能力不同，按疾病诊断相关组细分组有差异，各地诊断相关分组的支付标准需要根据当地医保基金池的情况进行测算。如果说规范和科学分组是按疾病诊断相关分组实施的重要前提，精确付费则是按疾病诊断相关组实施的重要保障。这需要具备精算能力的专业技术力量进行支持。

截至 2021 年底 30 个试点城市的按疾病诊断相关分组、细分组方案都已出台，实际付费工作也正在开展。另外，按病种付费中基于大数据 DIP 也在我国同步试点运行，2020 年 11 月国家医疗保障局选出了 71 个城市作为 DIP 试点城市。还有一些地区，如成都市在探索介于按疾病诊断相关组和 DIP 之间的、兼顾二者优点的总额控制下按病组分值付费方式；除此之外，一些长期住院病例还将采用按住院床日付费方式。这意味着，多元复合式的支付体系才是满足各种住院疾病医疗资源补偿的最佳方式。

1. 按疾病诊断相关分组是如何对疾病进行分组的？

2. 按疾病诊断相关分组支付方式具有哪些优点和不足？

3. 按疾病诊断相关分组付费和按病种付费的区别是什么？

4. 我国按疾病诊断相关分组支付方式经历了哪些阶段？

（周晓媛）

# 第六章 DIP 支付方式

**内容提要**

DIP 支付方式是 DRGs 中国本土化的创新，并在全国实行试点，将成为我国医疗保险主要支付方式之一。本章介绍和阐述了 DIP 支付方式概述、DIP 支付方式特点和 DIP 支付方式应用等三个方面的内容。其中，DIP 支付方式的主要内容与特点为本章的重点内容，旨在让学生掌握按病种分值支付方式的基本程序与政策优势。

## 第一节 概 述

### 一、DIP 支付方式的概念

DIP 支付方式，亦称"基于大数据的住院按病种分值付费"。DIP 和 DRGs 均是基于病例分组的医保支付方式。因此，认识 DIP 支付方式必先认识 DRGs 支付方式。从第五章可知，疾病诊断相关组（diagnosis related groups，DRG）是用于衡量医疗服务质量效率进行医保支付的一个重要工具。DRG 实质上是一种病例组合分类方案，即根据年龄、疾病诊断、并发症、治疗方式、病症严重程度转归和资源消耗等因素，将患者分为若干诊断组进行管理的体系。

国家医疗保障局办公室 2020 年印发《国家医疗保障按病种分值付费（DIP）技术规范》，把 DIP 界定为利用大数据优势所建立的完整管理体系，发掘"疾病诊断+治疗方式"的共性特征对病案数据进行客观分类，在一定区域范围的全样本病例数据中形成每一个疾病与治疗方式组合的标化定位，客观反映疾病严重程度、治疗复杂状态、资源消耗水平与临床行为规范，可应用于医保支付、基金监管、医院管理等领域。

DIP 与 DRGs 支付方式都是针对住院病人分类，分类用的数据来源与标准相同，具有分组和付费标准测算基础和方法，都是医保基金有效分配和对医院精细化管理的基础工具。同时，它们之间还存在以下不同，具体内容如表 6-1 所示。

**表 6-1  DIP 支付方式与 DRGs 支付方式异同比较**

| 项目 | DRGs | DIP |
| --- | --- | --- |
| 分组依据 | 临床路径（经验） | 临床数据 |
| 分组目标 | 覆盖所有编码（疾病编码和手术操作代码） | 覆盖所有住院病例 |
| 分组思路 | 人为主观筛选、归并 | 穷举匹配、客观聚类 |
| 分组指南 | 固定分组框架 | 确定分组标准（公式、指标及目录体系） |
| 分组层级 | 三层（MDC、ADRG、DRGs） | 四层（三级、二级、一级、主索引） |
| 最细组别的变异系数 | 变异系数<0.7 即可 | 平均值<0.6 |
| 国家版分组病例费用数据来源 | 30 个试点城市三年内的 6500 万份病例 | 东、中、西部 10 个省区市近 6000 万份病例 |
| 国家版分组修改完善 | 根据临床论证，人为修改 | 根据真实数据拓展，动态调整 |
| 本地化分组 | MDC、ADRG 须与国家版一致 | 分组标准须与国家规范一致 |

资料来源：应亚珍. 2021. DIP 与 DRG：相同与差异. 中国医疗保险，（1）：39-42.

从表 6-1 可知，DIP 在适应性、包容性、跨地区推广及考核管理上存在巨大优势，DIP 承认医院过往的临床诊疗行为习惯，更易于接受，落地阻力较小，医院发展优势学科、运用新技术的积极性也更高。

## 二、DIP 支付方式的目标

与其他的支付方式一样，DIP 支付方式有三个目标：遏制医疗费用不合理上涨、促进医院精细化管理、促成建立医院的现代数据治理机制。

（1）遏制医疗费用不合理上涨。DRGs 是目前世界公认的一种先进且科学的医疗费用支付方式。DIP 应用体系借鉴 DRGs 的分组原理，基于"随机"与"均值"的经济学原理和大数据理论，通过真实世界的海量病案数据，发现疾病与治疗之间的内在规律与关联关系，提取数据特征进行组合，并将区域内每一病种疾病的治疗资源消耗的均值与全样本资源消耗均值进行比对，形成病种分值。按照住院病种分值，每个病种对应的支付是变动的，但病种之间的比例关系不变。病种之间的收费不合理性通过这种不变的比例关系被凸显，从而便于遏制不合理医疗费用上涨。

（2）促进医院精细化管理。医院的精细化管理，重点在人力、医疗资源的成本的管控。众所周知，人力是公立医院成本最高的要素，如何让人力成本发挥应有的效益，是医院管理者必须面对的课题。医院如何通过人力资源优化促进效率提升是必须要解决的问题。基于 DIP 的技术，医院可以对人力资源进行分类，实现人力资源信息全系统共享，基于数据对人才进行评价。应用 DIP 技术可实时查看人员结构变化，为科室人员配备等提供科学依据，还可进行考勤、排班、请假等人员管理等，提高管理效率。除了人力成本外，医院面临医疗资源错位浪费、医疗设备耗材的采购诸多难点，如采购部门责权不清、采购来源渠道复杂、预算机制和执行机制欠规范和精准、信息不对称、招标竞价环节缺失等，基于住院病种分值，可以有效进行数据优化医疗资源分配，加大符合医改方向专业的扶持力度，运用科学的数据管理指标对各专业进行评价引导科室转型，将耗材和药品管控指标纳入现行医疗护理质量专项考核，与科室日常奖金挂钩，最终提高院内人员成本意识，从根源做到成本管控。利用区域合作医院的平台支持院内部分高精尖技术开展，提高医院在区域内的竞争力，加强专科能力建设，推动院内品牌学科和优势专科输出，落实分级诊疗。

（3）促成建立医院的现代数据治理机制。医院现代化治理包括人、财、物、时间和信息等治理内容，其中最重要的就是绩效考核机制的治理。基于 DIP 的实施，倒逼医院由粗放式发展模式向精细化的质量效益模式转变。因为传统的绩效激励一般采取收支结余或成本核算提成方式，项目的多少与绩效成正比，容易导致医生小病大治的过度医疗现象发生。DIP 的应用，某个病种的支付标准是次均费用，即将过程控制转变为结果控制。过度检查与过度医疗的方式只会增加医院的成本支出，一定程度上遏制了过度医疗现象的发生。同时 DIP 紧逼医院关注服务能力的提升转型，提升医疗质量和病案质量。因为在基于价值医疗的同病同治同质同价的原理，要将均次费用和平均住院日等指标分解到每个支付病种，主要参考依据就是医疗质量。而且住院 DIP，能够规范临床路径管理，在提升医疗质量的同时通过降低住院时间，提升医疗效率，加强病案首页的质量和提高编码人员的能力，确保主诊断和次诊断的正确。

## 三、DIP 支付方式的原理与方法

### （一）DIP 的原理及分组方法的作用

（1）适应临床的复杂多样。DIP 是基于疾病诊断相同、临床过程相近原则，根据疾病诊断分类及代码（ICD-10）及手术操作分类与编码（ICD-9-CM-3）规则，通过大数据聚类客观形成的组合，对同一病种内不同严重程度、不同年龄患者对资源消耗个性差异进行还原与标准定位，避免产生医疗机构针对严重患者的撇脂效应，同时 DIP 以全样本数据真实反映临床病种的变化，能随临床技术的发展形成动态响应，支撑医疗卫生行业及医院的发展。

（2）提高病例入组率。DIP 大数据的方法通过全样本数据的比对形成自然分组，并利用例数临界值为中间数，将临界值之上的病种直接作为核心病种，共计 1.4 万余组，将临界值之下的 DIP 进行再次聚类形成综合病种，最大化满足临床病例的入组需要。DIP 兼容临床病案数据，全样本数据入组率接近或大于 99%，进而减少入组率低、未入组病例数量大所带来的资源控制及实施的不确定风险，实现操作便捷与精细应用的平衡。

（3）减小疾病组内差异度。DIP 通过对海量数据中"疾病诊断"与"治疗方式"组合的穷举，发现疾病与治疗之间的内在规律与关联关系进行客观聚类，凝练共性特征形成 DIP 主目录，同时提取诊断、治疗、行为规范等的特异性特征建立辅助目录，其与主目录形成互补，对临床疾病的严重程度、并发症/合并症、医疗行为规范所发生的资源消耗进行校正，全样本平均组内变异系数 0.6 左右，使分组具有更高的稳定性，更加客观地体现疾病严重程度、治疗复杂程度、资源消耗水平和医疗服务成本的实际状况。

（4）完善组别高套发现机制。DIP 分组细，同样的诊断由于疾病不同的阶段及个性特征可能出现多个治疗方式、资源消耗的程度不尽相同的现象，可将其区分为低资源消耗治疗方式与高资源消耗治疗方式。按照经济学随机对照的方法，分析同一诊断不同治疗方法分布的数据特征，对治疗方式采用的合理性进行甄别与评价，形成对医疗机构治疗方式选择的合理导向，促进医疗机构针对同一诊断不同治疗方式选择的规范，形成技术应用与医保支付之间的制衡机制，重点解决组别高套问题。

（5）完善监管体系。DIP 除针对疾病与治疗的共性特征建立分组外，还提取诊断、治疗、行为规范等的特异性特征建立辅助目录，分析医疗机构的病案质量、二次入院、低标入院、超长住院及死亡风险等指标，以及各指标在不同的疾病、不同类型的医疗机构发生的概率，形成对医疗机构医疗质量、资源消耗合理性等的客观评价。同时基于门诊与住院在人次、费用等方面的波动趋势，对门诊、住院间的费用转移进行监测，促进医疗机构规范医疗行为。

（6）便于推广实施。DIP 目录库在国家层面以"统一标准、统一目录、统一方法、统一规范"完成基于大数据的顶层架构设计，将复杂的算法、模型以信息技术封装成便捷、简单的系统与工具，形成适应各应用地区的工作流程、工作制度及工作模式，降低各应用地区信息系统改造与临床应用培训的难度与成本，提高实施效率。

（二）DIP 病种分组

DIP 利用全样本数据中疾病诊断与治疗方式的共性特征进行挖掘，聚类形成基于大数据的客观分组，即 DIP 目录库。DIP 目录库是在疾病诊断与治疗方式组合穷举与聚类的基础上，确定稳定分组并纳入统一目录管理，支撑分组应用常态化的基础应用体系。一方面，主目录作为 DIP 目录库的核心构件，通过按病例数量的收敛划分为核心病种与综合病种，实现对临床复杂、多样的病例的共性特征挖掘，形成明确的分组及层级化的分组结构，对 DIP 进行科学、规范的管理，锁定 DIP 的核心要素之一——支付单元，为支付标准的形成提供支撑。另一方面，基于解剖学和病因学对 DIP 建立疾病分类主索引，提升针对一级、二级、三级目录的管理效率以及可视化展示效能。疾病分类主索引可用于区域规划、政策调整、预估模型等宏观层面的应用。一般情况，DIP 的目录分为主目录与辅助目录。DIP 主目录组合思路大致是在遵守客观原则、自然原则和统分结合的原则的基础上，把病例分成核心病种组和综合病种组，然后通过分组叠加进一步病种分类，聚合形成主目录的一级目录和主索引。

按照图 6-1 的思路，国家分两个阶段建设 DIP 目录库。第一阶段以上海、广州前期工作为基础，叠加东、中、西部 10 个代表性省区市的数据进行拟合,完善全国的 DIP 目录;第二阶段在此基础上实现对全国各应用地区总量数据的叠加,逐步对目录库进行优化,进一步提升 DIP 的全面性,支撑在全国的应用推广。

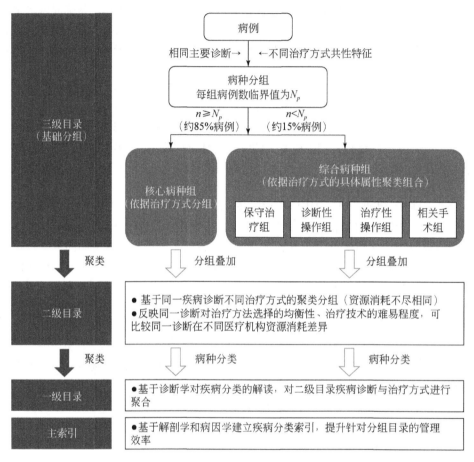

图 6-1    DIP 主目录组合思路

DIP 辅助目录是在主目录病种分组共性特征的基础上,建立反映疾病严重程度与违规行为监管个性特征的目录。在统一标准体系下,对疾病收治、诊疗行为的过程合规性进行快速识别、科学评价,与主目录关联,对其中对应分级目录的支付费用进行校正,促进医疗费用的精确预算、精细管理与精准支付。基于大数据建立的以主目录为基础、以辅助目录为修正的 DIP 目录库,既能反映疾病共性特征又能兼顾个体差异,在复杂的医疗体系中建立了客观、量化的评价机制,具体目录参见《DIP 病种目录库(1.0 版)》。换言之,DIP 辅助目录的目的是防止与阻止熟悉规则的医疗机构采取有针对性的方式来争取利益最大化的现象,包括交叉互补、组别高套、诱导住院、风险选择、分解住院、抑制需求等,最终使得医保的支付难以取得预期成效。

(三)病种分值形成

病种分值是依据每一个病种组合的资源消耗程度所赋予的权值,反映的是疾病的严重程度、治疗方式的复杂与疑难程度。计算方法如式(6-1)所示。

$$RW_i = \frac{m_i}{M} \tag{6-1}$$

其中，$M$ 为全部病例平均住院费用；$m_i$ 为第 $i$ 类病种组合内病例的平均住院费用。为了综合反映历年疾病及费用的发展趋势，以近三年的往期数据按照时间加权的形式计算该费用均值，如当前年度为 2021 年，则采用前三年历史数据，按照 2018 年：2019 年：2020 年=1：2：7 的比例进行测算。按照式（6-1）的思路，可以计算 DIP 药品分值、DIP 耗材分值。在此基础上，以临床路径和规范的服务价格为指导，通过确定病种费用结构属性分层，专家评议与协商沟通，最终确定合理的病种分值。

（四）病种分值付费标准测算

（1）基本思路。DIP 通过年度医保可支付基金额、医保支付比例及病种总分值计算分值点值，再根据每一个病种组合的分值点值形成支付标准，结合 DIP 辅助目录，对不同级别的医疗机构建立分值点值调节机制，依据医保目录以及不同人群的医保待遇政策，通过月度预付和年度考核清算等步骤兑现医保基金支付。DIP 的分值点值根据数据来源和适用场景分为预算点值和结算点值。DIP 预算点值在每年年初确定，基于该支付方式覆盖的住院总费用，建立医保资金的预估模型、支撑医保基金全面预算管理，是定点医疗机构落实医保过程控制的重要指标；DIP 结算点值在每年年终或第二年年初确定，以医保总额预算为前提，用于计算支付标准，与定点医疗机构进行年度清算。

（2）预算点值和结算点值。点值是指单位病种分值所分摊的预算金额或结算金额。计算方法如下所示。

$$\mathrm{dw}_i = \frac{\exp}{\sum \mathrm{RW}_i n_i} \tag{6-2}$$

其中，exp 为预算或结算年度住院总费用；$\mathrm{RW}_i$ 为病种分值；$n_i$ 为病种对应病例数；$\sum \mathrm{RW}_i n_i$ 某区域所有病种的分值总和。从式（6-2）可以看出，预算或结算年度住院总费用（exp）是关键的变量。预算年度住院总费用与 DIP 分值的计算过程相似，前三年住院总费用的权重仍为 1：2：7。结算年度住院总费用由当年医保基金可用于 DIP 付费总额与医保报销比例的比值确定。然而，简单按照式（6-2）计算出来的点值不一定是准确的，因此还需要通过优质区间计算进行校正。竞争市场通过供求平衡形成价格标准，而在医疗服务非竞争市场环境下，供求关系并不能决定价格。罗默法则揭示了医疗资源供给可创造需求，供方的引导易形成对资源的过度利用。DIP 可利用一维或二维工具形成对资源过度利用的校正，减轻往期病案数据中过度服务导致的不合理费用影响，形成 DIP 的对标标准，实现对医疗机构收入或成本的客观评价。

（3）病种分值支付标准计算。病种分值和病种点值都测算好之后，DIP 组支付标准由 DIP 病种分值和病种点值乘积确定。

# 四、DIP 支付方式的发展历程

DIP 支付方式的发展起源于 DRGs 付费方式在中国应用。DRGs 付费方式产生于 20 世纪 60 年代末的美国，并在 1983 年美国以法律形式确定 DRG 预定额支付系统作为老年医疗保险制度（Medicare）的补偿系统。此后，DRGs 付费方式开始从美国引入到欧洲、亚洲和澳大利亚，并实现本土化，如德国应用的 G-DRG 系统。20 世纪 80 年代末，我国开展了 DRGs 付费方式一定的探索和研究。2008 年基于北京地区特点的北京版诊断相关组（BJ-DRG）分组器开发完成标志中国 DRGs 本土化迈开第一步。在 DRGs 付费方式中国本土化的同时，有些地方医保部门（江苏淮安）引入病种分值的概念，将总额预算管理和点数法结合方式，以住院单病种为计费单位，将住院单病种费用的绝对金额转变为不同病种之间的相对价值，来弥补病例实际费用失真的情况。在淮安按病种分值结算模式基础上，中山增加了疾病治疗方式，引入高低费用异常分值的概念并细化医疗机构的等级系数，形成具有中山特色的结算模式，并于 2010 年实施，也取得了预期的效果。2013 年，江西南昌因为旧有次均定额为主的付费方式组合的种种弊端，开始在市直职工医保中引入 DIP，并结合淮安模式和上海、杭州的分等级医疗机构预算管理的特点，形成具有南昌特色的南昌模式。从此以后，DIP 模式在我国各地不断推广，如安徽芜湖、山东东营、江西新余、宁夏银川与石嘴山、湖南长沙。与此同时，浙江金华引入"病组点数法"，形成金华模式。2017 年，山东淄博、安徽安庆、河北邢台、广东汕头和珠海等纷纷引入 DIP，进一步展示 DIP 支付方式的优势。2020 年 10 月 14 日，国家医疗保障局办公室印发了《区域点数法总额预算和按病种分值付费试点工作方案的通知》，标志着DIP 付费全国试点正式开始，并按以下三个阶段试点：①2020 年 12 月，各试点城市使用实时数据和本地化的分组方案实行预分组，做好付费技术准备工作；②自 2021 年 3 月起，根据试点地区技术准备和配套政策制订情况，具备条件的地区备案后可以先行启动实际付费；③2021 年底前，全部试点地区进入实际付费阶段。

# 第二节　DIP 支付方式特点

## 一、DIP 支付方式的优势

从 DIP 与 DRGs 的异同比较中，发现它们之间不仅存在不少差异，而且各自存在优势。DIP 支付方式的优势有如下几个。

（1）DIP 属于中国原创支付方式。尽管 DIP 支付方式是 DRGs 中国本土化的结果，但是它被融入了总预付制、点数法的支付特征，最终形成具有中国特色的支付方式。

（2）基于大数据理念。与 DRGs 支付方式相比，DIP 支付方式可以覆盖所有的住院病例。不管从数据的数量上，还是从处理数据的方法上，都必须立足于大数据理念。

（3）基础条件和分组技术方面的障碍少。DIP 分组使用 ICD-10 编码的前四位，对编码的适应性强，便于动态调整和拓展，适用于编码未完全统一历史病案数据质量不高的地区，且留有逐步完善数据质量的补短期，能有效平衡临床应用与医保支付间的关系。

（4）跨地区普及更方便。由于 DIP 支付方式基于大数据进行分组，以公式与指标作为分组的主要依据，对分组器无特殊依赖，便于监管部门发挥主导作用，进行质量和费用的控制。

（5）包容性强。DIP 支付方式承认医院过往的临床诊疗行为习惯，更易于接受，落地阻力较小，医院发展优势学科运用新技术的积极性也更高。

## 二、DIP 支付方式的缺陷

尽管 DIP 支付方式具有上述五个方面的优点，但是也存在以下四点缺陷。

（1）病种分类及确定标准有所欠缺。一是纳入病种分值表的病种偏少，大量病例为无对照病种；二是临床医生反映部分病种分值标准不合理，影响医生的诊疗活动；三是完全按第一诊断确定病种不科学，目前均按第一诊断确定病种，病种细分程度低，不足以反映临床诊治的情况；四是许多地区设定异常病例的上限费用标准，超过上限标准的费用据实折算分值，但是部分医疗机构质疑部分接近上限的病例得不到补偿的合理性；五是医疗机构之间使用的 ICD-10 版本存在差异，导致医疗机构的疾病诊断和医保系统疾病诊断名称存在偏差，从而使有些诊断不能准确上传；六是部分地区对病种分值表中的病种只增不减，相较于动态清零、重新建立方式的地区，减少了部分病种分值不合理病种的调整机会，导致部分病种诊疗行为的进一步变异，且没有恢复的可能，同时容易导致病种分值总数的上涨和分值单价的下降。

（2）医疗机构等级系数存在争议。为纠正病种分值按地区医院平均分值界定的偏差，试点地区引入了医疗机构等级系数，同一病种的平均分与等级系数之积为该病种在不同级别医疗机构结算时的分值。通常来说，医疗机构级别越高，等级系数越大。但等级系数设定的公平合理是至今仍未解决的难题。关于等级系数的确定，实践中主要使用的方法有三种，每种方法都存在一定的缺陷：专家评定法受主观人为因素干扰，不能准确反映客观情况；平均数据对比法对数据质量要求高，计算量大；征求意见法以主观认定的方式确定系数水平，失之偏颇。

（3）医保机构与医疗机构之间的沟通机制尚有待完善。长期以来，我国医保经办机构一直使用行政管理方式，缺乏与医疗机构协商的传统。这导致我国部分地市虽应用了DIP，引入了协商谈判机制，但这些沟通机制尚有待进一步完善。比如，在部分地市应用的特例单议制度下，医疗机构申报特殊病例后，医保机构对分值进行核定并调整，但未将调整后的结算明细及时反馈给医疗机构，医疗机构无法及时指导临床科室准确执行DIP结算工作。同时，对于未能通过专家审核的病例，医保机构也多未反馈原因分析，医疗机构难以及时改进医疗行为。

（4）对医保经办管理提出了较高的要求。与DRGs支付方式一样，DIP支付方式的管理较为复杂，专业化程度较高。从分组器设计，到分析异常情况出现的原因及改善，到明确病例记录的真实性和病案首页质量，都对医保经办管理专业程度提出了更高要求。

## 三、DIP支付方式实施基础与条件

（一）实施基础

实施基础主要包括DIP目录库和数据基础。

（1）DIP目录库。DIP应用体系，基于"随机"与"均值"的经济学原理和大数据理论，通过真实世界的海量病案数据，发现疾病与治疗之间的内在规律与关联关系，提取数据特征进行组合，并将区域内每一病种疾病与治疗资源消耗的均值与全样本资源消耗均值进行比对，形成病种分值，集聚为DIP目录库。DIP目录库是完整的、系统的应用，根据数据特征聚类可分为主目录与辅助目录，以主目录为基础、以辅助目录为修正，共同构建既能反映疾病共性特征又能兼顾个体差异的客观标准目录体系，具体框架如图6-2所示。

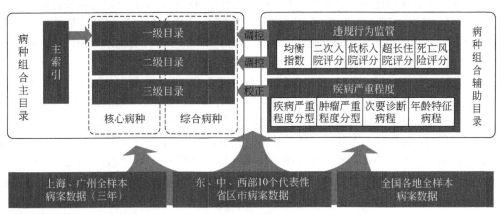

图6-2　DIP目录库总体框架

（2）数据基础。主要包括历史数据采集和实时数据两类。历史数据主要采集以下三类数据：①医院病案数据。收集试点地区一年以上、三年以内符合《病历书写基本规范》《医疗机构病历管理规定》《住院病案首页数据填写质量规范（暂行）》《住院病案首页数据质量管理与控制指标（2016版）》要求的病案首页数据。②医院疾病诊断与手术操作编码库。收集各医疗机构病案首页数据收集时段内的编码库版本，便于历史数据的编码转换，包括疾病诊断编码库、手术与操作编码库。③医疗费用结算数据。收集各医疗机构医疗服务项目收费等级，分为一级、二级和三级，收集符合医疗机构收费票据管理规定向患者出具的医疗费用收费票据数据及费用明细清单。

实时数据采集依据医保的结算要求，目前通过医院的各信息系统生成医保结算清单，实时上传。

（二）实施条件

（1）适应条件。DIP 主要适用于住院医疗费用结算（包括日间手术、医保门诊慢特病医疗费用结算），精神类、康复类及护理类等住院时间较长的病例不宜纳入 DIP 范围。DIP 的适应性及可扩展性可探索应用于普通门急诊付费标准的建立，也可以应用于医疗机构收费标准的改革。

（2）基本条件。DIP 的成功实施需要组织保障和技术支撑，主要包括质量要求、组织管理两个方面。质量要求主要表现为以下三个方面：①基础代码统一。ICD-10 和 ICD-9-CM-3 标准是医保结算统一和规范使用的疾病诊断和手术操作编码，DIP 以其为基础，通过大数据比对形成客观分类及组合。②结算清单质量控制。医保结算清单管理及质量控制符合《医疗保障基金结算清单填写规范（试行）》等有关要求，医保结算清单中常用的标量、称量等数据项应当符合医保、卫生行业等相关标准。③诊疗流程规范。基于国家所发布的疾病诊治、药品应用等指南和规范，实施医疗服务全程管理，坚持合理用药、合理检查。有条件的应用地区需进一步提高临床路径管理水平和实施效果，保障医疗质量与安全。

在组织管理方面，要成立国家 DIP 技术指导委员会和地区 DIP 管理委员会组织开展 DIP 标准制定、技术指导和监督评价工作，总体把握实施工作目标、路径规划、技术标准等。各委员会下设办公室、专家指导组、评审委员会。

# 第三节　DIP 支付方式应用

## 一、DIP 支付方式在医疗保险管理中应用

（1）医保基金管理的运用。从实践中看，DIP 先行先试地区的实施可以缓解或抑制医保基金收支赤字。一方面通过总额预付制降低基金风险，另一方面引入 DRGs 进行分组实现同病同治。因此，有人称 DIP 是中国原生态的 DRGs。换言之，DIP 是为医保基金管理而生的，为控制医疗费用不合理增长导致医保基金出险而设计的，也是医保基金管理的工具之一。

（2）异地结算管理应用。2012 年，国务院印发的《"十二五"期间深化医药卫生体制改革规划暨实施方案》提出，要"建立异地就医结算机制"。2016 年，颁布《基本医疗保险跨省异地就医住院医疗费用直接结算经办规程（试行）》，基本医疗保险异地就医住院费用直接结算地快速铺开，稳步破除利益藩篱，为医保改革找准了新的战略发力点。异地就医改革是否会带来外地患者的大量涌入？是否会增加患者的直接医疗费用负担与医保基金支付负担？这些问题尚存争议，也是当前业界、学界和政界关注的热点。在 DIP 试点后，DIP 不仅将对异地就医结算带来影响，而且将被广泛应用于其中。

（3）医疗服务价格调整。由于有结余留用的分担比例，当前医院药占比和耗材占比下降的情况下，主要填补的是检查比，而部分检验实际并非必需的，需要调整医疗服务价格以减少检查比。但是调整服务价格需要审慎，不宜过大，防止出现医疗机构根据新调整的服务价格认为自己亏损要求调整权重的情况。

## 二、DIP 支付方式在医院精细管理中应用

使用 DIP 支付方式医院不仅要从"创造收入"转变为"成本管控"，建立多维度的成本管控模式，最大限度地节能降耗，实现优势医疗资源的高效运行，而且要加强病案与信息管理，以及构建与 DIP 相关的谈判机制。主要表现为病案首页管理应用、医院绩效管理应用和医疗不合理费用监管应用等三个方面。

（1）病案首页管理应用。主要诊断不正确、其他诊断遗漏、主要操作不正确、其他操作遗漏等是当前病案首页管理中的常见问题。在 DIP 实施之前，临床医师对医保分值付费的认识不够，难以与病案编码员沟通。DIP 结算方法以主要诊断的 ICD-10 为参考标准，迫使医院必须加强病案首页管理，规范医疗信息上传，甚至建立病案首页专项质控体系。

（2）医院绩效管理应用。从绩效管理的主体来说，医院绩效管理分为医院内部绩效管理和第三方管理。在 DIP 支付方式实施之前形成的以"创造收入"为导向的医院绩效管理制度受到 DIP 支付方式改革的重大冲击。DIP 支付方式改革之后，医院为了考虑 DIP 支付盈亏，不得不根据既往医保每个临床科室的盈亏结果，综合考虑急危重患者、转科患者、政策因素等特殊费用问题制定一个合理的控费指标，建立超标扣罚、盈余奖励的机制，促进激励性医院医保 DIP 付费绩效考核方案的实施，有效控制医保费用的增长。

同病同价是实施 DIP 支付改革的主要目标。当医疗机构间出现合理医疗与过度医疗的差异时，产生的医疗成本或费用肯定会有高低之别。合理医疗、成本低的，不仅可以获得比实际成本相对多的分配，而且可以提高社会诚信度；反之，过度医疗、费用高的，只能获得比实际成本相对少的分配，还会导致社会诚信度下降。这种分配上的差异和诚信度的升降，体现了对合理医疗的激励与对过度医疗的约束。

综上所述，DIP 费用结算相关制度不仅融入医院内部的绩效管理，而且融入医院的第三方评价指标体系。由此可知，DIP 支付方式有助于医院绩效管理统一。

（3）医疗不合理费用监管应用。医疗不合理费用控制是医院与医保经办共同职责。构建医院内部监管机制和外部监管与谈判机制是它们履行职责的有效途径。在医院内部，DIP 付费亏盈牵涉到多个部门的管理，如医保办、药学部、医务科、质控科、病案室、物价组、耗材科等多部门。这些部门必须联动行动，共同督促临床科室减少不合理医疗费用的使用。与此同时，医疗机构必须接受政府相关部门监督，并与医保经办构建 DIP 支付的谈判机制，才能有效控制医疗费用不合理增长。

## 三、DIP 支付方式的完善

根据上述优点与缺陷，应该从以下几个方面优化 DIP 支付方式。

（1）扩大 DIP 的实施范围并加强监管。在推进 DIP 医保支付方式改革的同时，也要对医院的不良行为加强监管，建立完善的 DIP 事前、事中、事后监管考核体系。在事前，针对每一个监管考核指标，要构建数据分析模型，根据不同医疗机构、不同人员类型设定算法阈值和权重，保证评价的客观性和准确性。系统满足多个维度的横向对比分析。在事中，利用大数据提取病种特征，对综合偏离指数较大的可疑病例进行预警；基于定点医疗机构整体业务运行的纵向指标，如总分值、总费用及 CMI 的异常增长等，以及基于疾病治疗同一维度的横向指标，如均衡指数、低标入院率、二次入院率的显著偏离，对可疑机构进行预警。在事后注重反馈，搭建医院与医保沟通平台。

（2）制定向基层医疗卫生机构倾斜的各项卫生政策，优化医疗资源配置。基于 DIP 的付费规则，病情越重、越复杂、诊疗难度越大，则分值越高。公立医院需要根据功能定位推行分级诊疗，三级医院积极收治急危重症患者，将常见病、多发病、处于康复期的患者下转到基层医院，从而增加医院的结算收益，同时缓解大医院人满为患、小医院门可罗雀的现象。为此，有必要制定向基层医疗

卫生机构倾斜的各项卫生政策，优化医疗卫生资源配置结构。引导优质医疗卫生资源下沉的薪酬制度、补贴制度和购房优惠制度，加大卫生财政支持力度，大力发展"互联网+医疗"新业态，根据医疗卫生服务体系"补短板"的需要，增加基层医疗卫生机构的现代化医疗设备投入，建设医疗设备齐全、技术水平较高、规模适宜的医疗卫生机构。

（3）建立协作机制，保障数据真实、高效、高质量地传递。医生写的病案数据能否真实、客观地反映诊疗过程；病案科能否根据医生写的病案正确编码，完善病案首页，保证病案质量；医保科能否根据病案首页生成的医保结算清单完成编码与非编码的质控并正确上报、能否快速应对医保局反馈的分组异常数据等将变得非常重要。这一数据链条的每一个环节对最终的医保支付都将产生重要影响。

（4）建立"质量为先，成本管控"的新型绩效激励机制和科学的监管机制。要健全以医疗质量和医疗技术水平为牵引的奖励与约束机制，增加医保支付和成本管控的考核指标，加强对医护人员的价值观引导，突出"价值付费"的医保内涵。同时加强临床路径管理，依托临床路径完善标准化的诊疗流程，有效规范医疗服务行为、提高医疗服务质量、降低平均住院日；配套健全完整可靠的病种付费路径系统，进而降低不合理支出、提高医疗资源使用效益。有关部门应当制定更加科学的监管机制，并扩展医院的增收渠道。例如，监管部门应当将诊治标准扩大到医疗服务与护理服务的范围内，并将其视为诊治过程的重要环节。同时监管部门可为此类服务制定执行标准，并明确医护配比。当医院未达到相应标准的情况时，有关部门可对其进行对应的惩罚。通过这样的方式，患者的舒适感将得到保障。再有监管部门可开放医院接受公益性资助的窗口，通过这样的方式，医院的收入来源将得以扩展，而为了吸引外部资助，医院也将主动提升自身的服务质量。

1. DIP 的概念是什么？

2. DIP 具有哪些优点和不足？

3. 简述 DIP 的发展趋势。

（陈永成）

# 第七章　按床日支付方式

**内容提要**

　　按床日支付方式是按服务项目支付方式的主要形式，是一种常见的预付制方式，因其自身的独特优势在我国特殊疾病医保支付中广泛应用。本章介绍了按床日支付方式的概念及其发展历程；分析介绍了按床日支付方式的优势及缺陷和其支付标准的制定步骤，明确了按床日支付方式的关键点；介绍了按床日支付方式在国外、国内医疗保险费用支付中的实际应用。

## 第一节　概　　述

### 一、按床日支付方式的概念

　　按床日支付（per-diem payment）方式主要是指按住院床日付费，是预付制中按服务单元支付的主要方式之一。"服务单元"是指将医疗服务的全过程按照一个特定的标准分为若干个相同的部分，每一个部分即为一个服务单元，按床日支付方式中的一个床日即为一个服务单元。按床日支付就是指医疗保险机构根据测算事先制定某一种疾病的日均住院费用标准，在被保险人接受医疗服务供方的服务后，由医疗保险机构根据被保险人实际住院的总床日数支付医疗服务供方费用，具体公式如下：

$$每次住院支付总费用=日均住院费用标准\times住院天数$$

　　在实际应用中，更多见的是将疾病种类划分与日均床位支付相结合应用，即以住院床日为支付单元，在确定某些特定疾病或将住院疾病进行分类或分组的基础上，依据患者住院不同病程时段住院费用或资源消耗水平来确定不同时段每床日的费用支付标准以支付医疗费用。

　　依据按床日支付实施的病种范围可将其分为专科医院/科室的按床日支付方式与综合性医院的全病种按床日支付方式。一般而言，按床日支付方式主要适用于住院床日比较稳定的病种，对于病情变化剧烈、日均住院费用差别较大的病种适用程度较差，因此，多数地区都是践行的专科性按床日支付方式。按床日支付方式具有费用结算简单，主要由病人疾病诊断、医疗机构级别及住院天数决定医保支出的特点，有利于减少医疗保险机构的工作量，降低管理成本，同时有利于医疗机构提高工作效率，控制医疗资源不合理使用，降低医疗服务成本。但是，由于按床日付费的标准是固定的，也可能会出现医疗机构为了经济利益而延长患者住院时间以增加医疗收入等问题。

### 二、按床日支付方式的发展历程

　　按床日支付方式是按服务单元付费的主要形式之一，其改革发展历程也是在按服务项目支付方式改革过程中不断发展的。

　　（一）国外按床日支付方式的改革历程

　　按服务单元支付曾是欧洲国家的主要支付方式，如冰岛在 1977 年以前实行按照床日制度支付医疗服务费用，爱沙尼亚居家护理服务采用按床日与天数结合的付费方式，奥地利在 20 世纪 80 年代初实行住院服务的按床日一次性支付等。20 世纪 70 年代开始，在西方国家经济快速发展的社会背景之下，欧洲各国政府开始恢复并建设全民医保制度体系，重在提供平等可及的医疗服务，医疗支出不断增多，政府对医疗机构的财政投入成本较高，形成负担。单纯的按服务单元的支付方式已经难以有效维持医保基金的可持续运行与发展，随后，复合式的支付方式改革开始逐渐试点运行，按床日支付方式开始逐步作为一种补充付费方式应用于精神心理疾病、家庭保健和长期护理等特殊服务领域，如美国在 1997 年开始对家庭保健、资深护理等实行风险调整下的按日及床日付费；2005 年对精神疾病住院实行风险调整下的按床日付费。与此同时，结合 DRGs 的按床日付费综合支付方式逐渐应用，如日本开展的 DRGs 和住院日风险调整下的全病种按床日付费模式，主要是针对普通剂型的住院患者，涵盖了住院治疗或保健所需的基本服务，其按床日定额收费覆盖了床位、护理、实验室检查、药物等约 70% 的入院费用。

（二）我国按床日支付方式的改革历程

我国传统的支付方式以按服务项目支付较多，传统的按服务项目支付方式是一种典型的"量"与"价"双开放式模式，该模式在控制医疗总费用方面存在着明显的缺陷，按床日支付等按服务单元支付方式便是为克服这种缺陷而产生并发展起来的一种半开放、半封闭式的支付方式，其旨在有效控制医疗总费用的快速增长态势。按床日支付方式改革在遵循由单一的支付方式向复合支付方式改革发展的大趋势下，还表现出由适用于全病种疾病向特殊病种应用的特点。

**1. 适用于全病种的按床日支付方式改革经验**

我国按床日支付方式改革在全病种的探索整体上是历经了单一应用向复合支付方式改革的历程，其典型改革经验见于"两江"试点和新型农村合作医疗的早期实践之中。

（1）单一的按床日支付方式。1994 年，在"两江"医改试点的镇江，针对医疗费用快速增长的现实开始设计医疗保险费用支付方式改革方案，改革按服务项目收费的弊端，实行"定额结算，质量控制，结余归院，超支不补，超收上缴"的结算办法。其中，定额结算便是践行按服务单元支付方式，在住院医疗费用支付的具体操作中以 1993 年和 1994 年上半年公费、劳保医疗实际发生的住院病人平均床日费用作为住院定额结算标准，不同级别和类别的医院分别制定出不同的标准。这种住院按床日支付同时结合门急诊的按人次支付的付费方式改革曾取得了明显的成效，医疗费用过快增长的势头得到了遏制。但运行不久后，定额结算的弊端逐步显现，参保人员和定点医疗机构道德风险明显增加，参保人员过度消费，分解处方，重复挂号，"二次出院"等现象显现，按服务单元支付方式"只能控制单元费用个量、不能控制医疗费用总量"的缺陷显露无遗。

无独有偶，这种类似的现象在新农合实行全部病种的按床日付费支付方式改革中再次出现。如 2007 年云南禄丰的新农合中实施了覆盖该县全部病种的按床日付费，其主要做法是将所有住院病例分为急、危、重症病人，非急、危、重症病人，择期手术患者和儿科疾病患者四大类，并依据诊疗阶段或者护理疾病制定每日的收费标准，在改革初期达到了一定程度上控制医疗费用快速增长及提高医疗机构自我约束力的目的，为我国其他地区的医疗保险支付方式改革提供了很好的改革思路。但在实施不久之后，禄丰的按床日支付方式也暴露出了医保结算双重标准、疾病分类过粗及缺乏最高住院日标准等问题。单一的按服务单元支付方式似乎已经走到尽头，新的复合支付方式改革迫在眉睫。

（2）复合式的支付方式。在单一的支付方式运行不久之后，问题频现，医疗保险基金支出大幅增加，同时还存在推诿重症病人，降低服务质量的现象。例如，镇江在推行按床日支付方式两年后，市区定点医疗机构的出院人次比上年增长 14.94%，平均每出院人次费用比上年下降 20%，并远低于规定的结算标准；业务收入比上年增长 24.6%；参保病人医疗费用比上年增长 35.56%，统筹基金大幅度超支。随后尽管采取了提高个人自付比例、要求医院严格执行定点医院就诊制度、在定点医院设立专用卡审核等措施，但医疗费用大幅增长的势头并未得到有效遏制，按服务项目支付方式

"只能控制单元费用个量、不能控制医疗费用总量"的缺陷显露无遗，亟待改革。

1997 年开始，镇江调整了支付方式，实行"总量控制、定额结算、质量管理、定期考核"的结算办法。在这种新的结算办法中，核心内容便是"总量控制"与"按服务单元付费"的混合运用。在具体操作上，一是对年度内参保人员医疗费用实行"总量控制、超支不补"；二是在年初时对各家定点医疗机构建立年度医疗费用总量控制指标；三是在实行总量控制的前提下，医疗保险机构对定点医疗机构仍采用定额结算的方式；四是对服务质量等内容进行定期考核。在这种复合式的支付方式下，在"总量控制"的刚性要求作用下，医疗机构的工作量和业务收入增幅减缓，医疗保险费用过快增长的态势得到了控制，保证了医保基金的收支平衡。此外，按服务项目付费的提前预算、个案包干的特性，也起到了激励医务人员提高工作效率，降低服务单元的服务成本的作用，从而提升更多的收益空间。

"总量控制+按服务单元付费"方式改革推行以后，全国又有其他地区，如广州、深圳、上海、东莞等地也相继推行实施了这种复合式方式。复合式的支付方式相较单一的支付方式已经有很大的进步，但也显现出了一些问题：第一，虽然全市医疗保险基金实现了收支平衡，但部分定点医疗机构仍存在"超总控"的现象；第二，定点医疗机构为了控制医疗保险费用不超总控，不同程度地减少了对参保人员的服务内容，降低了服务质量，甚至出现推诿重病患者等现象，这些现象尤其是在年度后几个月里最为突出；第三，提高医疗质量、扩大服务功能、开展医疗新项目等需要增加的业务支出得不到相应补偿，影响医疗机构的积极性等。

**2. 适用于特殊病种的按床日支付方式改革经验**

我国不断践行医保支付方式改革，探索符合时代发展的付费方式，多地也开展了针对特殊疾病的按床日支付方式的探索，如 2006 年武汉开始对精神类疾病的住院结算实行按床日付费。2010 年我国青海、黑龙江的试点地区开始进行按疾病分组床日付费模式的改革实践，参考了传统按床日付费模式和一些成功的国际经验，针对按床日支付单一模式的运行问题，加入了按病种付费的理念，细化疾病的适当分组，结合床日费用递减的特点，以平均住院日为节点设计付费标准，同时配套设定医疗质量控制考核指标以更好地实现医保基金可持续运行与提高医疗质量的综合目标。而后，在推进新一轮医改实施的背景下，医疗保障体系作为四项支柱之一成为改革重点，将医保支付方式改革作为切入点以实现控制医疗费用的快速不合理增长、"以药补医"及提高医保基金使用效率三大改革难题。

医保支付方式改革关乎新医改成效，政府不断注重推进医保支付方式的试点改革。2012 年印发的《关于推进新型农村合作医疗支付方式改革工作的指导意见》中就明确提出了各地要开始"积极推进统筹区域内定点医疗机构和病种全覆盖的支付方式改革试点工作"。而后在全民医保改革实现进程中，医保支付方式作为改革的重点抓手，发挥有效的经济杠杆作用以推动和促进新医改的全民推行。在 2017 年《国务院办公厅关于进一步深化基本医疗保险支付方式改革的指导意见》（国办发〔2017〕55 号）中指出要全面推行以按病种付费为主的多元复合式医保支付方式，针对不同医疗服务特点，推进医保支付方式分类改革，鼓励各地完善按人头、按床日等多种付费方式。对于按床日付费部分，明确提出"对于精神病、安宁疗护、医疗康复等需要长期住院治疗且日均费用较稳定的疾病，可采取按床日付费的方式，同时加强对平均住院天数、日均费用以及治疗效果的考核评估"。

自此开始，各地不断探索针对特殊病种开展的按床日支付方式改革探索。2020 年的《中共中央国务院关于深化医疗保障制度改革的意见》（中发〔2020〕5 号）再次明确"推行以按病种付费为主的多元复合式医保支付方式，推广按疾病诊断相关分组付费，医疗康复、慢性精神疾病等长期住院按床日付费"。湘潭开展针对重度失能医疗康复患者的按床日定额付费的改革，以破解此类患者的"支付难、转院难、回归难"的现实问题。在具体实施过程中，首先是定点集中收治，在康复专科医院开设了康宁疗护病房并配备专业医护人员；其次明确收治指征，确立按床日费用结算失能病人的收治标准；最后是定额结算费用，对于完全失能病人按床日包干结算，对不能纳入医保结算的范畴进行另行结算，同时建立相应的保障监管措施确保实施。按床日支付方式作为推行多元复合式支付方式改革的手段之一，在医疗康复、慢性精神疾病等病种中不断尝试改革，是推进医疗保障和医药服务高质量协同发展，促进健康中国实现的重要手段。

## 第二节　按床日支付方式的特点

### 一、按床日支付方式的优势

按床日支付方式的优势有如下几点。

第一，按床日支付方式有助于医疗服务提供方降低服务成本，提高工作效率。由于按住院床日付费具有预算的性质，对医疗服务提供方来说，要想从医疗服务中获得收益，其每床日的医疗成本就必须低于医疗保险机构规定的费用支付标准，如果高于这一标准，医疗服务提供方就将处于亏损状态。也就是说，医疗服务提供方的收入和每床日提供服务的实际成本成反比。医疗服务提供方只有降低服务成本，提高工作效率，才能获得收益。

第二，按床日支付方式有助于降低医疗保险的管理成本。按床日标准支付医疗费用，由于支付标准单一固定，医疗保险机构无须对每例住院病例的服务账单进行逐项审核，减少了医疗保险机构在支付工作中的工作量，从而有利于降低医疗保险的管理成本。

第三，按床日支付方式有助于提高医疗机构的自我约束力。按床日支付方式可以减少医疗机构过度检查及过度医疗的问题，每次住院的医疗费用降低明显，医疗机构自我约束能力可能会提高。

### 二、按床日支付方式的缺陷

按床日支付方式的缺陷有如下几点。

第一，按床日支付方式有刺激医院延长患者住院时间的倾向，会造成医疗费用上涨，给医疗保险基金带来较重的支付压力。由于按住院床日支付医疗费用的标准是固定的，医疗服务供方出于自身的经济利益的考虑，可能会出现两种延长患者住院时间的情况：一方面是对于一些实际成本低于费用支付标准的患者，医疗服务提供方可能通过延长住院时间，以获得更多的收益；另一方面由于一般患者住院前期的花费较高，后期的花费往往较低，医疗服务提供方也可能通过延长后期住院的时间，以增加收益。

第二，按床日支付方式可能会产生医疗服务供方推诿病情较重的住院患者，引起医患矛盾。由于不同患者的病情往往存在较大的差异，而医疗费用的支付标准是相同的，这将会刺激医疗服务供方倾向于收治病情较轻的患者，而采用转院等方式尽可能地推诿病情较重的住院患者，引起医患矛盾，造成医患信任危机。

第三，按床日支付方式可能会影响医疗服务的质量和被保险人的利益。由于住院医疗费用的支付标准是固定的，医疗服务提供方也可能通过减少必要的服务而降低医疗成本，以致服务水平和服务质量难以保证。

### 三、按床日支付方式支付标准的制定步骤

按床日支付方式结合住院病种分类的全过程管理，其内涵应囊括定点医疗机构分类、住院病例分类、住院过程分段、设定分段费用标准、病人出院即时审核结报、医保监管机构与定点医疗机构按时自动审核结算、主动指标监测分析。按床日支付方式标准制定的整体设计思路为：首先，将特定住院疾病进行分组分类，依据历史住院数据测算基本的付费标准；其次，结合患者按照不同住院

时段、住院费用和资源消耗水平调整不同时段的每床日支付标准；再次，经过专家咨询和多方协商确定结算的方式及标准；最后，建立有效的配套监管考核措施。

（一）疾病分类及分组确定

按床日支付方式主要推行的有疾病分类床日支付方式和疾病分组床日支付方式两种类别，主要依据定点医疗机构的服务水平和管理能力差异、病种数来确定，若定点机构服务水平较低，病种数量单一且疑难程度一般，则选择疾病分类床日支付方式；若定点机构服务水平较高，病种相对复杂，疾病疑难程度较高，则选择疾病分组床日支付方式。我国当下推行按床日支付方式主要应用于精神病、安宁疗护和医疗康复三大类疾病，在按床日付费标准制定中主要对精神类疾病和医学康复进行多内容的疾病分类，安宁疗护则不再细化分组。

（二）基本付费标准测算

床日费用标准的确定，必须具备科学性、准确性和可行性，要统筹兼顾医疗与当地经济的发展，综合考量。通常要收集历史数据，剔除极值后，兼顾差异与统一的原则，结合当下的医疗费用增长、费用控制等目标进行测算，同时考虑医疗机构的级别、服务能力差异确定付费标准建立不同类别疾病的付费标准。此外，具体日均费用分摊测算过程中可在平均住院日前后设置不同支付系数权重值，来确保费用标准制定得科学合理。

（三）住院时间分段调整

在政策指导下的三类疾病之中，依照不同的疾病类型设定差异化的住院时间分段，并注重随着医学科学技术及社会经济发展进行动态调整。安宁疗护在整个周期中往往没有过多的治疗活动，每日费用稳定可不分段。精神类疾病可按照不同的轻型、重型诊断差别设计不同的入院前期、入院稳定治疗期、入院监护期的付费标准。医疗康复可设计为三阶段：第一阶段是入院初期，因检查产生的费用相对集中，可适当提高支付标准或不纳入按床日付费，采用其他支付方式；第二阶段设定稳定的住院床日支付标准；第三阶段转入社区使用较低的支付标准。

（四）支付方式的结算管理

我国目前的按床日支付方式的结算管理主要分为双定额和单定额两种。双定额为基金和患者都采取定额支付的方式与医疗机构进行结算；单定额为医保经办部门与医疗机构进行定额结算，而患者采取按项目付费的方式，在不加重患者负担的前提下，可根据地区实际情况设置。对于按床日支付方式的结算管理建议采取年初制定总体预算、按月拨付、按季度核算、年终清算的方式管理，但与此同时，由于慢性精神病和医学康复的复杂性，治疗过程中可能会伴随其他疾病的发生，进而需要对特殊案例采取弹性处置，如采用按服务项目支付方式进行支付以防止出现推诿重症患者的现象。

（五）监管与评价

为保证按床日支付方式改革的可持续运行，在确定合理标准的基础上还应建立有效的监督考核评价机制。强化医保对医疗行为的监管，将监管重点从医疗费用控制转向医疗费用和医疗质量双控制，将考核结果与医疗机构及医生绩效挂钩。监管考核的内容上应包含组织管理与制度建设、医疗服务质量、医疗服务行为、费用控制，以及患者满意度五个维度。要充分利用智能化的监管手段加以辅助。

## 四、按床日支付方式的关键点

当下按床日支付方式多应用在特定的疾病中，由于其涉及疾病的特殊性，必然存在与其他保障制度体系及支付方式复合应用的交叉地带，在实施该支付方式时，为能有效克服缺陷，充分发挥优势，需要把握好以下几个关键点。

（一）确立合理的床日支付标准

首先，在按床日付费的付费起点和终点标准设定上应依照特定疾病类型酌情设定。在按床日付费的起点设置上，如康复医疗，对于治疗后康复阶段的付费由其他付费方式到按床日支付方式的过渡标准的界定需要由临床医生综合评估确定。同样在按床日付费的终点设定上，因康复医疗涉及的合并症、并发症及体质差异等原因，康复功能恢复目标也存在差异，很多患者实际发生的医疗费用偏离一般的按床日付费标准。其次，由于按床日支付方式多涉及需长期住院的病种，易形成"进来容易，出去难"的问题，确立科学合理的住院时长、界定不同状态的结束时间也是按床日支付方式有效运行的关键。因此，针对特殊类疾病的按床日付费标准，应在"以收定支、收支平衡"的原则基础上，综合临床医生的评估治疗建议构建动态调整的标准体系，同时加强医保经办机构的管控措施。

（二）合理设计与其他支付方式的衔接及复合使用

按床日支付方式属于半开放、半封闭的预付型支付方式，虽然有次均费用控制的优势但也并不能有效地实现医疗费用的总量控制。因此在现实实践中，便是多与其他支付方式的复合应用，其中以"总量控制"与"总额预算"最为常见，如在康复医疗中，治疗期与康复期的诊疗项目与费用差距往往较大，不同医疗机构类型及疾病类型的付费标准与支付方式则应注重做好衔接与复合应用，以实现控制次均医疗费用过快增长、促进医疗保险基金的可持续性稳定发展的目标。

（三）构建合理的考核及结算指标

任何的医保支付方式运行都需要建立一套考核指标体系来规范医疗机构的行为，调动医院管理的积极性，强化医疗机构的自我管理。按床日支付方式容易滋生"分解处方""多次住院"，为防止超出"总量"而产生的减少医疗服务量推诿病人等违规现象发生，为防止医疗机构的过度服务或质量偏差等行为，采用"出院人次""出院人头人次比""平均每出院人次费用"等考核指标进行综合评价，适当依据年初制定的"总量"基础上实行年终的"弹性结算"，并依据各医疗机构的完成情况进行严格考核，视不同情况给予相应的奖惩。

# 第三节　按床日支付方式的应用

## 一、按床日支付方式在国外的应用

（一）按床日支付方式在日本的应用

日本的医疗保险支付理论是以价值为基础，根据医疗资源消耗制定不同的购买价格。为实现这一目的，首先日本政府规定医疗服务要标准化，对医疗技术进行合理评价。支付方面，采用 DPC/PDPS（diagnosis procedure combination/per-diem payment system）和按服务项目支付方式等混合方式。DPC/PDPS 制度，是一种针对急性期住院患者，根据疾病诊断进行分类的定额收费制度。与 DRG-PPS 不同，日本的 DPC 采用 DRG 疾病诊断分类，但支付方式并不是按一次住院平均费用支付，而是按照住院床日来进行支付，且仅适用于疾病急性期医疗服务支付。

**1. 医疗费用与 DPC/PDPS**

日本的医疗保险支付内容由两部分构成，分别是对医院费用（hospital fee）和对医生费用（doctor fee）。按床日支付是对医院费用的支付方式，也就是 DPC 支付方式，这里我们重点讨论对医院费用 DPC/PDPS 的内容与方法。

（1）医疗费用构成。医疗费用由基本诊疗费用和特殊诊疗费用（特殊医用材料）构成。基本诊疗费用指的是患者初次就诊或再次就诊入院后发生的基本诊疗行为，给予定额、包干支付；特殊诊疗费用是指无法用包干支付的方式支付的诊疗服务行为。用点数的高低来评价服务的费用。①基本诊疗费用包括初诊、再入院费用（初次就诊和再次就诊的门槛费）。入院基本诊疗费用包括入院时基本的医学管理、护理、病房环境等综合管理费用，分为一般检查处置费用、病房种类点数、护士人员配置点数、平均住院日等。此外，康复病房的入院基本费用，在上述基本费用的基础上还要加上检查、投药、注射、简单处置等费用。入院基本费用的加算费用包括人员配置、特殊诊疗、医疗机构功能分类的管理费用等。特定入院费用包括集中治疗、恢复期康复、亚急性期入院医疗等特殊病房或病床收住患者时给予的补偿（点数）。②特殊诊疗费用包括医学管理费用指特殊疾病的诊疗，具有与其他医疗机构协作功能的医疗机构（分级诊疗、医养结合等）提供诊疗服务时给予的点数。例如，慢病患者生活行为管理费用，包括服药、运动、休养、营养、吸烟饮酒等综合管理。家庭医疗费用指家庭医生上门服务以及医学管理等补偿。此外医疗费用还包括检查费、化验费、投药费、注射费、康复费、处置费、手术费、麻醉费、放射治疗、病理诊断、精神科专门疗法等。

（2）医疗费用支付。医疗费用分析三要素：件数（每月请求支付的例数）、床日数、点数（1 点 10 日元）。

$$平均医疗费＝就诊率×次均就诊日数×日均医疗费$$

$$包干支付点数＝DPC 日均点数（基础报销点数×诊断群系数）×医院系数×住院日数$$
$$＋按项目付费点数$$

按项目付费点数：住院基本费用加算部分（不包括医学管理费）、指导管理、康复、精神科专业疗法、手术、麻醉、放射线治疗、病理诊断、病理学检查判断、内窥镜检查、诊断穿刺/活检、动脉造影心导管介入等，单价在 1000 点以上的医疗处置。

医院系数：住院基本费用加算部分（医学管理加算、临床实习医院入院加算等）系数，调整系数。

**2. 按床日支付应用设计**

根据疾病分类计算出每种疾病的总支付额度后，根据住院床日的不同，日本将急性期住院分为了三个支付额度。

$$医院费用支付＝按 DPC 分类的每日支付额度×住院日数×医院系数$$

其中，每天的支付额度如图 7-1 所示，分三个阶段递减。以平均住院日为基础支付标准，第一阶段（从住院到 25% 的期间）日均支付额度是第二阶段的 115%，第三阶段为第二阶段的 85% 或以下，第三期结束后变为按服务项目付费。DPC 中大部分分类适用这种递减方式，但是对于住院初期的医疗资源投入量特别多的 267 种分类来说，第一阶段的点数比标准案例更高一点；初期投入量较少的 195 种分类的递减率为 10%。

日本认为，美国的 DRG-PPS 支付模式过于粗糙，调整系数 $R^2$ 难以完全反映出疾病实际费用的差异，因此应该建立更加符合实际费用的支付模式，这也是日本 DPC 支付采用按床日分阶段支付的主要依据。

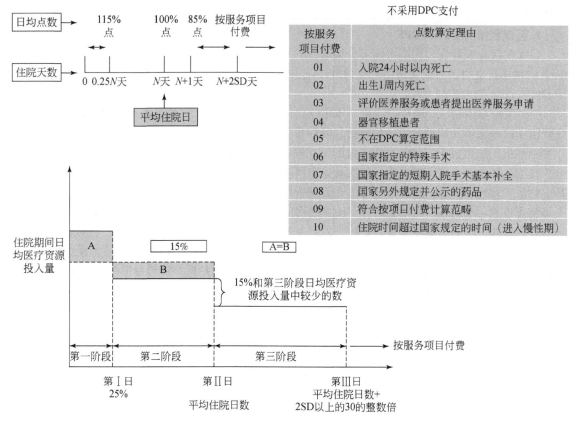

图 7-1　DPC 住院天数与支付点数

### （二）按床日支付方式在美国安宁疗护服务中的应用

安宁疗护是指对处在疾病终末期或老年的患者及其家庭在患者临终前提供身体、心理、精神等方面的照料和人文关怀等服务，旨在控制痛苦和不适症状，提高生命质量。美国在 1974 年建立了首家临终关怀医院，是开展安宁疗护较早的国家之一。

**1. 美国安宁疗护服务**

目前美国的安宁疗护服务不断发展，据美国联邦医疗保障中心统计，截止到 2017 年，美国国内注册的具有开展安宁疗护服务的机构达到 4488 家。美国安宁疗护服务提供的主体以注册机构派出的安宁疗护专业医疗团队为主。依照服务方式、地点和强度不同将安宁疗护服务分为四类：①常规居家照护：医护团队上门服务，占比最多的一种；②连续居家照护：通常是提供 8～24 小时的上门服务，主要是在患者家中处理短期危重症状；③入院暂息服务：在基层医疗机构为患者提供最多 5 天的照护服务；④常规住院治疗：在病症无法控制时的入院短期治疗。除此之外，还有各州针对自身实际情况而制定的特色服务项目等。

不同的支付主体下，美国安宁疗护服务的主要对象有所差异。由 Medicare 支付的主要是 65 岁以上的老年人等特殊人群，其认可的服务对象需要满足一定的基本条件：患者必须是 Medicare 中住院保险（Part A）中的参与者，要有专业的医生认定预期寿命不足 6 个月，同时患者须签署放弃 Medicare 享有的治愈性医疗服务措施的协议。由 Medicaid 和州政府共同出资管理的服务对象主要是低收入人群，同时也是要求患者须自愿放弃治愈性手段并由专业医师提供证明。

**2. 按床日支付设计应用**

美国的安宁疗护服务践行的是按床日支付方式，费用从公共医保基金中支出，患者基本无须自付，针对具体服务分设具体支付标准，偿付费用的设计是依据四类不同的基础费率结合不同地域人员的工资指数进行调整。常规居家照护为分段式计费，前 60 天偿付金额较高，61 天以后相对较低，从 2019 年度公开数据看相差 42 美元，结合当年工资指数在总支付金额中占比为 69%；此外，在患者生命的最后 7 天要额外支付护士和社工的护理费用。连续居家照护采用按小时计费，一般费用在每小时 40 美元左右，工资指数占比也为 69%。入院暂息服务和常规住院治疗的工资指数在总支付金额中占比为 54% 和 64%，结合两种服务的基础费率而确定相应的支付标准。此外，为保证服务质量，还设有相应的质量评价体系。

# 二、按床日支付方式在国内的应用

自"两江"试点中的镇江最早在 1995 年实施按床日支付方式之后，国内已有许多地区也先后实施了该支付方式，从全病种到特殊病种的应用不断出现。

## （一）云南省禄丰县按床日付费实践应用

**1. 县域概况**

禄丰县是云南省楚雄彝族自治州的下辖县，2019 年末，禄丰县总面积 3536 平方公里，禄丰县辖 3 乡 11 镇，常住人口 43.39 万人，出生率 10.95‰，死亡率 5.93‰，自然增长率 5.02‰，是久负盛名的"恐龙之乡、化石之仓、工业重镇"。禄丰县作为全国第一批新型农村合作医疗综合试点县（市、区），于 2003 年正式启动实施新农合。在实施过程中，对定点医疗机构住院医疗费用的结算办法上，在经历了按服务项目付费和按病种付费后，于 2007 年 8 月开始实施按住院床日付费制度，取得了较好的效果。

**2. 按住院床日付费制度应用**

2007 年 8 月，禄丰县开始对单病种以外的其他疾病实行按住院床日付费。①通过对 2006 年不同医疗机构病历的抽查，其中县级医疗机构抽取 30%、乡镇卫生院抽取 50% 的病历，统计出不同机构的次均住院费用、住院天数和每床日费用水平。②根据疾病特征、费用水平及专家意见，把住院疾病分为危急重症病人、非危急重症病人、择期手术病人和儿科病人四类。③根据不同医疗机构的服务能力和费用水平，将医疗机构进行分级。④根据《综合医院分级护理指导原则》标准的护理等级对危急重症病人进行分段，根据专家意见对手术病人按术前、术中和术后分段，根据专家意见将其他疾病按住院天数分段。⑤根据诊疗项目和收费标准，由专家界定各级护理级别的平均费用。同时，专家审核病例，判断不合理诊疗项目，并确定不合理费用比例，确定不同医院费用标准。⑥通过与专家和医疗机构讨论，补充完善并最终确定出费用标准方案。

禄丰县的按床日支付方式实施运行后取得了一定成效，并在 2008 年 1 月将按床日支付方式扩展到所有病种。一方面，按床日支付方式的实施后，禄丰县的医疗机构通过增加病人数量和尽可能缩短住院床日、提高病床使用率和周转次数来实现收入增长，促使医疗机构自我约束机制的形成；另一方面，按床日支付方式操作简单，降低了管理成本，监管部门与医疗机构的矛盾明显减少；此外，对于参保农民，因按床日支付方式没有报销目录的限制，将所有的住院费用纳入补偿范围，实际补偿比提高，参保农民满意度较高。

## （二）黑龙江省甘南县按床日支付方式实践应用

**1. 县域概况**

甘南县隶属于黑龙江省齐齐哈尔市，全县辖区面积 4791 平方公里，其中县属 3559.4 平方公里。

境内有 5 镇 5 乡 2 个国营农场, 95 个行政村, 有耕地 450.67 万亩, 总人口 36.8 万人。甘南县在 2010 年借助"卫十一项目"开展了住院支付方式改革, 在实施过程中经历了以床日付费为主、单病种为补充的支付方式, 最终探索形成单病按床日支付方式。

**2. 按床日付费制度应用**

甘南县在 2006~2007 年间实施按病种定额补偿的方式对患者进行补偿, 病种曾达到 80 种但仍不能起到有效控制医疗费用上涨, 规范医疗的作用。而后在 2008~2010 年实行按服务项目付费, 同样造成了医疗费用不合理增长, 参保农民满意度降低等问题。甘南县 2010 年开始建立按床日支付方式, 其改革过程及做法是: ①依据医院级别各科室疾病病情的严重程度和治疗进展将疾病进行分类和分段, 严格测算得出各类疾病各时间段的付费标准, 医保依照实际住院天数的规定付费标准和补偿比进行结算; ②第二年, 将费用稳定的疾病和离散程度较大的疾病单独列出实施单病种付费, 其余的仍按床日付费, 演变为床日付费为主、单病种为补充的支付方式; ③结合临床路径对每种疾病进行测算, 以历史数据作为支撑, 抽取县级医疗机构和乡镇卫生院病例分析进行精密的测算, 调整标准, 实施单病种床日支付方式。同时, 严格监管、定期考核, 从新农合管理、医疗行为规范、费用控制效果、医疗质量和病人满意度五方面进行每季度考核, 并将其纳入基层医疗机构的绩效考核之中, 挂钩绩效工资的发放。

甘南县的单病种床日支付方式实施后, 取得了一定效果, 住院补偿比逐年提高, 2012 年县域内政策补偿比为 75.8%; 住院次均费用明显下降, 大型仪器设备的使用规范、用药数量及输液率明显下降、抗生素和激素使用率下降等医疗行为规范性增强, 降低了管理成本, 助推临床路径的开展, 有利于因病施治。

**(三) 湖北省武汉市新农合重性精神病按床日支付方式实践应用**

**1. 市域概况**

武汉市位于湖北省东部, 全市总面积 8569.15 平方公里, 建成区面积 812.39 平方公里。武汉市辖 13 个行政区及 6 个功能区, 区下辖 156 个街道办事处、1 个镇、3 个乡。2019 年末常住人口 1121.20 万人, 户籍总人口为 906.40 万人。武汉市于 2013 年在全市推行新农合支付方式改革, 其中在精神专科医院深入推进重性精神病人的按床日付费方式改革, 取得了一定成效。

**2. 重性精神病按床日付费制度应用**

精神专科医院对于重性精神病患者的支付方式具体做法如下: ①参合农民住院后的费用仍实行依照新农合政策核算的按项目支付方式, 实行即时结报、网上直补的形式; ②各县 (市、区) 的床日核算标准为依照每季度该县 (市、区) 已出院的参合重性精神病患者、实际住院总天数, 按照三级医院每床日 180 元, 二级医院每床日 120 元, 人均住院床日限定在 60 天内, 计算该县 (市、区) 病人的医疗总费用, 乘以该季度新农合实际补偿比; ③重性精神病患者住院治疗时使用药品报销不受新农合药品报销目录的限制, 同时要求新农合的实际补偿比不得低于 50%; ④参合精神病患者支付费用个人只需要支付自付费用部分, 新农合报销费用由医院垫付, 核算标准后, 新农合经办机构再向医院进行支付, 超出的部分由医院自行承担。

在重性精神病患者的住院过程中采用按床日支付方式取得了一定成效。2013~2015 年研究数据显示, 新农合重性精神病人例均医疗费用较改革前 (2010~2012 年) 下降了 1178.44 元, 降幅达到 10.45%; 新农合实际补偿比上升了 7.8%; 新农合重性精神病患者平均住院日下降了 7 天, 降幅 12.07%; 患者自付费用下降了 846.48 元, 降幅 16.31%。由此可见, 重性精神病作为临床路径清晰、诊疗流程相对单一的特殊性疾病, 其患者的每日住院费用相对平均, 适合推行按床日付费的支付方式。在 2020 年《中共中央 国务院关于深化医疗保障制度改革的意见》中也明确提出了推行"医疗康复、慢性精神疾病等长期住院按床日付费", 为精神类疾病的按床日付费的支付方式实施提供了支持，各地也开始了特殊疾病按床日付费试点的不断探索。

1. 按床日支付方式的概念是什么？

2. 按床日支付方式存在哪些优势？哪些缺陷？

3. 实施按床日支付方式时需要把握好哪些关键点？

4. 按床日支付方式在医疗康复、慢性精神疾病的实际应用中有哪些可借鉴之处？

（张 莹 丁 玎）

# 第八章 点数法支付方式

内 容 提 要

　　点数法支付方式是一种新兴的医保支付方式，在国内外医保实践中有越来越广泛的应用。本章主要介绍点数法支付方式的概念和运行机制，分析了点数法支付方式的优势和缺陷；介绍了国内外点数法支付方式的应用实践，并比较分析了国内外应用的不同，对进一步发展我国点数法支付方式提出合理建议。

　　随着医疗保障制度改革不断深入，医保支付方式的重要作用不断凸显，它不仅关系到国家的负担能力和人民的幸福指数，影响卫生服务的效率和公平，还对优化医疗资源配置、提高医疗服务质量等起到导向作用，直接影响医院的经济利益和医疗行为。目前，医保支付方式主要有按服务项目支付方式、总额预算支付方式、DIP 支付方式、按人头支付方式、点数法支付方式等，各有利弊。本章主要介绍点数法支付方式原理、国内外发展的实践和未来的发展趋势。

## 第一节 概　　述

### 一、点数法支付方式概念

　　点数法支付方式的名称来源于日本，后期在卫生部门的大力推动下，点数法开始广泛推行于英国、德国等国家的医保支付方式改革，并逐渐走向国际化。点数法支付方式又称总额控制下的 DIP，它将项目、病种、床日等各种医疗服务的价值以一定点数体现，每个医保年度末根据各医疗机构所提供服务的总点数以及地区医保基金支出预算指标，得出每个点的实际价值，按照各医疗机构实际点数付费。点数法总额控制不同于在年初将医保基金预算额度分配到每家医疗机构的做法，而是提出本地区层面总的医保基金预算控制。医疗机构最终获得的医保费用支付在提供服务的过程中并不确定，而是与每家医疗机构疾病治疗的数量和难易程度相关，也与所有医疗机构疾病治疗的总数量和难易程度有关。国外研究显示，一方面点数法使医疗保险市场竞争性增强，医保支付准确性增强；另一方面，它使医疗服务市场中不同地区医师的收入得以平衡，进一步提高分配的公平性并避免医师的风险选择。

### 二、点数法支付方式的运行机制

　　点数法支付方式的核心理念在于：政府通过加强对于卫生领域的干预，通过预算管理体系和医疗服务相对价值体系调控医疗保险市场和医疗服务市场，希望以此增强医疗服务机构之间的竞争以提高效率，并最终达到控制医疗费用、维持医疗保险基金的可持续性的效果。简言之，就是政府为各市场主体设定好竞争的规则，然后让市场在这个规则下运行，并对可能出现的问题加以观测和调控，所以，点数法的政策设计体现了政府干预理念和市场竞争理念的相互平衡。

　　（一）政府干预理念

　　提高医疗保障待遇、抵御疾病风险是政府的主要民生工作之一，但是出于控费的需要，政府在不断加强对卫生领域的管理与控制，国家加强医疗保险支付方式改革、完善医疗保险制度就是这一理念的集中体现。政府干预理念在点数法支付方式中体现为：首先，促进医保基金预算分配相对公平，点数法支付方式依据医疗机构等级系数来确定病种在不同级别医疗机构结算时的点数值，一定程度上解决了原来医保基金分配不合理的问题，保证了医保基金预算分配的相对公平性；其次，提升医保资金使用效率，点数法模糊了医疗机构收入与病种费用之间的关系，按病种分值来计算每家医疗机构最终获得的医保基金支付额度，将统筹区域内所有医疗机构的利益连在一起，医疗机构彼此之间相互监督，形成竞争与合作关系，极大提升了医保基金的使用效率；最后，点数法的点数变动调整使得基金风险可控，点值和点数的变动调整使得医保机构可以更好地防控医保基金风险，制约了医疗机构的过度医疗行为。

（二）市场竞争理念

点数法支付方式在加强医保基金分配干预的同时，也建立了以市场竞争为导向的激励机制，通过对病种点数和点值的设计营造竞争环境的政策工具。点数法支付方式中的点值是根据各医疗机构所提供服务的总点数，基于统筹地区医保基金支出预算指标，综合测算得出的每个点的实际价值，各个医院结合服务量乘以点值就是医院最终的医保收入，根据区域全部医疗项目、病种、床日等，进行点数设计，总点数与医保基金相对应；另外，点数法的点值设计还与医院的药占比、耗材比、次均费用、满意度、人头人次比、平均住院日、CMI、自费率等指标相结合。因此，点数法支付方式设计要求医院加强成本控制，同样的点数和点值，由于医院的成本过高，医院就可能亏本，即医保基金是按病种的平均医疗成本来支付费用的，过度医疗服务所产生的不合理费用则要由医疗机构来承担，所以，点数法支付方式会倒逼医院转向以"内涵质量效益型成本管控"为主的新绩效模式，促使医疗机构一方面提高服务质量和效率吸引参保人，另一方面提高管理和运行效率以降低成本，以获得更好的效益与发展。另外，点数法支付方式下，统筹地区内的医疗机构之间形成竞争关系，在日常业务行为中彼此监督，主要表现为彼此监督医疗诊断是否准确、是否降低标准入院、是否高套分值、是否符合临床诊治原则等，这样有利于形成相对公平的医疗市场竞争环境。

## 三、点数法支付方式的特点

点数法支付方式将医疗服务补偿与医保直接支付相剥离，医疗服务补偿在一定预算总额下，由医疗服务的点数及价值来决定。作为复合型医保支付方式之一，它在控制医疗保险不合理费用、促进医疗机构之间的竞争优势明显，但是也会在限制医疗机构采用新技术、新设备方面产生不利影响。

（一）点数法支付方式的优势

首先，点数法支付方式可以更好地控制医疗费用，产生制约过度医疗的效果。在点数法支付方式制度设计中，在总额控制的前提下，医疗机构提供医疗服务的点数总量和价值处于变动中，如果医疗服务提供方忽视点数因素，提供过量医疗服务的话，所获得的点数将增加，但同时点数的价值随着点数的增加而降低，最终医疗服务方将会发现所提供的医疗服务得不偿失，因此，会对其提供的过度医疗服务持谨慎态度。

其次，点数法支付方式可以促进医疗机构之间竞争，从而为患者提供更优质的医疗服务。点数法支付方式针对统筹区域的医疗服务提供方，使得医疗服务提供方成为更为紧密的"命运共同体"，医疗机构相互竞争，通过"内部人"的身份对点数和分值所涉及的医疗服务的临床路径、技术难度、诊疗理念、药品和器械使用等医疗信息进行监督，形成良性竞争发展环境。

最后，点数法支付方式可以促进分级诊疗。在点数法综合支付方式制度设计时，加强对基层卫生机构支付倾斜，从而促进基层卫生机构不断改善医疗服务态度、提高医疗服务质量，进而吸引更多的患者到基层医疗机构就诊，达到分级诊疗的目的。

（二）点数法支付方式的缺陷

点数法支付方式在实践中存在的不足主要有以下几点。一是限制医疗新技术的应用，点数法作为总额预付的一个种类，增强了医保战略购买能力，但却限制了医疗服务供方采用新医疗技术、设备的积极性，存在对医疗新技术的发展应用的限制隐患。二是点数法支付方式将经济风险从医保方转移至医疗服务提供方，医疗服务提供方在信息不对称情况下容易产生道德风险问题，有些医疗机构为了控制费用会减少必要的医疗服务和药品，有些医疗机构虽然接受患者，也做出第一诊断，但以不能治疗为由让患者出院，出现推诿病人现象。

# 第二节　国外点数法支付方式应用实践

点数法支付方式在欧美国家得到广泛应用，其中德国点数法支付方式最为成熟，本节以德国为例，介绍点数法在国外的应用实践。1883 年，德国颁布了《疾病保险法》，最早在国家层面上确立了社会医疗保险制度，被称为俾斯麦模式，社会治理是法定医疗保险治理体系的核心要素之一。1977年，德国颁布了《医疗保险费用控制法案》，标志着德国医疗保险费用控制时代的开始。为控制不断增长的医疗费用并保持医保基金的可持续性，德国逐步引入了预算约束机制并加强了医疗领域的竞争。尽管社会治理依然是医保治理的主要形式，但是政府的集权在不断加强，社会治理这一核心要素不断被削弱，形成了政府主导下的市场竞争新范式。德国点数法就是这一新范式的典型表征。

## 一、德国点数法的发展演变

德国的点数法的设计理念与我国计划经济时期的"工分制"颇为相似，但是具体设计却更为精细和复杂。医疗服务提供方获得的医保支付总额等于其提供的医疗服务总点数与点数价值的乘积，这里有两个变量：一是医疗服务总点数。二是点数价值。它们对应两个体系：一是医疗服务相对价值体系，即每项医疗服务或诊疗项目的相对点数数量，医疗服务提供方提供的医疗服务或诊断项目的点数之和即为其提供的医疗服务总点数。二是医保基金预算管理体系，若点数的价值是固定的，即为"固定点值"，医保基金预算总额即是可用于点值分配的资金总量；若点数的价值是浮动的，即"浮动点值"，点数价值=医保基金预算总额/医疗服务总点数，点数的价值由医保基金预算总额和医疗服务总点数决定。

德国的点数法经历了从"浮动点值"到"固定点值"，从无预算约束到引入预算约束并形成了较为成熟的基金预算管理体系的发展历程，主要针对的是德国全科医师和专科医师提供门诊服务。20 世纪 60 年代，德国对于门诊医师采取传统的按项目支付的方式。1977 年，德国颁布了《医疗保险费用控制法案》，规定了每项医疗服务的相对价值点数，即为"统一价值目录"，并在全国各州统一使用，统一价值目录的制定标志着德国点数法的初步形成。从本质上而言，统一价值目录是德国法定医疗保险的报销目录。

初步建立的点数法采用"浮动点值"：各州疾病基金协会和医师协会在往年医疗费用总额的基础上协商确定用于点数支付的费用总额，每点价值采用回溯性计价的方式，由预算总额除以点数总量得到。随着服务量的增多，点数价值下降，因此医师陷入"零和博弈"，无论其他医师作何选择，他的最优策略都是尽可能扩大自己的服务量，具体体现即是从 1992 年开始点数价值不断下降，在1995 年和 1996 年点数价值下降尤为明显。

为了阻止点数价值的进一步下降，德国引入单个医师预算上限的方式来限制医师提供的医疗服务数量，计算的依据主要是往年医师提供的医疗服务的数量。1998 年，德国引入了单个医师"医保支付预算"，限定了医师在一个季度内所能提供的最大点数数量，超过限定数额的医疗服务将以一个较低的价格支付或者不予支付。从 1997 年开始，点数的价值不再下降，这次改革成功稳定了点数价值。2003 年，德国联邦宪法法院裁定"医保支付预算"不合理因而将其废除，2004 年重新引入了单个医师的标准服务总额，限定医师提供医疗服务的预算上限。

预算上限的引入使得德国点数法的基金预算管理体系逐步建立，从"浮动点值"到"固定点值"则是医疗服务价值体系一个极为根本的转变。根据 2007 年出台的《法定医疗保险加强竞争法案》，在医保基金的预算上限内，在统一价值目录中列示的医疗服务项目不再以"浮动点值"的方式进行支付，而是每点以固定欧元价值支付，在限额之外的医疗服务项目打折支付。"固定点值"的推定，改变了过去"浮动点值"下由于医师更倾向于在点数价值高的地区工作而对医疗资源配置的负面影响。

同时，根据《法定医疗保险加强竞争法案》，德国建立起"全国卫生基金"，将医保基金的统筹层次从各州上升到全国，形成了由"全国卫生基金—地区疾病基金协会—地区医师协会—法定医疗保险医师组—法定医疗保险医师"构成的基金预算管理体系，标志着德国点数法的日益成熟。此后的改革都是在这个基础上进一步完善、调整与细化。

## 二、德国点数法的两个体系

德国医保的点数法的基本政策框架由医保基金预算管理体系和医疗服务相对价值体系两个部分构成。医保基金预算管理体系明确了可用于点数分配的医保基金，主要涉及的治理主体是联邦疾病基金协会和联邦医师协会，由它们共同探讨联邦层面医疗费用集体合同，协商谈判医疗费用并制定统一价值目录，而医疗服务相对价值体系则说明如何利用统一价值目录向医师支付医疗费用，主要涉及的治理主体是地区疾病基金协会和地区医师协会，地区医师协会是医师利益的代表，代表德国法定医疗保险医师与疾病基金协会签订合同，获得疾病基金协会的医保支付同时也支付给单个法定医疗保险医师。

### （一）医保基金预算管理体系

医保基金预算管理体系是德国点数法的核心体系之一，也是最重要的一部分，包括全国层面的预算管理和三层预算分配体系。全国层面的医保基金预算由全国卫生基金负责管理和分配，具体的三层预算分配体系：第一层是指从全国卫生基金到地区疾病基金协会的预算分配；第二层是指从地区疾病基金协会到地区医师协会的预算分配；第三层是从地区医师协会到法定医疗保险医师的预算分配。

**1. 全国层面的预算管理**

全国层面的预算管理主要由全国卫生基金负责分配，全国卫生基金由联邦卫生部负责运行。德国的医保采用的是"基于收入的支付政策"，每年根据筹集的医保基金制订下一年的支付计划。在全国卫生基金建立初期，其必须负责 100%的医保费用，后来则必须负责所有疾病基金协会医保费用的 95%。

**2. 第一层预算分配：全国卫生基金到地区疾病基金协会的预算分配**

全国卫生基金将医保基金分配给各州疾病基金协会，用于覆盖疾病基金协会的基本医疗费用支付和运营的行政费用支出，并设定了风险结构平衡机制，将经过风险隐私（目前包括年龄、性别、失能情况和 80 种慢病的疾病状态指标）调整的人头费按月支付给疾病基金协会。经过风险调整的人头费主要由两部分构成：一是根据往年各州医疗费用使用情况和超支情况确定的医保费用总额，这部分是根据历年的费用数据事先确定的；二是加上或减去按照风险结构平衡机制计算的风险调整额。

如果某一疾病基金协会从全国卫生基金获得的费用无法支付其当期支出，那么该疾病基金协会必须向参保人征收附加保费，如有结余，则可以给予参保人保费返还。

**3. 第二层次预算分配: 从地区疾病协会到地区医师协会的预算分配**

各州疾病协会将风险结构平衡机制调整的人头费支付给不同的医师协会, 主要包括两部分: ①经过风险结构平衡机制调整的人头费, 这部分的计算方法与第一层的预算分配相同, 由法定医疗保险基金会和法定医疗保险地区医师协会每年商议一次; ②预算外的医疗服务报酬, 如免疫服务、疾病监测服务和急诊服务, 这部分的医疗服务不受预算限制。此外, 如果出现了紧急的医疗服务需求 (如传染病), 法定医疗保险疾病协会也会增加预算支付额。

**4. 第三层预算分配: 从地区医师协会到法定医疗保险医师的预算分配**

在各州疾病协会向各州医师协会分配预算之后, 地区医师协会根据专科医师和全科医师提供的医疗服务的数据将预算费用分配给全科医师和专科医师, 然后根据医师专业的不同, 分配给不同的医师组, 最终分配给单个法定医疗保险医师。单个医师的医保费用有两个预算上限, 即 "基于实践的标准服务总额" 和 "基于质量的附加服务总额": 前者限定了医师的常规医疗服务的预算上限; 后者限定了某些特定医疗服务的预算上限, 如医师提供的针灸服务和急诊家庭服务等。

（二）医疗服务相对价值体系

医疗服务相对价值体系包括三方面的内容: 一是统一价值目录的制定; 二是统一价值目录的内容; 三是根据统一价值目录结算医疗费用。

**1. 统一价值目录的制定**

在德国, 统一价值目录由评价委员会负责制定, 最终决策由联邦卫生部审核, 联邦卫生部可以拒绝或修改评价委员会的决议。评价委员会由 7 名来自联邦医师协会的代表和 7 名来自联邦疾病基金协会的代表组成。如果他们没有达成一致的意见, 则由评价委员会的 2 名委员申请组建 "扩大评价委员会"。在这种情况下, 评价委员会会就会有 4 名独立的成员和 1 名独立主席, 这 4 名独立的成员, 其中 2 名由联邦疾病基金协会提名, 2 名联邦医师协会提名。

**2. 统一价值目录的内容**

统一价值目录以相对价值列示了医疗服务和诊断的点数, 采用 ICD-10 编码, 每个医疗服务项目都对应一个五位数的编码。在统一价值目录中列示的医疗服务项目繁多, 包括眼科、妇科、儿科、耳鼻喉科、内分泌、胃肠病、儿童和青少年精神病学等, 其中穿插了各项规定, 纷繁复杂, 为此, 联邦医师协会编写了统一价值目录的释义大全并逐项进行注释。统一价值目录会根据每个季度的实施情况进行调整和修改, 并在德国联邦医师协会网站上发布。

从 2009 年开始, 点数的价值由 "浮动点值" 改为 "固定点值", 点数的价值基本维持稳定。全国统一规定的点数价值称为 "指导性点数价格", 各州可以根据其医疗服务体系和医疗费用的差异制定 "地区点数价格", 在大多数州, 这两者并没有明显差异。从 2009 年到 2016 年, 每个季度点数的价格均会调整并伴随着略微的波动, 但总体上基本维持稳定。

**3. 根据统一价值目录结算医疗费用**

门诊医师每个季度向各州医师协会申报费用, 将季度内提供的诊疗项目在统一价值目录中对应的点数价值汇总, 由地区医师协会负责费用审核和具体结算。由于第一季度的诊疗费用到每年 4 月份才能申报, 因此, 每月均参照前一年同时期的实际支付额度预先支付一部分。

在具体结算的时候, 每名医师的医疗费用均有两个预算上限, 即 "基于实践的标准服务总额" 和 "基于质量的附加服务总额", 在预算以内的部分按照点数数量乘以点数价值结算, 这两个预算上限可以调剂使用。在这两个预算上限中提前预留出 2%, 以用于以一个较低的价格支付预算以外的医疗费用。但是, 部分医疗服务和疾病筛查、免疫接种或者门诊手术, 则不受预算限制。

# 三、德国点数法实施效果

从宏观层面看，德国引入点数法是为了实现控制卫生总费用的目标。点数法支付方式实施以来，从 2009 年到 2015 年，德国卫生总费用占国内生产总值的比重一直保持在 11%左右，但是这个比率是否能够依然维持稳定是一个未知数，而且究竟是否是点数法产生的效果也难以评判。从微观层面看，点数法的实施对于德国的医疗保险市场和医疗服务市场都产生了不同程度的影响，已有许多学者的研究论证了这一点。因此，本节主要分析点数法对于德国医疗保险市场和医疗服务市场的调控效果。

## （一）对于医疗保险市场的影响

### 1. 竞争性增强，但预期的质量和效率之间的激烈竞争并未出现

附加保费的设计是在预算分配体系中增强疾病基金协会之间的竞争的重要因素，但是预期的质量和效率之间的激烈竞争并未出现。追加保费的疾病基金协会都面临着参保人的大量流失：有些疾病基金协会由于追加保费，参保人的流失率高达 40%，有些疾病基金协会的参保人流失率为 10%～30%，其他参保人群忠诚度较高的基金会参保人员流失率也达到 5%～10%，2010 年上半年引入 8 欧元的附加保费的基金会流失了 20%的参保人。尽管当疾病基金协会收不抵支时，向参保人追缴附加保费是强制的，但是在 2010 年底，仅有 15 个疾病基金协会向其成员追加保费。较为普遍的是，疾病基金协会采取两种战略避免向其成员追缴保费：一是疾病基金协会之间的合并，2009 年底，疾病基金协会有 202 家，到 2010 年下降到 169 家并且数量一直减少，到 2016 年为 118 家，德国医保经办市场的市场集中度提高；二是疾病基金协会普遍建立了风险防范基金，将往年结余的保费存起来以备来年使用，而不是向参保人返还保费。截至 2011 年底有的疾病基金协会的风险防范基金超过了 1000 万欧元，最少的也有 400 万欧元。

由于疾病基金协会在财务风险的压力下采取避免加征保费的策略，尽管疾病基金协会之间的竞争确实极大加强，但是预期以质量和效率为核心的竞争并未出现。这也造成了一些负面影响，如疾病基金协会过于关注短期财务状况，忽略了对初级卫生保健特别是预防性医疗服务的投资。

### 2. 风险结构平衡机制：医保支付准确性增强，但也存在过度支付与支付不足的现象

预算分配体系中风险结构平衡机制是为了保证疾病基金协会之间竞争的公平性，减少疾病基金协会对于参保人的风险选择。从其实际运行效果来看，风险结构平衡机制的设计考虑了地区实际利用医疗服务的情况，提高了医保费用支付的准确性，但是对于高龄参保人、患有严重疾病的参保人、多重疾病患者和农村地区的患者仍然存在支付不足的现象，而对于年轻、健康的参保人则存在过度支付现象。

除此之外，风险结构平衡机制的合理性也成为预算分配的焦点之一。有学者认为对于哪些疾病诊断应该进入风险调整目录存在争议，也有学者提出可能会出现为了获得额外的支付而改变数据和疾病诊断编码的现象。

## （二）对于医疗服务市场的影响

### 1. 不同地区的医师收入得以平衡

医疗服务价值体系中"固定点值"的设计调节了不同地区之间医师的法定医疗保险收入。在采取"浮动点值"的时期，由于不同地区点数价值的不同，不同地区的医师提供相同数量的医疗服务得到的医保支付不同，如 2009 年上半年德国东部医师的收入增长（13.2%）要高于西部地区（4.9%）。改用"固定点值"后，"浮动点值"时期点数价格高于联邦设定的统一点数价值的，门诊医师的医保收入有所下降；反之，门诊医师的收入有所提高。通过点数价格的统一设定平衡了不同地区之间

由点数价值的不同造成的收入差异。

**2. 在严格的预算约束下，医师可能寻求"预算外"收入**

由于德国是法定医疗保险和私人医疗保险并存的"双轨制"，基金预算管理体系中的预算约束只针对法定医疗保险体系，医师提供的私人医疗保险服务则不受预算约束，因此，医师可能寻求"预算外"收入，向私人医疗保险患者转移费用或者推迟服务。有研究发现，引入法定医疗保险医师费用预算约束之后，法定医疗保险参保人的就诊率降低，私人医疗保险的参保人的就诊率上升，医师对于预算约束的应对策略是改变其病人结构。也有研究发现，相对于私人医疗保险，法定医疗保险的参保人预约专科医师和全科医师的等待时间变长。由于每季度均设定了严格的预算，医师也可能在季度末将病人推迟到下个季度或者拒绝向法定医疗保险患者提供医疗服务，因此较为严格的预算约束也使得高风险的病人如患有慢性病的老人难以获得有效的治疗。

**3. 在对医师的预算分配中未经风险调整，将疾病风险转嫁给了医师**

在预算约束中，从医师协会到医师组、单个医师的预算是根据以往的医疗服务利用情况确定的，并没有设定风险平衡机制来调整不同病人的疾病风险，这样就将病人发病的风险转嫁给了法定医疗保险医师。医师组和医师的预算不是由病人的需求决定的，这可能会造成单个医师的风险选择，因此有学者认为应该在医师费用分配的集体合同中引入风险结构平衡机制，进一步提高分配的公平性并避免医师的风险选择。

**4. 鼓励全科医学与预防性医疗服务的供给**

在基金的预算管理与分配中，不仅对于医师提供的筛查、预防等预防性服务不设预算限制，以鼓励医师提供预防性医疗服务，而且将全科医师和专科医师的预算分开核算，以免专科医师挤占全科医师的份额。其目的是鼓励全科医学的发展，使得全科医师在慢病管理中发挥更加重要的作用。

# 第三节　中国点数法支付方式改革实践

2017 年，国务院办公厅出台《关于进一步深化基本医疗保险支付方式改革的指导意见》，预示着以 DRGs 为基础的按病种付费方式，以及与点数法相结合的区域性医保基金总额控制应是未来我国医保支付方式改革的发展方向。文件发布之后，有资源条件的地区开始积极探索点数法与预算总额管理、按病种付费等相结合的支付方式，如金华市、东营市、淮安市、宜昌市等地。基于总额预算控制，点数法主要形成三种模式：医保人次点数法、病种点数法和区域医保人次点数法。医保人次点数法比较粗放，且各家医疗机构需增加患者服务数量才能保证预算切分不吃亏；病种点数法比较细化，但测算较为麻烦，成本高；区域医保人次点数法按照医保区域人次测算，与医保人次点数法基本相同。三种模式都存在一定缺陷，使用哪种模式来进行医保支付方式改革目前还未有一致定论。面对医保支付改革引领，各个地区开始了探索与实践。

## 一、宜昌市病种点数法支付方式改革实践

宜昌市在 2013 年 1 月 1 日发布了《关于实行基本医疗保险付费总额控制结算的通知》（宜人社发〔2013〕45 号），采取总额控制的医保支付方式，此支付方式在执行过程中也出现诸多问题，如每年超支总额挂账金额连续增长、每年住院患者的增长率大于医保基金总额的增长率，既无法保障医保患者权益也不利于医院的发展。因此，宜昌市从 2017 年 12 月开始探索实施职工医保住院费用病种点数法支付方式改革。

（一）病种点数法基本做法

**1. 病种分值设计原理**

根据《疾病分类与代码（国家临床版）》，手术使用 ICD-10，结合宜昌市 2013 年至 2016 年的实际结算情况，筛选出该地区纳入病种分值结算的病种。为了提高实用性和可操作性，选择了许多常见疾病和多发病，最终共选取了 954 种（运行一年后调整为 976 种）病种纳入医保住院费用病种点数法结算改革之中，其他未选入的病种由医疗保障局审核费用合理后按该次实际发生费用支付。经办机构结算职工基本医保的住院费用，其中严重精神病住院 90 天以上的除外，日间手术费用纳入按病种点数付费范围。

**2. 病种分值及系数确定办法**

（1）确定基准病种及其点数。基准病种确定为"胆囊结石伴慢性胆囊炎"，编码为《疾病分类与代码（国家临床版）》的 K80.101，分值 1000 分。2017 年，该病种的次均统筹费用三级医院为 7374 元，二级医院为 5899 元，一级医院为 4277 元，基层医疗卫生机构为 4646 元。

（2）确定定点医疗机构登记系数。不同级别医院医疗条件、技术水平、人员配备、物价、平均费用等存在不同，按照职工医保报销比例的不同，确定三级医院系数为 1，二级医院系数为 0.8，一级医院系数为 0.58，基层医疗卫生服务机构系数为 0.63。

（3）病种点数确定方法。手术病种点数=（前三年该病种手术均次统筹费用/前三年基准病种均次统筹费用）×基准病种点数（1000）。患者出院结算时医疗机构必须按《疾病分类与代码（国家临床版）》和 ICD-10 上传主要诊断和编码、次要诊断、主要手术（介入）及编码，根据上传的主要诊断和主要手术确定病种点数。主要诊断为病种点数表公布的病种，有手术的取手术点数，无手术的取非手术点数。先根据医院级别，取医疗机构等级系数，确定基本点数，再根据本病例基本统筹费用与该病种等级上年度平均统筹的比例分成四个维度，分别确定具体点数。

主要诊断为病种点数表未公布点数的病种计算方法：病种点数=该病例基本统筹费用/上年度该级别基准病种的次均统筹×基准病种点数（1000）×等级系数。

（4）结算方式。宜昌市是以所有定点医疗机构医院为单位进行分值计算，先确定每月各医疗机构的总点数，然后按月度点数单价乘以该定点医疗机构当月职工病种结算总点数的金额，就是每月应结算给该定点医疗机构的统筹费用。

每月各医疗机构的总点数=该月结算的所有病例点数的合计

各定点医疗机构职工月预结算费用=（职工月度病种点数支付预算指标/所有定点医疗机构当月病种总点数）×该定点医疗机构当月职工病种结算总点数

定点医疗机构年度决算应支付总额=（职工年度病种点数决算可支出总额/所有定点医疗机构本年度职工病种结算总点数）×该定点医疗机构本年度职工病种结算总点数×该定点医疗机构年度考核系数

（二）病种点数法运行分析

根据宜昌市医疗保障局的统计，2018 年一季度的次均费用、自付费用和平均床日数据比 2017 年一季度下降了 2.47%、0.65% 和 13.48%，而住院人次比 2017 年一季度还增长了 7.26%。

**1. 病种点数法结算的优点**

（1）通过多级预算管理机制有效地控制总体住院费用病种点数法就是以总额控制为基础的全面按病种付费，病种点数法将总额控制与按病种付费充分融合，它不仅可以通过总额控制实现医疗费用的有效控制，维系医保基金的可持续性，还可以通过按病种付费充分体现医疗机构和医生的医疗服务价值。

（2）与 DRG 相比，技术研发和管理相对简单。病种点数法可以从现有的 ICD-10 的疾病分类诊断分类方法中完成。相较于技术含量高、开发难度大、执行起来难度高、管理成本也很高的 DRG，病种点数法的疾病分类相对比较简单粗糙，起点较低，容易操作和实施，因而具有广泛的可应用性。病种点数法与 DRG 殊途同归，方向一致，是现阶段最适合中国国情的医保支付方法。

（3）具有控费作用。病种点数法实行的是同病同价，体现对合理治疗的激励和不合理治疗的约束。例如，某医院某一病种的点数在 0.8～1.0 倍，可以得到点数奖励，在 1.0～3.0 倍则有相应的损失，这样可促使医疗机构更加注重费用构成和成本控制。

（4）有利于促进医疗机构之间的相互监督。上年度末医保经办机构会公布下年度病种及其点数，每月公开各医院上月点数结算情况，如果某些医疗机构通过套取诊断、分解住院、挂床住院等违规行为而增加分值，很容易被发现。

（5）有利于增强医院自主管理意识。病种点数法可以提升医疗机构在病历书写、病案管理、诊断编码管理、临床路径等质量方面的管理水平，并规范上传结算信息。

**2. 病种点数法结算的不足**

（1）"点值"质量有待提高。宜昌市的病种点数法是根据全市三级医院 2015～2018 年出院病人的病种及费用，确定相应的病种点数，完全采用历史数据分析法，即完全基于一定时期内医保和个人自费费用的相关数据，不考虑历史数据的诊疗是否合理、医疗机构上传主要诊断是否准确。这造成了部分病种费用与临床实际病种严重程度及治疗不符，有待逐步完善，如 K35.900 急性阑尾炎（点数 914）与 K35.901 急性化脓性阑尾炎（点数 765），后者比前者病情严重，但在 2018 年后者点数价值却低于前者。

（2）病种细化程度有限。病种点数法仅对主要诊断进行结算，对病情危重、治疗复杂、需长期住院的患者治疗不利。病种点数法规定对该类特殊病例医疗机构申请的比例原则上不能超过该机构按病种点数结算病例的 5%，对于技术水平高、承担大量疑难杂症的三级医疗机构会有收治两难的情况。例如，"急性心肌梗死、心源性休克"仅仅按照急性心肌梗死点数计算是不合理的，这使治疗强度与医保支付费用完全不成正比。

（3）存在供方道德风险问题。采取病种分值付费法进行医保支付，医生只要把首次诊断写得高一点，即高点值诊断套低点值诊断，就可能得到更高的分值，获得更多的补偿，因而更容易诱发供方的道德风险。

（4）容易导致供方收治病人的导向偏离正确方向。采取病种分值付费法进行医保支付，如果分值、医院系数的设定欠科学、合理，必将会导致大医院愿意收治轻病人而推诿或不合理转诊重症患者等违规医疗行为发生。

# 二、金华市病组点数法支付方式改革实践

金华市为了深入推进医药卫生体制改革，实现医保基金支出可控、医院控费有动力、服务质量有保障、参保人群得实惠等多方共赢的医改目标，根据国家及浙江省基本医保支付方式改革实施方案，结合当地实际情况，选定市区 7 家医院（其中 4 家三级医院、2 家二级医院、1 家基层医院），从 2016 年 7 月 1 日起试点 DRG 支付方式改革，2017 年 7 月在市区所有医疗机构试行，2018 年 6 月在全市所有医疗机构正式实施。

（一）金华市住院病种点数法支付方式基本做法

金华市基本医疗保险住院医疗费用实施的是总额预算下按 DRG 支付方式，以病种点数为系数划分医保基金。在总额预算下，将全部住院医疗服务按 DRG 进行分组，为每一病组确定不同点数及不同医院的成本系数，医院每完成一个住院诊疗取得相应病组点数，根据医保基金预算总额和

所有医院的 DRG 总点数，计算出全市每个点数的单价，医院根据本院取得的总点数和点数单价及医院成本系数结算医保经费。

**1. 住院医保基金预算总额的确定**

综合考虑国内生产总值发展水平、物价水平及试点区域住院医疗费用刚性需求等因素，根据上年度住院统筹基金实际支出情况，科学预算当年住院医保基金预算总额。

（1）基金支出增长率。基金支出增长率上限不高于市医疗费用增长率控制目标，下限不低于经济发展水平，即居民消费价格指数（consumer price index，CPI）金华市 2016 年试点期间基金增长率确定为 7.5%。

$$基金支出增长率=（上年度住院人头增长率＋GDP 指数）÷2＋CPI$$

（2）年度预算基金。年度住院医保基金支出总额根据上年度住院实际基金报销额，加上经科学预测的基金支出增长率计算确定。

（3）总额调整。年度住院医保基金总额实行年初预算、年终决算原则。年度基金预算公布后，除市区发生重大公共卫生事件、医保待遇政策调整外，原则上不再调整，如当年医保基金存在缺口，可动用历年结余基金。2018 年 10 月，金华市因流感疫情调增总额 1095.74 万元，因 36 个谈判药品调增总额 656.25 万元。

**2. 住院医疗服务分组**

采用符合国际、国内标准的疾病诊断相关组分组技术确定住院医疗服务分组（原则上病组内变异系数 CV≤1，总体方差减小系数 RIV≥70%，采用中间区段法裁剪数据）。经科学测算，并通过 5 轮沟通谈判，形成了 595 个病组，2018 年 7 月增至 634 个病组。另外，长期住院的精神类疾病、临终关怀病床、长期康复住院病床等按床日费用结算的住院病例，统一纳入"床日费用结算"病种分组。

**3. 不同病组点数、成本系数的确定**

根据病组之间的费用比例关系，确定病组基准点数、病组成本系数和医院病组点数。

（1）病组基准点数。某病组基准点数为该病组平均住院费用与统筹区平均住院费用相比，乘以 100 计算所得。

（2）病组成本系数。某医院某病组成本系数为该医院该病组平均费用与统筹区该病组平均费用之比。对费用差异不大的常见病组，逐步取消成本系数，按平均费用确定点数；新发生病组的成本系数暂定为 1。

（3）医院病组点数。某医院某病组点数＝该病组基准点数×成本系数。

（4）病例点数的补充和修正。住院过程不完整病人的住院病例点数按该病例实际发生医疗费用的占本病组统筹区平均医疗费用的比例乘以基准点数计算确定，但不能超过该病组基准点数；按床日费用结算病组的病例，按医院现行的床日费用标准确定床日基准点数；特殊病例点数实行特病单议，由医保经办机构另行组织相关部门、医疗专家集体讨论确定。

（5）结算方法。采用月度按医院实际点数与每月预算点值预付、年终清算拨付差额的结算办法，医保经办机构定期将基本医疗保险基金及时足额拨付到医院。

*（二）DRG 支付方式改革的成效*

金华市实行 DRG 支付方式改革以来，管理部门通过考核医疗机构综合情况、DRG 相对权重、医疗服务效果、群众满意度等指标，强化日常信息化监管，取得了较大成效。

（1）基金支出增长率得到有效控制。2014～2015 年，金华市医保基金支出增长率分别为 14.59%、8.70%，2016 年试点改革后，试点医院基金支出增长率降低到 7.11%，实现预算结余 311 万元，而非试点医院基金支出增长率为 10.12%。

（2）医疗机构质控水平和管理绩效得以提升。DRG 支付方式改革提升了试点医院医疗质量管理水平，提高了病案编码人员业务能力，规范了住院病案质量，促进了住院临床路径管理的应用。同时试点医院的病组平均费用、次均费用等得以降低，7家试点医院共实现增效节支收益3800余万元。

（3）群众的就医权益得到保障。DRG支付方式改革以来，患者自负医疗费用降低2370万元，同病组10天内再住院率也有所下降，群众投诉减少，总体满意度提高。

## 三、中国点数法与德国点数法比较

目前，我国已有多个地区开展了医保点数法的实践，如江苏淮安、广东中山、山东东营、江西南昌等地，即"总额控制下按病种分值付费"。和德国相似的是，我国点数法的设计也秉承着政府主导、加强竞争的理念，也形成了医保基金预算管理体系和医疗服务相对价值体系，医疗服务或诊断编码也都采用ICD-10疾病编码，但是，具体设计却有很大的不同，制度差异主要源于医保治理体系和医疗资源配置的不同（表8-1），具体体现在以下三个方面。

表8-1 中国点数法与德国点数法的比较

| 项目 | 中国 | 德国 |
| --- | --- | --- |
| 基金预算管理层次 | 地区层面（市级统筹） | 全国—各州（全国统筹） |
| 协商谈判 | 医保经办机构—医院 | 疾病基金协会—医师协会 |
| 竞争主体 | 区域内的医院之间 | 疾病基金协会之间与门诊医师之间 |
| 医保经办机构性质 | 政府行政管理机构 | 公法主体 |
| 参保人选择权：经办机构 | 属地管理 | 自由选择 |
| 参保人选择权：医疗机构 | 自由选择，差异化报销 | 经济激励型"守门人"机制 |
| 点数法支付的医疗服务 | 住院（ICD-10编码） | 门诊（ICD-10编码） |
| 主要问题 | 医院向"医保外"转移费用 | 医师可能向私人医疗保险转移费用 |

第一，医保基金的"自求平衡"与医保治理体系中的利益平衡问题：德国的医保基金是一个"自求平衡"的系统，医保基金的支付以收入为限，协商谈判主要是疾病基金协会和法定医疗保险医师协会之间，即不同主体之间的利益均衡，而我国医保基金属于"收支两定"型，尽管医保经办机构与医疗机构也有协商谈判机制，但是这种谈判机制形式为"强势医保经办机构 vs 强势的医疗机构"，往往难以达成一致。

第二，点数法的竞争主体不同。德国的点数法竞争主要集中于医疗保险经办机构之间，而我国主要是在医疗机构之间。这种差异主要来源于我国和德国医保经办机构的属性不同：我国的医疗保险经办机构属于政府行政管理机构，而联邦疾病基金协会和各州疾病基金协会是公法主体，属于自治性社团。在德国，竞争的焦点是对于参保人的竞争，而我国对基本医疗保险参保人实行属地管理，参保人对于医疗保险经办机构没有自主选择权，竞争主要体现在医疗机构对病人的竞争。

第三，医疗服务资源配置机构不同。这是由于德国的初级医疗保健服务比较完善，门诊服务采用经济激励型"守门人"制度，而我国医疗资源分配呈现"倒金字塔"结构，主要的医疗消费在医院。我国目前住院点数法也采用ICD-10编码，点数法可以看作我国DRG的一个雏形，是我国未来实现住院按疾病诊断相关分组付费的一个过渡阶段。未来待分级诊疗制度目标实现之后，门诊可采用点数法的付费方式，而住院则采用按疾病诊断相关分组付费。

## 四、我国点数法支付方式的改革完善

我国点数法的实践表明：点数法有提升医保资金使用效率、有效控制医疗费用、引导医疗机构加强成本管控和完善绩效管理措施等作用。目前，在我国点数法实践过程中出现的问题可以通过进一步精细化管理来解决。在国家推动医保支付方式改革的指导下，应汲取国际上点数法的成功经验，在医疗保险精算、医疗费用监管、医疗质量监管等方面进行改革完善。

**1. 设计一套能够准确计算等级系数的数学模型**

目前实践中等级系数的确定方法都存在不同程度不同方面的缺陷，等级系数缺乏公平和合理引发众多医疗机构管理者的不满。目前来说，设计一套能够将各种相关疾病影响因子统一纳入的数学模型，使等级系数尽可能准确地反映各级医疗机构诊疗质量、技术、成本等信息，是比较科学和合理的。此外，还应适应分级诊疗的政策目标，调节点数值的设定。例如，对于常见病和多发病，在三级医疗机构、二级医疗机构和一级医疗机构设定相同的点值，以鼓励常见病和多发病在基层医疗机构的诊治；对于疑难重症，应设定较高的点值，使三级医院能够聚焦于高难度系数的疾病的诊疗。等级系数设定合理，能够准确反映客观情况，将推动医保点数法顺利推行，对医保支付制度改革具有重要意义。

**2. 加强医疗总费用监控**

对医疗总费用监控需要层层落实监控责任，注重环节管理，主要包括以下几点：一是对辅助性、营养性等高价药品不合理使用情况和典型单病种费用实施重点监控，遏制医疗费用不合理增长势头。二是大力改善医疗服务，重点做好预约诊疗、日间手术、结算服务、优质护理等工作。三是在医护薪酬上，逐步提高医务人员收入待遇和医疗机构人员经费支出占业务支出的比例。院长的绩效工资可由政府办医机构确定。四是采取多种形式推进医药分开，组织医疗机构开展处方信息、医保结算信息与药品零售消费信息共享试点，不允许医院限制处方外流，患者可自主选择购药方式。此外，将医疗机构患者的自付比例作为考核医疗机构和支付医保费用的指标，也可达到加强医疗总费用监控的成效。

**3. 加强医疗质量监管**

我国点数法采用的是浮动点值法，但无论点数价格以何种方式确定，医疗机构医保支付总额与提供的医疗服务数量有直接关联，因此可能会出现真实诊断与分值不匹配的现象。医生可能会采用低成本且落后的治疗手段，而拒绝某些必要医疗服务的提供，也可能倾向于增加患者自付费用，从而加重患者负担。因此，要加强对于医疗服务的监管，可以对医师的医疗诊断进行定期抽检并进行同行评议。对费用异常的病种，医疗机构也应申请专家评议并讨论处理方案；对违规的医务人员，采取一定的惩戒措施来避免类似不良事件以及医疗事故的发生。此外，医保的监督管理机制除医保常态的稽核制度之外，应当还有考核指标体系、质量保证金机制、病种分值对照诚信机制、智能审核和监控系统和医疗机构服务行为互审机制等，以保证医疗服务质量。

1. 如何理解点数法支付方式的运行机制？

2. 请分析点数法支付方式的特点？

3. 结合我国支付方式改革实践，谈谈点数法支付方式的发展趋势。

（颜理伦）

# 第九章　按人头支付方式

**内容提要**

　　按人头支付方式是一种控制费用较好的支付方式，其适用于初级卫生保健机构。其发展历史渊源早于医疗保险制度的建立，体现互助共济。本章主要介绍了按人头支付方式的概念，梳理和总结了国内外按人头支付方式的发展历程，主要对中国、英国、美国、泰国的按人头支付方式进行了历史回顾和总结，并在按人头支付方式的适用条件和分类的基础上，对按人头支付方式的应用进行了描述。

## 第一节　概　　述

### 一、按人头支付方式的概念

　　按人头支付方式是指医疗保险机构按照合同规定的时间（一月、一季度或一年），根据医疗机构服务的医疗保险对象的人数和每个人的偿付定额标准，预先偿付一笔固定的费用，在此期间医疗机构提供合同规定内的医疗服务均不再另行收费。

　　按人头支付方式是按"定点"支付人头费用，不是按照"就诊"人头支付。前者是医保机构按照参保人在医院的"定点"人头数向医院支付医保基金，后者是按参保人在医院"就诊"的人头数（同一参保人就诊多次只能算一个就诊人头数）。两者是完全不同的概念。实践中，医疗保险机构对非基层医疗机构实行按人头付费，没有实现真正的预付制，没有实现完全的"超支不补，结余归己"，是因为患者住院的费用复杂，受病情、治疗的复杂程度等诸多因素影响。按人头支付方式对当地的卫生健康体系（包括基层医疗机构）有较高要求，基层医疗机构医务人员须自觉地做好参保人的预防保健工作，这样能有效地控制推诿重病人，控制医保基金的流失。

### 二、按人头支付方式的适用范围

　　（一）按人头支付方式适用于实现首诊制的医疗卫生服务体系

　　按人头支付方式需建立起参保人员就医的首诊制和分级转诊制，然后是双向转诊制的实现。基层医疗机构在医疗卫生体系中占主体地位，参保人就医先到基层医疗机构，然后由基层医疗机构的医生转诊至综合医院或者专科医院。医保机构和医疗机构之间的合同中确定合同甲乙双方需要按照合同的约定行使各自的权利和义务，不仅仅是医疗机构签约服务人口的付费标准、签约服务的参保人数，一般以一年为限向医疗机构支付费用。

　　（二）按人头支付方式适用于医药分开、分别管理的环境

　　实行按人头支付方式需明确付费范围，即医疗卫生服务包，特别需要在医药分开、分别管理的环境下提供的医疗卫生服务包。确定医疗卫生服务包中是否包含预防保健费用、包含哪些医药费用。医疗保险机构在确定医疗服务包范围的前提下，可以通过对历史数据的分析，综合考虑影响人头费用因素，结合基金支出预算，大致上测算按人头付费的标准。

（三）按人头支付方式是一种预先定额支付、患者基本免费的结算方式

按人头付费标准一旦确定，在医疗保险年度内人头付费标准不再更改，也不再考虑实际发生的医疗服务数量和费用，医保机构向医疗机构按服务人头预先定额支付费用，患者基本免费。

应该指出，按人头支付方式是一种典型的预付制付费方式，需要预先确定医疗机构每个签约服务人口的付费标准和签约服务的参保人员数，向医疗机构支付费用，不考虑实际发生的医疗服务数量。必要时医保机构需要风险调整，一般根据参保人的年龄、性别、健康状况等影响医疗服务需要的因素调整不同人群的付费标准。按人头支付方式主要用于常见病及多发病的治疗，特别是门诊医疗费用的支付，也可以同时覆盖门诊和住院医疗费用，适用于初级卫生保健机构。

## 三、按人头支付方法的分类

为了从各个角度了解医疗保险，分类方法强调了医疗保险的某一个方面的特征，人为地将医疗保险分割成几个部分，而在实际运行中，它们是连为一体的。因此，本章在着重论述医疗保险基金的筹资和支付分类方法时，不可避免地将涉及其他方面的特征。

（一）政府财政预算下的按人头支付方式（全民免费型）

政府财政预算下的按人头支付方式，是指医疗保险基金主要来自税收。政府通过预算分配方式，将税收形成的医疗保险基金有计划地拨给有关部门或直接拨给公立医院以及全科医生（家庭医生），公民在看病时，基本上不需要支付费用。在实行国家保障医疗保险制度的国家，医院大部分是公立医院或非营利性医院，为患者提供基本免费的医疗服务，在公立医院工作的医务人员的工资由国家分配，固定工资，他们是受政府雇佣的公务人员。我国的公费医疗，苏联和东欧社会主义国家所实行的全免费医疗，以及英国、加拿大、瑞典、爱尔兰、丹麦等国家所实行的全民医疗保险制度都属于此类。除我国的公费医疗制度的覆盖面只限于机关和事业单位外，实行国家保障医疗保险制度的国家通常包括全体公民。

（二）组织机构内的按人头支付方式（机构内免费型）

组织机构内的按人头支付方式，指在参保人员成为某一机构的社员，且参加了医疗保险，医疗服务机构管理医疗服务和医疗保险基金，成员或者社员在该组织机构内就医，看病时基本不支付费用。医疗保险的承办机构同时又是医疗服务的提供机构，在医疗服务机构（供方）与患者（需方）之间不存在偿付医疗费用的"第三方"，如美国的健康维持组织、我国计划经济时期的劳保医疗和公费医疗等。

## 四、按人头支付方式的发展历程

（一）自愿保险阶段的按人头支付方式

自愿保险阶段的按人头支付方式，处在医疗保险的萌芽阶段。在原始社会、奴隶社会，甚至在人类社会发展以农业经济为主体的封建社会中，是不可能产生保险这一事物的，更不用说医疗保险之类的社会保险制度。在机械化大生产条件下，社会化大生产带来的产业革命大大提高了生产效率，创造了空前巨大的社会财富，同时也造就了一个除了自己的劳动力一无所有的无产阶级。这些被资本家奴役的无产者，生产环境恶劣，同时居住在生活环境差、疾病蔓延、道德沦丧的城市贫民窟中。劳资矛盾和斗争持续进行。一方面，英国工人从 18 世纪末、19 世纪初开始自发组织起来，由同一行业或同一地区的工人出资，建立基金，成立互助组织，以解决生老病死等问题。到了 1870 年前

后，参加这种组织的工人已超过 400 万人。为了保证会员能看病，有些行会开始定期与医生签订合同，后又发展到组建自己的医疗机构。在前期，这种以工人行会组织实现了社会化解决疾病问题。这种互助共济办法，先由个人缴纳会费，后再获取受资助的权利，个人自愿参加。费用如果超支，有的行会要求补交，有的行会不要求补交。不补交的行会与选定医生签订合同，医生提供一年的医疗服务，这成为现在按人头支付的雏形。后来有的工人行会自己组建医疗机构，就形成了美国健康维持组织的雏形。按人头支付的办法是英国国家卫生服务（national health service，NHS）中全科医生提供医疗服务的付费方法，全科医生成为英国国家卫生服务体系的守门员，是英国实现国民卫生服务的萌芽，也是现代社会保险的雏形。19 世纪 80 年代俾斯麦执政时期的德国，经历第三次产业革命，财富差距很大，劳资矛盾突出，为了扑灭蓬勃兴起的社会主义运动，采用"胡萝卜加大棒"政策，试图拉拢工人，德意志帝国议会相继通过了几项法令，1883 年批准国家建立疾病保险计划，1884 年和 1889 年分别批准了工伤保险和养老保险计划。国家正式介入保险、国民健康保障等社会问题，标志着社会保险建立了。

（二）义务保险阶段的按人头支付方式

第一次世界大战期间铺垫，第二次世界大战期间明显形成义务保险阶段。英国医生放弃了独立开业，开始抢救战场上的伤员、在战争中受伤的平民，整个国家进入战争状态，全科医生过起了军事配给制的生活，民众看病是免费的。1875 年和 1905 年保守党先后主持通过了《公共健康法》和《失业工人法》，自由党政府为顺应日益高涨的社会改革潮流，从 1906 年至 1911 年短短的 6 年内，以前所未有的速度先后颁布了《教育法》《退休金法》《人民预算法》等一系列社会立法。特别是 1911 年公布的《国民保险法》是当时最重要的一个立法，它表明工件、劳动机会和劳保福利不再是统治者和富人的恩赐与施舍，而是劳动者的正当权益，提出了强制性国家医疗保险计划。经济学家贝弗里奇于 1942 年发表了报告《社会保险及有关服务》（Social Insurance and Allied Services），也称"贝弗里奇报告"。第二次世界大战结束后，英国工党政府全面推行"贝弗里奇计划"，终于在 1948 年宣称建立了"从摇篮到坟墓"都有保障的"福利国家"，全面建立了国家卫生服务制度。1946 年以前，英国医院大多是私营的；参加了医疗保险的低收入者和未参加保险的贫民，在指定的医院就医；付得起医药费的人则随己愿选择就医。从 1946 年起，对全国医院实行国有化，对全民实行免费医疗（第二次世界大战延续的高税负是免费医疗的重要经济来源），同时允许医生私人开业。如果开业医生和病人都加入了 NHS，病人在自己选择的开业全科医生那里看病是免费的，全科医生薪酬的主要来源是按人头支付方式。全科医生不隶属政府，政府卫生部门从全科医生那里为大众购买初级卫生保健服务，以与全科医生签订合同的形式对全科医生进行管理，除了对全科医生的服务内容、服务范围进行管理外，政府还规定了包括人员等的最低诊所配备标准。为防止因注册病人过多而照顾不周，进而导致服务质量下降的问题，NHS 规定一个全科医生最多可以注册 2000 人。为引导卫生资源的合理分布，NHS 对在贫困地区开业的全科医生给予特殊津贴。为防止全科医生排斥高风险病人，NHS 提高了 75 岁以上老者和 5 岁以下儿童的人头费用。在英国，全科医生不仅可以在向患者提供医疗服务后从政府主管部门拿到收入（即按人头付费），还掌握支配转诊专科医生或者医院的费用，其代表病人成为高层次医疗服务的购买者。全科医生成为英国基层卫生保健的中坚力量，也充当着 NHS 守门人的角色，管理着大部分医疗费用，承担财务责任以及监督医院的医疗，医院则需要竞争患者，形成内部市场竞争。医院的医生属于公务员，领取固定工资。

（三）全面发展阶段的按人头支付方式

1929～1933 年世界性经济危机发生后，医疗保险等社会保障制度进入了全面发展时期。这个时期的医疗保险，不仅规定了保险的对象、范围与险种等，对与医疗保险相关的医疗服务也进行了立法。按人头支付方式将经济风险从支付方转移到卫生服务提供者。英国、丹麦、荷兰等国最早采用按人头支付方式，其中英国主要将其用于支付全科医师的薪酬；20世纪60年代，美国采用"管理型医疗保健"开展医疗保险业务，其中健康维持组织使用按人头支付方式。

**1. 美国按人头支付方式的发展**

美国医疗保险制度以市场运行为主，健康保险是其主要内容。美国产业革命要比英国落后一个世纪，经济发展要比西欧各国晚，因此，美国的医疗保险发展也比较晚。美国20世纪30年代大萧条时期，由于医疗成本的上涨和收入的下降，大量患者因经济难无力支付医疗费用；经济的萧条又使得作为美国医院主体的民办社区医院（community general hospital）无法得到社区募捐，大批医院濒临破产，医院不得不向患者收取费用。这造成了许多经济困难的患者被拒于医院门外得不到治疗。蓝十字就是在这个时候应运而生的，它的目标是用从社区征集的保险费来弥补社区医院的经费，同时减轻患者因住院治疗而带来的经济困难（医疗机构和医疗保险机构合二为一）。接着，医生联合会发起了一个名为蓝盾的保险组织，主要为投保人提供医疗咨询和门诊服务项目。这两个组织在20世纪30年代发展很慢，到20世纪40年代时，美国全社会也只有10%的人口购买蓝十字保险。但经过几十年的发展，这两个保险组织到21世纪初已拥有78个分支机构、12.5万名雇员。74%的私营企业职工和80%以上的政府雇员都参加了这个保险，投保者共达到10 700万人。它们都属于非营利性组织，因此可以享受免除2%保险金税款的优惠政策。最初蓝十字和蓝盾组织在测算保险费时，是用全社会的医疗费用成本除以社会总人口，对于所有个人，收取相同数目的保险费（按照人头付费）。商业保险也因此乘虚而入：利用年轻人患病概率低、医疗费用低向职业人群兜售保险金更低，受益面更广的商业保险，并慢慢抢占了蓝十字和蓝盾中相当一部分年轻人市场。蓝盾和蓝十字由于所承包的老年人和儿童比例相对较高，支付的赔偿额也相应增加，出现了经济困难，这迫使蓝十字和蓝盾放弃了原有的保险费测算方法，转而使用按不同性别、不同年龄、不同疾病危险程度来制定保险费。蓝十字、蓝盾和其他商业保险机构之间的竞争导致的结果就是保险公司对投保者的逆向选择：不愿为老人和穷人这两个高危人群承担风险，因此，联邦政府不得不出资建立专门的 Medicare 和 Medicaid。

管理型医疗保健出现于20世纪60年代，其初衷是提高医疗服务的质量和持续性，并提供预防保健服务。后来发展成为一种集医疗服务提供和经费管理于一体、以控制医疗费用为主要目的医疗保险模式。管理型医疗保健的关键在于保险人直接参与医疗服务体系的管理。它具备以下几个要素：根据明确的选择标准来挑选医疗服务提供者（医院、诊所、医生）；将挑选出的医疗服务提供者组织起来，为被保险人提供医疗服务；有正式的规定以保证服务质量，经常复查医疗服务的使用状况；强调要保持投保者的身体健康，以减少对其医疗服务的使用；投保者按规定程序找指定的医疗服务提供者治病时，可享受经济上的优惠。20世纪70年代以来，由于医疗服务费用的急速上涨，管理型医疗保健这种模式受到越来越多的重视。采用这种模式的医疗保险机构也大量涌现，规模迅速扩大。到1996年初，加入管理型医疗保健各种机构和计划的投保人达到了1.1亿人。管理型医疗保健所覆盖的内容已从传统的一般住院和门诊服务，扩展到了理疗、精神治疗、眼科、牙科、推拿等专科治疗。在管理制度和方法上也日臻成熟。在控制医疗服务费用同时保证患者得到妥善的医疗服务方面取得了明显的成效。在管理型医疗保健中，保险方通过合同与有组织的医疗提供网络建立签约关系，也可以自行拥有提供网络，保险方与提供者共同分担财务风险，而对供方的费用主要是通过按人头付费的预付制来进行。同时，还利用信息系统，对供方的行为作出监测和评估。现在采用管理型医疗保健模式的主要医疗保险组织有：健康维持组织、优先提供者组织（preferred provider organizations，PPO）、排他性提供者组织（exclusive provider organizations，EPO）、定点服务（point of service，POS）计划。下面对管理型保健组织中支付方式典型的医疗保险组织作简单介绍。

（1）健康维持组织最早始于20世纪20年代，到1938年工业家凯泽（Kaiser）要求外科医生加菲尔德（Garfield）博士为其工厂的工人提供一种团体模式的医疗。第二次世界大战期间，加菲尔德组织了一些医院和诊所，为凯泽所属船厂的工人提供预付制的整体健康服务，第二次世界大战结束后，这个组织开始接收其他公众加入，并在 20 世纪 60 年代改名为健康维持组织。健康维持组织与传统的私人健康保险组织不同，有自己的合同医院和开业医生，直接为投保者提供门诊、住院和预防服务。健康维持组织受到美国政府的重视和支持，1973 年美国国会通过《健康维持组织法案》，明确规定其与健康保险处于同等地位，并决定给予经费支持。到 1995 年，健康维持组织已达到 593个，参保的人数达 5300 万人。同时，Medicare 的很大一部分业务也由健康维持组织承担。投保者参加健康维持组织后，可以在规定范围内免费享受一切服务，所有费用全部由健康维持组织承担。投保者越健康，意味着健康维持组织所支付的医药费越少，盈利的可能性就越高。因此，健康维持组织努力提高投保者的健康水平，其常常把工作重点放在健康保健服务上，重视健康教育，加强预防性出诊访视、加强检查筛选患者，注重早发现、早诊断、早治疗，并在保证投保者健康的基础上，自发控制费用，如降低住院率、压缩住院期、使用疗效好的低价药。健康维持组织比传统健康保险节省 25%的费用。与传统健康保险相比，健康维持组织有以下几个共同特征：①它们在收取固定保费的基础上，向投保者提供一系列综合医疗福利；②可供选择的医疗提供者通常仅限于健康维持组织系统内的医生和医院；③投保者如果在健康维持组织指定的医疗服务提供者处接受医疗服务，他们不必支付或自付很少；④使用门诊主治医生来审查、决定并管理专科治疗或住院治疗的建议。

（2）优先提供者组织是一种采取预付制的保险组织，通过与医院签订合同，向投保人提供所需的优质服务，而且价格可以优惠 10%~30%，成员也可以自由选择组织内的医院和医生。对提供者而言，虽然价格比较低廉，但是患者来源增加，而且比较稳定；对组织者而言，利用庞大的投保人群压低了价格，有利于降低医疗费用。优先提供者组织形式灵活多样，没有一定模式，有严格的服务利用评议和检查，并且减少管理费，加上服务价格的优惠，这些措施可以使投保者的总医疗费用降低 16%~35%。而且，优先提供者组织的剩余资金可以由各方共享。

**2. 按人头支付方式在泰国的发展与实践**

泰国是实施按人头付费较为典型的国家，随着 2002 年立法实施全民保健"30 铢计划"，按人头支付方式逐步成为泰国的主要支付方式。

按人头支付方式最早实践于美国和欧洲一些国家，亚洲发展相对滞后，亚洲国家中泰国的"30铢计划"比较典型。目前，泰国医疗保障制度主要由公务员医疗福利计划、社会医疗保险制度和"30铢计划"三部分构成。其中"30 铢计划"覆盖面最广，而且逐年增加。2005 年"30 铢计划"占全国人口的 75%，社会医疗保险占 14%，公务员医疗保险占 7%，没有参加保险占 4%。在 2002 年之前，泰国医疗保险大约覆盖 70%左右的人口，当时的医疗保险制度主要由公务员医疗福利计划、企业职工强制性的社会医疗保险、自愿医疗保障计划、低收入人群救助制度四个部分组成，这些保险计划覆盖了大约 70%的泰国国民，截至 2002 年，尚有 30%左右的人口没有任何医疗保险计划，造成了因病致贫等许多社会问题。为保障公民平等地享有基本医疗卫生服务，泰国卫生部提出了开展全民医疗保险的设想。2001 年 1 月，他信总理执政后提出了"30 铢治百病"的口号，向国民承诺建立全民医疗保险制度，简称"30 铢计划"。在试点的基础上，2002 年泰国政府颁发《全民健康保险法》，将"30 铢计划"在全国推行。"30 铢计划"是泰国在除国家公务员和企业职工之外的其他所有人员中推行的一项全民医疗保险计划。参保人员在自己所属辖区的诊所、卫生中心和医院看病时，每次只需交纳 30 铢费用（约 6 元人民币，相当于挂号费，月收入低于 2800 铢的公民可免交），就可享受门诊、急诊或住院医疗卫生服务，无须支付其他费用，其余医药费用由中央政府通过按人头付费或按病种付费的形式直接向医疗机构支付。

**3. 按人头支付方式在中国的发展与实践**

中国的按人头支付方式发展历史比较短，长期以来我国实行的都是按服务项目支付方式，按人头支付方式始于 2009 年医疗卫生体制的改革，东莞、上海、镇江、杭州、珠海等地都做出了有益的尝试，取得了一定的经验。2009 年 3 月 17 日《中共中央 国务院关于深化医药卫生体制改革的意见》明确提出，完善支付制度，积极探索实行按人头付费、按病种付费、总额预付等方式，建立激励与惩戒并重的有效约束机制。2011 年 5 月 31 日人力资源和社会保障部发布的《关于进一步推进医疗保险付费方式改革的意见》提出：门诊医疗费用的支付，要结合居民医保门诊统筹的普遍开展，适应基层医疗机构或全科医生首诊制的建立，探索实行以按人头付费为主的付费方式。实行按人头付费必须明确门诊统筹基本医疗服务包，首先保障参保人员基本医疗保险甲类药品、一般诊疗费和其他必需的基层医疗服务费用的支付。要通过签订定点服务协议，将门诊统筹基本医疗服务包列入定点服务协议内容，落实签约定点基层医疗机构或全科医生的保障责任。2012 年 4 月 14 日国务院办公厅印发的《深化医药卫生体制改革 2012 年主要工作安排》再次提出要积极推行按人头付费、按病种付费、按床日付费、总额预付等支付方式改革，逐步覆盖统筹区域内医保定点医疗机构。2012 年，卫生部联合国家发展和改革委员会、财政部发布《关于推进新型农村合作医疗支付方式改革工作的指导意见》，也要求"在实施门诊费用支付方式改革中，也可探索实行按人头付费向乡村（全科）医生购买服务的方式""积极推进按病种付费、按床日付费等住院费用支付方式改革"。与按病种付费相比，按人头付费规避了复杂的制度设计与繁重的经办工作，有一些地区的医保经办机构已经进行了按人头付费改革，但具体操作模式不同。按照付费范围划分，包括门诊采取按人头付费的镇江、杭州、珠海，与住院采取按人头付费的九江、常德等；按照签约方式来分，包括采取指定方式的镇江，采用自由签约方式的珠海、杭州、九江、常德等。实践证明，付费方式改革作为一种经济激励方式的变革，已经被公认可以有效约束医生的不当医疗行为，控制不合理的医疗费用增长，从而缓解患者看病贵等问题。未来，付费方式在医保制度中将扮演更重要的角色，对优化资源配置、提高医疗服务绩效具有重要的杠杆作用。

# 第二节 按人头支付方式的特点

## 一、按人头支付方式的经济学分析

为了让大家了解按人头付费的优势和缺陷，我们利用经济学的分析方法进行演示（图 9-1）。

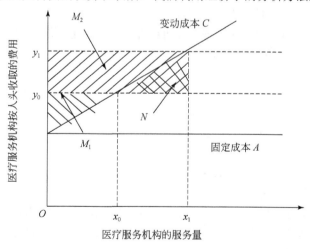

图 9-1 按人头付费的财务收支变动

横轴 $x$ 表示医疗服务机构的服务量，纵轴 $y$ 表示医疗服务机构按人头数收取的费用。医疗服务机构的固定成本为 $A$，变动成本为 $C$。

假设医疗服务机构按人头收取的费用为 $y_0$，医疗服务量控制在 $x_0$ 内，则医疗服务机构是盈利的，盈利为 $M_1$。如果医疗服务机构在此基础上不断增加服务人数，使收取的费用增加到 $y_1$，则相应的医疗服务量控制在 $x_1$ 之内，医疗服务机构盈利将会在 $M_1$ 基础上增加，增加量为 $M_2$。也就是说，在医疗服务成本之内，随着人头数的增加，医疗服务机构的盈利会不断增加。这就会鼓励医疗服务机构倾向于为更多的人提供服务，鼓励医疗资源流向预防服务。

假设医疗服务机构按人头数收取的费用 $y_0$ 固定不变。则在服务量 $x_0$ 之内医疗机构是盈利的（利润为 $M_1$ 部分），当医疗服务量超过 $x_0$，从 $x_0$ 增加到 $x_1$ 时，则医疗服务机构将会亏损，亏损额为 $N$。也就是说，在按人头数付费的方式下，医疗服务量与医疗服务机构的收入成反比，提供的服务量越多，则医疗服务机构的收入就会越少，甚至亏损。这样就会刺激医疗服务机构尽可能地采取各种方法降低医疗费用，但是也可能导致为降低费用而减少服务提供或降低服务质量的现象。因此，按人头付费既有自身的优势，也有自身难以避免的缺陷。

# 二、按人头支付方式的优势

## （一）政府财政预算下的按人头支付方式的主要优势

**1. 公平性好**

覆盖全体公民，且全民免费共享；体系覆盖全面，管理层级分明；卫生服务机构分级清晰，卫生服务衔接完整。

**2. 资金来源稳定且有持续性**

税收转移支付，个人基本不缴保费。资金来源于国家税收，稳定且有持续性。

**3. 对医疗服务费用的控制力很强**

在实施按人头支付的情况下，医院的收入与其提供服务的人数成正比，提供服务的人数越多，医院收入越多，反之，医院收入越少。对医疗服务费用的控制力均很强，并控制医院或医生过度医疗服务的行为。按照人头总数和人头的固定付费标准预付给医疗机构，实现费用包干制，超支不补，结余归自己，这样激励医疗机构或医生从两方面寻求平衡。一方面，尽可能减少医疗服务提供数量，在服务量减少的情况下保证一定的医疗服务质量，吸引患者，提供服务的人数增多；另一方面，采用预防各种办法节约开支，运用内在的费用控制机制，如对每个个体减少提供医疗服务数量，降低医疗费用。按人头支付方式有利于医生或医疗机构强化内部管理，增强医疗机构或医生的费用意识和经济责任，控制过度医疗服务的行为。

**4. 重视预防**

按人头支付方式，对医疗费用和医疗服务数量均有较强的控制，按照每一个人头的支付标准固定支付给医疗服务提供者，可以促使医疗机构和医生采用各种办法节约开支，特别是希望服务对象不生病、少生病，开展预防工作，以减轻未来的工作量，进而减少医疗费用开支。

**5. 管理成本相对较低**

人头和人头固定支付标准的计算较为简单，工作量较小。

**6. 卫生资源配置具有较强的计划性**

政府从全局的角度，系统科学配置卫生资源。科学合理地配置卫生资源，通过如下途径，如医保机构自己办医院或打包购买开业医生的服务。政府需加强对医疗服务过程进行监管，如飞行检查。

**7. 保障项目齐全**

按人头支付方式往往是在城市的社区卫生服务中心或者乡村的卫生院。社区卫生服务中心或乡镇卫生院的保障项目包括预防、医疗、分娩、护理、康复、健康教育、免疫、计划生育等。苏联和东欧社会主义国家所实行的全免费医疗，以及英国、加拿大、瑞典、爱尔兰、丹麦等国家所实行的全民医疗保险制度保障项目齐全。

（二）组织机构内的按人头支付方式的主要优势

**1. 对费用的控制效果好**

组织机构以会员入会的方式，会员即投保人参保，在组织机构内会员关系与保险关系并存，组织机构既是保险人也是医疗服务提供者。会员以固定额度为保费加入该组织，但接受必需的医疗服务是免费的。组织机构掌控医疗保险基金，对会员提供服务补偿，该机构的医务人员会尽量减少医疗服务提供，控制费用。

**2. 重视预防**

组织机构（如美国的健康维持组织）及其医务人员为减少医疗服务提供数量，寻求最小的成本投入获得会员的健康的保障，组织健康体检，建立健康档案和电子病历，区分高危人群、患病人群和健康人群，开展三级预防；确定老年人、妇女儿童，高血压、糖尿病、精神类疾病患者，开展分类管理；开展健康教育等健康促进工作使成员少生病，早发现、早诊断、早治疗，从而重视预防。

**3. 管理成本较低**

按人头支付方式对于组织机构来说，有明确的人数和标准，医务人员由被动工作转换为主动预防疾病，管理成本较低。

**4. 方便签约居民就近就医**

组织机构一般在居民区内或者在居民区附近，从地理位置上具有较强的可及性，居民就医方便，从长期发展角度，相对其他机构有更强的竞争力。

# 三、按人头支付方式的缺点

（一）政府财政为主筹资来源的按人头支付方式的主要缺点

**1. 不能很好地保证医疗服务质量**

医疗服务提供者可能会通过减少医疗服务的数量来减少医疗费用的支出，从而导致医疗服务质量的降低，也会带来医患矛盾。

**2. 可能出现医疗服务体系效率低下**

全科医生的效率尚可，但是医院的医务人员拿固定工资，可能出现积极性差、患者就医等待时间长或者拒绝接收危重患者就医的现象。人均医疗资源相对少。

**3. 可能减少高新医疗技术的使用**

初级卫生保健机构可能因为费用控制的需要，减少新医疗技术的应用。

**4. 政府财政负担加重**

政府采用税收来筹资，筹资结构单一且负担重。

**5. 国家竞争力降低**

过高的保障水平导致国民懒惰，高税率降低企业竞争力，专业人才外流。为了保证医疗服务质量，一些国家通常规定服务对象的最高人数限额，如一些国家规定每个医生最多照管2000人。

（二）组织机构的按人头支付方式的主要缺点

**1. 对整个卫生健康服务体系要求不高**

组织机构的按人头支付方式局限于组织机构内部，没有考虑整体卫生服务体系，局限于扩大本组织利益，可能医药并未分开，基层医疗机构软硬件较差，不能提供患者较为满意的医疗服务。

**2. 降低医疗服务质量**

医疗机构的收入不与服务收入挂钩，而是事先固定，医疗机构可能会通过降低成本来减少医疗费用支出，也可能会减少医疗服务量或者推诿重症患者以提高收入。

**3. 现实中民众选择就医的自主权受到限制**

虽然医生或医疗机构会竞争病源，但是现实中地理的限制或者人为地划定区域，使竞争大大受限。参保人员在选择医疗服务机构的自主权受到限制时，更容易产生抵触心理。

# 第三节　按人头支付方式的应用

按人头支付方式有多种支付范围和种类，如可用于对初级保健（按人头支付全科医生）、专科服务和住院服务的支付；按一个费率支付给医疗服务提供方。国际上，英国的社区卫生服务按人头付费，对持有资金的全科医生采取这种偿付方式；美国的健康维持组织也是采取这种偿付方式的典型代表。

## 一、按人头支付方式的结算条件

（一）需形成医疗保险系统外部良好的医疗卫生系统和药品流通体制

**1. 实施区域卫生规划，合理配置卫生资源**

政府在组织机构重塑中起到重要作用。对某一区域实行区域卫生规划，不是计划经济的产物，而是卫生领域需要政府计划和规划。在英国，资本主义国家对卫生的计划和规划，从 1946 年更加具体，实践证明，其卫生总费用占 GDP 的比重在经济合作与发展组织中是较低的。中国在流动人口较少时期，可以重新重视区域卫生规划，多分配卫生资源进入基层医疗机构，实现首诊的签约等要求，逐步形成了以初级卫生保健为主的医疗卫生体系。

**2. 协同其他部门推进基层医疗机构建设**

目前三级医疗机构提供了大量常见病、多发病的诊断和治疗，如果现实生活中，形成基层医疗机构提供初级卫生保健的局面，首诊制度就会实现。基层医疗机构首诊，专科医院或者综合性医院接诊，病人到康复期回基层医疗机构的分级诊疗格局的实现，需要政府医疗保障部门、卫生行政部门等多个职能部门协同推进基层医疗机构建设。中国的社区卫生服务中心、二级医疗机构和三级医疗机构都有门诊费用、住院费用、医疗服务费用和药品费用。在医院的费用构成中，城市医院占 63%，而社区卫生机构仅占 4.3%。当初级卫生保健在医疗卫生体系中不是主体，基层医疗机构的全科医生数量少，技术力量较薄弱，会出现病人越来越少，卫生资源越来越少，医务人员流失等恶性循环局面。要使全科医生成为居民"健康守门人"，形成初级卫生保健为主，其他医疗机构为辅的局面。通过按人头支付方式获得大量经济资源，医保部门应与其他部门协同推进基层医疗机构以及门诊统筹的建设，促进基层医疗机构的健康持续运行，并在卫生资源优化配置上起到重要作用。与财政部门共同建立对基层医疗机构的补偿激励机制，与财政部门共同对基层医疗机构进行考核，将考核结果作为基层医疗机构绩效工资计算的重要依据。实行按人头支付方式，作为基层医疗机构业务收入最大来源方，在其规划建立阶段，应主动积极与卫生行政部门协同，从而使基层医疗机构设置能尽量符合参保人需求。建议区别社区门诊和专科门诊，规定病人必须由社区门诊接诊，专科门诊不能直接看病人；否则，不予考核。

**3. 构建医药分开、分别管理的外部环境**

门诊服务包括门诊药品和门诊医疗服务，实现医药分开、分别管理是值得中国从西方国家借鉴且符合西医的特征的。对药品费用，大多国家采用按服务项目付费的支付方式，英国采用总额预算下的按服务项目支付方式；对门诊医疗服务，不同国家根据不同的管理方式、服务类别，采用不同的支付方式。总体来说，实现社区首诊制的国家对全科医生的医疗服务采用按人头支付方式。在某种意义上，实现医药分开是按人头支付的前提（限西医为主的医疗机构）。按人头支付方式是补偿医生技术和劳务费用的。一方面，现实中需要根据"西医"和"西药"各自的特点来设置不同的支付与结算办法。由于医生的很多技术劳务工作很难明确量化，供给的弹性很大，因此技术劳务费用可以通过预付方式确定下来，而药品则不同，其是有形的，其供给容易量化，按服务项目付费是合理的补偿方式。另一方面，能促使门诊医生通过提高服务质量来吸引签约人群，开展预防保健。在医药分开结算的前提下，采用按人头支付方式预付门诊医生的劳务费用，可以改变"以药养医"增加个人的经济收入的局面，全科医生将工作重心放在减少发病、重视预防上，会达到较好的社会效益。目前中国有些地区开展了门诊统筹，社区首诊是这些地区探索的方向，为实现按人头付费奠定了良好基础。开展门诊统筹的地区需要医药分开、分别管理的外部环境，目前仅有东莞、佛山、南充、玉溪和厦门等少数地区进行了试点。将医、药合并按人头结算，并不是真正意义的预付制，现行的付费方式是总额控制下的按服务项目付费。门诊大病是按照病种进行的总额预算。医药分开、分别管理是按人头付费这种预付制实现的重要外部环境。西方国家按人头预付是不包括药品费用的，仅仅支付医保基金支付医生的技术服务费用，药品费用采用按项目付费的方式支付给药店；如有需要，还为签约居民购买专科或者住院的医疗服务费用。在我国目前医药未分开的情况下，各地门诊统筹按人头支付的费用不仅包括医疗费用，也包括药品费用。测算人头费的时候，包括规范转诊到上级医疗机构的门诊费用，不包括转诊到上级医疗机构发生的住院费用（这与我国门诊和住院基金分开管理有关）。

### 4. 医疗服务对象在一定时间内固定

参保人定点就医制度是按人头支付方式的基础，实行按人头付费，需将参保人的就医行为相对稳定在固定的医疗机构。这也要求参保人没有强的流动性，除了上学或工作调动，参保人某一个区域相对固定。虽然医疗服务对象固定，但是也要保证参保人具有医保定点签约的选择自由权。从医疗服务角度，保证医疗服务提供对象的自主权。公费医疗、劳保医疗下，参保人员在医务室、二级医疗机构和三级医疗机构各选一家，形成由医务室首诊，二、三级医疗机构接诊的模式。在实际中，医务室的首诊功能丧失，而后医疗机构在改革开放中自主权逐步扩大，患者的自主权逐渐扩大，发展了大型三级医疗机构。总体来说，参保人的居住区域固定，定点的基层医疗机构才能固定，这种情况是实现基层医疗机构首诊的基础。病人治疗的连续性和有效性将更好，病人就近得到预防保健等将实现。另外，也需要对基层医疗机构加强培训和对参保人加强宣传，特别是对实施按人头支付方式后的一系列配套政策进行宣传。

### 5. 有效监管医疗机构的体系

要防止基层医疗机构为节约成本而治疗不足，或者拒绝高风险参保人的签约，要防止医疗机构向患者转嫁费用。按人头支付会让基层医疗机构希望门诊人次越少越好，而DIP则希望住院病人人次越多越好。这会导致基层医疗机构会用种种借口将门诊转向住院，而政府监管机构无法识别，更无法阻止此行为。这会加重患者经济负担，也会导致医保基金的浪费和流失。如果医疗保险管理机构采用按总额预付方式和人头付费支付方式结合来控制，效果会更好。

### 6. 良好的信息技术保障

建立高效的实时支付网络，实现门诊费用的实时结算。实施按人头支付方式后，需要对基层医疗机构（包干机构）工作人员进行全面深入的医保政策、操作培训，并建立日常业务指导渠道，使之准确理解并执行医保政策，确保基金合理使用。医保工作人员须加强对包干机构的日常管理，防止出现基层医疗机构提供服务不足的情况。

（二）医疗保险系统内需形成按人头支付方式的条件

### 1. 形成基层医疗机构首诊机制

每个参保人选择一个定点基层医疗机构，并选择一个该机构的全科医生。患者经过全科医生转诊才能进行专科医院治疗或者综合医院治疗，否则，医保机构可对医疗机构进行处罚。医保机构通过购买医疗服务的形式，签约全科医生为保险医生，使得全科医生成为居民"健康守门人"，甚至给全科医生管理大部分医疗经费等更多的权力。在英国按人头支付方式的情况下，全科医生的人头费既要负责门诊医疗服务费用，也要对住院服务负责。基层全科医生会管理大部分医疗费用，承担财务责任，监督医院的医疗。将大部分常见病、多发病控制在基层，使有限的人头费发挥最大的效用，依托基层深入社区，充分利用基层医疗卫生资源。

**2.制定合适的医疗服务包和精确测算人头付费的付费标准**

在按人头支付的情况下，全科医生的收入与医疗服务提供量没有直接关系，全科医生有减少医疗服务提供数量的动机，可能损害参保人的健康权益，因此需要制定合理的医疗服务包，规范医疗服务行为，以降低其损害参保人权益的可能性。医疗服务包不能过宽或过窄，过宽会增加人头费标准，过窄不利于保障参保人的权益。在医疗服务包确定后，根据医疗服务包的项目和范围，确定人头费标准。医疗保险机构应该有足够的数据积累，能够有效地测算出具有代表性的付费标准。结合国家卫生健康委员会对人口的统计结果，可以计算人口数量。

**3.建立风险调整机制**

需要针对人群风险大小，建立风险调整机制。从国外经验看，需要考虑人群年龄、性别、患病情况、该地区的经济情况以及参保人的历史医疗费用等。老年人、慢性病人多，历史医疗费用高的地区的医疗费用明显高于平均水平，一般来说风险调整的权重较大。如果医保机构用整个人群的平均付费标准作为其人头费标准，那么就可能导致医疗机构推诿高风险人群，并且对接受高风险人群的医疗机构也不公平。因此，需要在一定的数据基础上建立风险调整机制。

**4.严格实行医疗保险费用支付方式预付制**

整个医疗保险费用支付体系形成"按人头支付为主、按病种支付方式为辅"的预付制支付体系。在按人头支付方式基础上，再将容易界定的少数病种按病种付费。但是，个人自付比例不能过高。采取按人头支付方式之后，可能出现患者自付比例过高，即医院发生的实际医疗费用超过了人头费用总额，医院同样可以获得相应的利润，这样，按照人头支付方式对医疗机构的约束和激励作用有限，那么过度医疗服务提供就会重演。所以，采用按人头支付方式之后，治疗费用和护理费用的个人负担最多不能超过20%（包括三大目录外费用）。如果首诊制度实现，基层医疗机构真正实现按人头付费，按病种付费才能更好地实现。

**5.赋予包干机构更大的管理职责**

实施按人头支付方式的最大优点就是降低了医保基金风险，同时也极大地减轻了医保经办机构控制不合理开支的工作量。因此，在实际工作中，须赋予包干机构更大的管理职责，首先是提高其在日常费用结算拨付中的主动性，可以对转诊至上级医疗机构的不合理费用提出异议，并在费用拨付中有所反映。其次是更多涉及费用支出的经办工作可由包干机构承担，并由其进行把关，如门诊结算、就医点变更、部分特定门诊的准入等。

## 二、实行按人头支付方式的模式对比

（一）西方国家按人头支付方式的实际运用对比

英国、丹麦、荷兰是最早实行按人头支付方式的国家，意大利1980年之前对部分参保人的医疗保险费用采用此办法，1980年后，则全部采用此办法。美国健康维持组织广泛使用了按人头支付方式，印度尼西亚和哥斯达黎加也采用这种办法偿付医疗费用。具体模式见表9-1。

表 9-1　按人头支付方式的发达国家模式比较

| 国家 | 门诊保障所属体系 | 门诊保障基金来源 | 个人是否自付门诊医疗费用 | 是否首诊在社区 | 社区门诊与专科门诊是否分开 | 门诊医疗服务补偿 | 不被保障的医疗服务项目 | 门诊药品费用支付 | 门诊医疗费用支付方式 |
|---|---|---|---|---|---|---|---|---|---|
| 英国 | 国民卫生服务体系 | 政府财政拨款 | 是，个人定额承担。需要每次在指定的医疗机构就诊需承担 6.94 英镑（处方费） | 是，而且患者固定一家全科诊所 | 是，必须到社区全科医生处首诊，医院提供专科门诊服务 | "全科医疗服务合同"；全民服务框架；临床指南（详细门诊医疗项目） | 美容性的牙科治疗 | 有药品目录，个人定额自付（门诊保药品覆盖绝大部分处方药，总报销比例大于 90%）对药费总额预算 | 根据不同年龄阶段规定人头费用标准，预付给全科医生。处置分娩、子宫癌诊断检查、预防接种等按效果项目支付** |
| 丹麦 | 全民医疗保障制度 | 政府财政拨款 | 基本不付费。政府对门诊保障覆盖的医疗项目会明确指出 | 是，而且患者固定一家全科诊所 | 社区全科医生首诊，如果社区全科医生不能处理，只能通过其转诊才能去上级医院接受专科门诊或住院服务 | 医疗补偿方案（有详细门诊医疗项目） | 无基层医疗卫生机构医生转诊直接到上级医院就诊的费用不被保覆盖。还有替代性的服务及治疗 | 有药品目录，按比例支付，且设起付线、自付封顶线* | 按人头支付方式 |
| 荷兰 | 全民医疗保障制度 | 政府财政拨款 | 是，个人定额承担。需要每次在指定的医疗机构就诊时定额承担（处方费） | 是，而且患者固定一家全科诊所 | 社区全科医生首诊，如果社区全科医生不能处理，只能通过其转诊才能去上级医院接受专科门诊或住院服务 | 医疗保险诊治法令和服务（有详细门诊医疗项目的规定） | 在门诊医疗项目之外 | 有药品目录，按比例支付 | 按人头支付方式 |
| 加拿大 | 全民医疗保障制度 | 政府财政拨款 | 基本不付费。只要政府门诊保障覆盖的医疗项目范围内，公民不需要支付任何费用 | 是，而且患者固定一家全科诊所 | 社区全科医生首诊，如果社区全科医生不能处理，只能通过其转诊才能去上级医院接受专科门诊或住院服务 | 有规定在门诊保障覆盖的医疗项目范围 | 在门诊医疗项目之外 | 个人全额支付 | 总额预算下的按服务项目付费和按人头支付费。医生获得的医保支付超过一定水平不被再全额补偿 |

*成人药品费用在 500 丹麦克朗以下完全个人自付，药品在 501~1200 丹麦克朗，1201~2800 丹麦克朗，2800 丹麦克朗以上三个区间，患者需分别支付 50%、25% 和 15% 的费用。患者自付封顶额为 3600 丹麦克朗/年。未成年人不设起付线，500 丹麦克朗以下费用仍报销 50%。总体上，丹麦药品报销比例大约为 60%

**全科医生薪酬=人头费的 60%+基本工资+按服务项目付费部分；初级保健信托机构雇佣全科医生为本区域居民提供医疗，保健服务。采用绩效考核方式，报酬与考核分数挂钩。2004 年的绩效考核合同中包括服务指标、健康改善指标、诊疗规范指标等 146 项指标。如果绩效考核的分数低于一定的标准，初级保健信托机构可以不与该全科医生续约。与全科医生一样，英国对门诊专科医生也建立了相应的医疗质量评价制度

（二）中国按人头支付方式的模式对比

按人头支付方式被国家医改新方案纳入要求"积极探索"的医保付费方式之后，引起了越来越多的人的关注和重视。根据目前中国按人头支付方式的实践，可以划分出三种模式类型，见表9-2。

表 9-2　中国门诊统筹下按人头支付方式的模式分类

| 结算模式 | 具体方法 | 典型城市情况 | 部分其他城市 |
|---|---|---|---|
| 模式 1 | 超支不补，结余奖励定点机构一部分，其余结转下年度使用 | 济南：每年按人头 40 元的额度，根据定点统筹机构签约的参保人数确定预算总额。超过年度预算总额部分，完全由定点医疗机构自行承担，低于预算总额的，按实结算，结余 50% 奖励给定点机构，其余结转下年度使用 | 东莞（结余部分奖励比例视情况而定）；芜湖（结余部分奖励 30%）；长沙（结余部分奖励 50%）；襄阳（结余部分奖励 30%） |
| 模式 2 | 超支不补，结余结转下年度使用 | 南充：根据定点门诊统筹机构的签约人数、年龄结构以及疾病情况确定预算总额。超过预算总额部分，完全由定点医疗机构自行承担，当年有结余，全部结转下年度使用 | 葫芦岛（预算总额=签约人数×人均缴费额×90%）；沈阳、深圳（根据签约人数与平均人头费确定预算总额） |
| 模式 3 | 总额弹性结算，结余奖励定点机构一部分，其余结转下年度使用，超支分担 | 泰州：根据签约人数与平均人头费确定的费用，去除 10% 的风险防范金后即为预算总额。年度费用低于预算总额的，结余部分奖励 10%，其余结转下年度使用；年度费用超过预算总额的，定点机构自己承担一部分，风险防范金补助一部分 | 泰州、镇江（结余分别奖励 10%、30%）；厦门（若超支视合理情况补助 10%～60%）；杭州、石家庄、无锡、柳州、上海、苏州也采取结余留存、超支分担的政策 |

## 三、按人头支付方式的结算方法

按人头支付方式的结算方法：确定基金总量、定义医疗服务包、计算基础按人头费率、计算风险校正系数、确定信息数据库和计算供方的按人头预算额。

（一）确定基金总量

有些国家采取自下而上成本核算或自上而下的资金分配，或者将两者相结合的方式来确定基金总量。在一些中、低收入国家，基金总量受国家和当地政策影响较大，一般很难提前确定具体数字。常见的做法就是根据历史数据和当前的政策进行预估。假设其他因素，如纳入总人口数变化不大，基金总量在很大程度上影响了医疗服务包的内容和基础按人头费率和各供方的实际预算的大小。在有些情况下基金包括资本支出，但更多情况下，基金总量仅包括运行支出，而资本支出有其他筹资来源。用于计算基础按人头费率的人群预期数量应该等于支付系统内各供方所纳入所有人数的总和，这样才能保证预算中性。

（二）定义医疗服务包

按人头支付覆盖的"服务包"应能反映当地人群覆盖面、医疗服务供方能力和医疗保险门诊统筹基金补偿的能力，保证优先开展的医疗服务和项目，同时具有动态变化、可持续更新及未来扩展的能力，也应该清晰定义支付的补偿范围和补偿比例。

不同类型的供方，不管是公立的还是私立的，如果他们有能力提供包内的服务，都可以被纳入支付体系。服务包应该能清楚划分不同类型的服务，如清晰划分健康促进、预防、保健和专科诊疗服务。先解决基层医疗机构"六大功能"中的"基本医疗"问题,预防保健等其他项目暂不纳入门诊统筹基金支付范围。尽可能将药品费用单列,并与财政部门核算药品补偿额度。通常需在服务包过度专业化和专业化不足之间获得一个平衡。

有些机构或者地区可以提供更多服务,因此可在基础服务包的基础上,设可选服务包,一些服务是否包括在内依赖于供方的设备及能力,以及政府的相关规定。地方也可以根据实际情况在基本服务包的基础上进行扩展。

（三）计算基础按人头费率

最简单的方法就是利用基础按人头费率,不经风险校正直接计算供方按人头预算。计算基础按人头费率常用的公式如下:

$$基础按人头费率=某类服务（如初级保健）总金额/总人口数$$

（四）计算风险校正系数

从理论上讲,减少逆向选择的最佳策略是设计好的风险校正的方法,根据个人服务需求或成本差异制定分类支付金额。使用风险调整方法制定按人头费率应达到下述目标:降低风险逆向选择,对供方服务进行公平公正的补偿,确保卫生体系的财政稳定等。

进行风险校正的体系同时需要一套风险校正系数以及每个供方纳入人群的详细特征信息。风险校正系数通常分为服务相关（诊断、药品、服务利用）和非服务相关（人口学特征、社会经济学等因素）两类,风险校正变量选择以及模型估计通常采用回归等模型。由于受到卫生系统自身条件、数据可得性、管理能力等多个条件的限制,不同国家和地区采取风险校正的方法差异较大。在一些中亚转型国家,仅采用年龄、性别等变量作为校正因素。目前,能真正反映个体支出、成本差异的风险校正方法的效果仍然有限,纽豪斯（Newhouse）等估计最多 20% 的个人支出的差异可以进行预测,而其他的差异则是随机波动引起的。

（五）确定信息数据库

可以根据某地区或者不同类型的服务机构建立起覆盖人群的数据库,收集纳入人员的信息,这些信息包括人口学特征、社会经济学信息、服务利用和成本、费用相关信息,并纳入供方相关信息,以了解供方覆盖的实际人数和实际服务提供情况。

（六）计算供方的按人头预算额

**1. 未经风险校正的供方按人头预算额**

某供方按人头预算额由以下公式决定:

$$某供方按人头预算额=基础按人头费率×纳入人口数$$

**2. 经风险校正的供方按人头预算**

当有了基础按人头费率、供方纳入人数以及风险校正系数等数据,每个供方的按人头预算额的计算公式如下:

$$供方i按人头付费的预算=\sum_{A}[（人群A的风险校正系数）×（人群A的人数）×（基础按人头费率）]$$

风险校正系数可以重新分配服务的资金,但是并不增加可用资金的总量。然而,如果风险校正系数在支付系统中被使用,它们并不完全被校准为 1,那么必须通过校正基础人头费以确保预算系统保持收支平衡。基础按人头费率通过每个纳入对象的加权平均费用校正,其中权重是根据校正变量的组合确定的。

$$\text{经校正的基础按人头费率} = \frac{\text{PHCP}_R}{\sum_A \sum_i [\text{人群}_{Ai}] \times (\text{风险校正系数}_A)}$$

其中，经校正的基础按人头费率为 $R$ 地区的调整人头费用；$\text{PHCP}_R$ 为 $R$ 地区的基础卫生总费用；人群$_{A,i}$ 为在供方 $i$ 注册的按照校正变量分组属于 $A$ 人群的人数。

$$\text{风险校正系数} A = \text{使用变量校正的 } A \text{ 人群的系数}$$

如果把地区作为一个影响因素应用于按人头支付系统，基础人头费用应该做如下校正：

$$\text{经校正的人群} A \text{的基础按人头费率} = \frac{\text{PHCP}_R}{\sum_i \left[ \sum_A [\text{人群}_{A,i}(\text{风险校正系数}_A)] \times \text{地区校正系数}_i \right]}$$

那么校正后，每个供方的按人头付费的预算的计算公式如下：

$$\text{供方} i \text{按人头付费的预算} = \sum_A [(\text{人群} A \text{的校正系数})$$
$$\times (\text{人群} A \text{的人数}) \times (\text{经校正的人群} A \text{的基础按人头费率})]$$

1. 什么是按人头支付方式？按人头支付方式有哪些优缺点？

2. 按人头支付方式有哪些类型？各种类型有什么特点？

3. 如何从经济学的角度分析按人头支付方式的优缺点？

4. 我国按人头支付方式的地方实践有哪些典型模式？列举后请简要描述。

（柴　云）

# 第十章　按比例分担支付方式

---内容提要---

　　医疗保险费用支付按支付主体可以分为医疗保险被保险方支付方式和保险方支付方式。按比例分担支付方式是医疗保险被保险方支付中使用最普遍的支付方式之一。本章主要从医疗保险被保险方的角度出发，阐述按比例分担支付方式的概念、发展历程以及特点，并重点介绍其在中国医疗保障制度中的应用情况。

## 第一节　概　　述

### 一、按比例分担支付方式的概念

　　医疗保险被保险方（医疗服务需方）支付方式主要是指被保险方在医疗保险过程中分担一部分医疗费用的方法。世界各国实施不同医疗保险制度的实践证明：医疗保险支付被保险方全部医疗费用的做法，尽管有体现公平性的一面，但却造成了过度利用卫生服务，卫生费用上涨过快和卫生资源浪费。因此，为防止上述现象的发生，不同国家都已经逐步采用各种费用分担的办法来取代全额支付，以有效地控制医疗费用。常见的分担方式包括三种：起付线、封顶线和按比例分担。

　　起付线（deductible）支付方式也称免赔额或扣除保险，俗称门槛费，它是由社会医疗保险机构规定医疗费用支付的最低标准。按照"医疗保险机构与参保人共同负担医疗费"的基本医疗保险制度改革原则，参保人在定点医疗机构实际发生的医疗费，自己要先承担一部分后，医疗保险机构才按规定比例支付。这个由参保人先负担的医疗费数额标准，就是医疗保险基金支付参保人医疗费的起付线。采取这种支付方式增强了参保患者的费用意识，减少了医疗保险结算工作量，但会增加患者的医疗费用负担，抑制低收入者正常医疗保险需求。

　　封顶线（ceiling）支付方式是指在一定时间内，医疗保险机构对参保人偿付的医疗费用限定在一定额度内，医疗保险机构只支付该限额以下的费用，超过这个额度的医疗费用由参保人承担或通过其他途径支付，即最高给付限额（俗称"给付封顶"）。采取这种支付方式能够较好地控制医疗保险费用支出，但对发生大额医疗费用的人群不能发挥减轻医疗负担的作用。

　　按比例分担支付方式是医疗保险费用需方支付中使用最普遍的支付方式。按比例分担支付方式又称共同付费（co-payment）方式，对于医疗保险而言，即医疗保险机构和参保人按一定的比例共同支付医疗费用。共付率是指参保人支付的比例。如果共付率是25%，那么参保人支付25%的医疗费用，医疗保险机构支付75%的医疗费用。共付率可以是固定比例，也可以是变动比例。

　　按固定比例共付是指无论发生多少医疗费用，保险机构与参保人分担比例不变。以日本1961年实施的全民医疗保险制度为例：参加雇员健康保险的雇员在接受医疗服务时，个人自付医疗费用的10%，保险机构支付90%，而雇员家属住院时需自付20%医疗费；参加国民健康保险的人及家属在接受门诊治疗时，本人负担30%，住院治疗时，本人负担20%。按固定比例共付时，如果自付比例过低，对参保人的制约作用就较小，而自付比例过高又可能会加重高费用参保人的经济负担，从而抑制参保人正常的医疗需求。

　　按变动比例共付是指随着医疗费用的变动，保险机构与参保人支付的比例递增或者递减。例如，当被保险人住院费用在 5000 元以下时，共付率为 20%，费用为 5000～10 000 元时，个人自付比例为 30%，10 000 元以上则为 40%。同时，也可针对不同人群或者在不同级别的医疗机构就医采取不同的共付比例的方式。按变动比例共付能够根据费用的高低设置不同的共付比例，克服了按固定比例共付的一些缺陷，只是在操作方面相对复杂，管理成本较高。

实践中常采用混合支付方式：起付线以下医疗费用，由医疗保险参保人全部自负；起付线至封顶线之间医疗费用，按固定比例或变动比例共同承担；封顶线以上费用，也由参保人自行承担或通过其他途径支付。

## 二、按比例分担支付方式的发展历程

### （一）第一阶段（20 世纪 50 年代到 20 世纪 80 年代）：按比例分担支付方式的产生

现今，按比例分担支付方式被广泛应用于医疗保险中，而关于其发展历程，比较有针对性的国外资料并不多。在这一点上，我们主要从我国医疗保险发展过程的角度加以阐述。从总体上讲，我国按比例分担支付方式的发展历程与医疗保障制度的改革进程是一致的，其发展历程主要分为产生、发展和成熟三个阶段。

在我国 20 世纪 50 年代，按比例分担支付方式并未被用于医疗保障制度。从 20 世纪 50 年代到 20 世纪 80 年代是按比例分担支付方式出现之前的一个阶段。在该阶段，医疗保障制度主要有两种：公费医疗制度（public medical system）和劳保医疗制度（labor health service）。公费医疗制度是指为保障国家工作人员健康而建立的，通过国家财政预算支出，由医疗卫生部门按规定向特定享受对象提供免费或者部分免费医疗服务的一项制度。劳保医疗制度是指为保障职工的健康，通过企业提取的职工福利基金，对企业职工实行免费医疗，职工家属实行减半收费的一项制度。劳保医疗制度又称企业医疗保险制度，是我国劳动保险制度的一部分。

在公费医疗制度和劳保医疗制度中，职工医疗费用主要由国家财政拨款和企业承担。在接受医疗服务时，职工基本不需要自己支付医疗费用，基本上享有免费医疗待遇。多年来，这种"免费医疗"制度对于保障职工健康发挥了积极作用。但是，随着时间的推移，这种制度所带来的弊端日益突出，尤其是由于缺乏费用意识和费用分担责任，职工医疗费用的过度消费现象十分普遍，使之成为加剧我国医疗费用过快上涨的一个重要原因。

20 世纪 70 年代末到 80 年代中期，公费医疗和劳保医疗享受的人数逐年增多，从 1978 年的 8400万人增加到 1985 年的 12 200 多万人。对享受公费医疗和劳保医疗的职工所提供的医疗服务基本实行免费，刺激了消费者不合理需求的增加，再加上补偿机制和价格机制的作用，导致医院不关心医疗费用的高低。部分企业和单位为了减轻难以承受的负担，开始自发地控制医疗费用，将医疗费定额发给职工个人，结余自留，超支不补。还有一些单位采取了按不同比例报销、把医疗经费拨付给企业医院承包使用的方法，这些办法在一定程度上控制了医疗费用。但体弱多病的职工的医药费用开支远远超过医疗费补贴，个人疾病经济负担过重，从而影响个人健康和家庭正常生活。

20 世纪 80 年代中期，为增强职工的费用意识与责任意识，我国医疗保险被保险方支付制度开展了一系列改革。1984 年，卫生部、财政部发出的《关于进一步加强公费医疗管理的通知》中指出，"公费医疗制度的改革势在必行，在保证看好病、不浪费的前提下，各种改革办法都可以进行试验。在具体管理办法上，可以考虑与享受单位、医疗单位或个人适当挂钩"，此后一些地区开始试行。按比例分担支付方式出现在这一系列的改革措施中：采取医疗费用共付方式，对门诊和住院医疗费用采取需方分担一定比例的策略，即采取与个人"挂钩"的方式；各地分担比例不同，一般门诊自付比例在 10%～20%，同时还规定了自付限额，住院自付比例大多数低于门诊，老年人自付比例低于年轻人。有的地区对不同级别医疗机构实行个人分担不同比例的措施。与以前从不实行需方费用的分担机制相比较，这项措施对增强职工的费用意识和控制医疗费用的过快上涨起到了一定的积极作用。改革实施的初期效果较为明显，职工个人的费用意识有所增强，但从长远来看，如果没有相应的对供方的费用控制措施，其效果是短暂和有限的。

（二）第二阶段（20 世纪 90 年代）：按比例分担支付方式的发展

进入 20 世纪 90 年代之后，我国开始进行城镇职工基本医疗保险改革。1993 年 11 月党的十四届三中全会通过《中共中央关于建立社会主义市场经济体制若干问题的决定》，指出了"城镇职工养老和医疗保险金由单位和个人共同负担，实行社会统筹和个人帐户相结合"。1994 年，国家经济体制改革委员会、财政部、劳动部、卫生部联合制定了《关于职工医疗制度改革的试点意见》，并由国务院正式确定已有较好大病统筹工作基础的江苏镇江和江西九江作为改革的试点城市，并于 1994 年 12 月底开始实施试点方案，重点是实现机制转换，建立社会统筹与个人账户相结合的模式。之后，在与其他费用控制方式结合使用的过程中，按比例分担支付方式的优势逐渐展现出来。

1996 年，《关于职工医疗保障制度改革扩大试点的意见》提出我国医疗保险制度改革的基本原则，采取"基本医疗保障的水平和方式要与我国社会生产力发展水平以及各方面的承受能力相适应，国家、单位和职工三方合理负担医疗费用"的原则，并提出要"建立对医患双方的制约机制"的改革原则。之后，我国各地积极探索建立新的职工医疗保险费用的筹资和支付办法，镇江、九江和多数扩大试点城市采取了"统账结合"的"三段通道"模式，我国医疗费用需方支付进入了一个新的发展阶段。

在这个时期，需方支付主要体现在职工医疗费用分段付费方式上。主要采取了三段式的支付：①第一段为账户段，即职工就医时，先由个人账户支付医疗费用；②第二段为自付段，即个人账户用完之后，支付费用仍不足时，由职工现金支付，全年自付费用限于本人年工资的 5%；③第三段为共付段，即职工全年医疗费用超过个人账户结余基金加上个人年工资 5%的部分，则由社会统筹基金与个人现金共同支付。在这一模式中，按比例分担支付方式应用于医疗费用的共付段，并采取了随着医疗费用额的增大，社会统筹基金支付比例递增、个人分担比例递减的分段计算方式。这些措施的实行，使我国在职工基本医疗保险制度中初步建立起需方费用分担机制。

但是，伴随着这一模式的运行又产生了一些新的问题和矛盾。最突出的问题是出现社会统筹基金的普遍超支，并透支个人账户基金的现象。例如，镇江在 1995～1997 年，医疗保险基金虽然还有少量结余，但个人账户已成为空账。由此暴露出"三段通道"模式的弊端。因此，海南和深圳等地的"板块结合"模式应运而生。

在"板块结合"模式中，个人账户主要用于支付门诊和小病的医疗费用，统筹基金主要用于支付住院和大病的医疗费用。例如，深圳采取了门诊费用由个人账户支付，个人账户用完之后，超额部分在上年职工平均工资 10%以内的，全部由职工自己支付；超过上年度平均工资 10%的部分，则根据就诊医院的级别确定个人自付比例。例如，在三级医院就医个人自付 35%、二级医院 30%、一级医院 25%。对于住院，在职人员个人现金支付 10%，退休人员个人支付 5%。对于特殊医疗检查费用，个人支付 20%。

1998 年 12 月国务院召开了全国医疗保险制度改革工作会议，颁发了《国务院关于建立城镇职工基本医疗保险制度的决定》，提出了"在全国范围内进行城镇职工基本医疗保险制度改革"。《国务院关于建立城镇职工基本医疗保险制度的决定》进一步明确了我国城镇职工基本医疗保险制度改革的原则，提出了"基本医疗保险费由用人单位和职工双方共同负担"等原则。其含义包括两个方面：①医疗保险筹资用人单位和个人应按照规定的费率缴纳医疗保险费。②在就医时，职工个人也要负担一定比例医疗费用。

（三）第三阶段（21 世纪初至今）：按比例分担支付方式的成熟应用

在改革试点的基础上，我国逐步建立起符合我国国情的职工医疗费用分担机制，即统筹基金主要支付大额医疗费用、住院费用以及部分特殊病种；个人账户主要支付一般门诊费用和自购药品费用。在职工住院时，仍采取共付制，即根据不同年龄段和就业状态，职工个人需支付一定比例的医疗费用。由此，我国医疗保险需方支付进入了一个规范、稳固发展的阶段。

2007 年 7 月国务院发布《关于开展城镇居民基本医疗保险试点的指导意见》（国发〔2007〕20号），规定城镇居民基本医疗保险基金的使用要坚持以收定支、收支平衡、略有结余的原则，要合理制定城镇居民基本医疗保险基金起付标准、支付比例和最高支付限额，完善支付办法，合理控制医疗费用。自 1998 年底城镇职工基本医疗保险制度实行开始，到 2003 年新农合试点，再到 2007年城镇居民基本医疗保险试点，我国医疗保障体系中的三大主要制度依次建立，按比例分担支付方式在医疗保险基金支付中的应用也愈加广泛，并逐趋成熟。

2012 年 8 月，为进一步减轻人民群众医疗费用负担，国家发展改革委等六部委联合发布《关于开展城乡居民大病保险工作的指导意见》（发改社会〔2012〕2605 号），明确要求：以力争避免城乡居民发生家庭灾难性医疗支出为目标，合理确定大病保险补偿政策，实际支付比例不低于 50%；按医疗费用高低分段制定支付比例，原则上医疗费用越高支付比例越高。

2016 年 1 月，国务院印发《关于整合城乡居民基本医疗保险制度的意见》（国发〔2016〕3 号），提出整合城镇居民基本医疗保险和新农合，建立城乡居民医保制度，标志着我国基本医疗保险制度取得了重要进展，正式建立统一的城乡居民基本医疗保险制度，基本形成了以基本医疗保险为主体，其他多种形式补充保险和商业健康保险为补充，以社会医疗救助为托底的全民医疗保障格局。文件指出，城乡居民医保基金主要用于支付参保人员发生的住院和门诊医药费用。稳定住院保障水平，政策范围内住院费用基金支付比例保持在 75%左右。2016 年 6 月，人社部办公厅出台《关于开展长期护理保险制度试点的指导意见》（人社厅发〔2016〕80 号），决定启动试点，探索建立长期护理保险制度。

2020 年 9 月，国家医疗保障局会同财政部印发《关于扩大长期护理保险制度试点的指导意见》（医保发〔2020〕37 号），新增 14 个试点城市。该指导意见指出，"探索建立长期护理保险制度，是党中央、国务院为应对人口老龄化、健全社会保障体系作出的一项重要部署""筹资以单位和个人缴费为主，单位和个人缴费原则上按同比例分担"，对于符合规定的护理服务费用，基金支付水平总体控制在 70%左右，即个人自付比例约为 30%。

总之，随着我国医疗保障体系不断完善，保障范围和基金报销比例不断增加，人民群众自付比例不断降低，实际医疗费用负担逐渐减轻。

# 第二节　按比例分担支付方式的特点

## 一、按比例分担支付方式的优势

按比例分担支付方式的特点：一是简单直观，易于操作。参保人要负担一定比例的医疗费用，所以该方式将会对参保人的整个求医过程产生影响。参保人可根据自己的支付能力适当选择医疗服务，有利于调节医疗消费，控制医疗费用。二是由于需求价格弹性的作用，参保人往往选择价格相对较低的服务，有利于降低卫生服务的价格。

不同的共付率对参保人的医疗消费行为和医疗费用消费水平产生不同的作用和影响。按比例分担支付方式的优点是在降低医疗服务价格的同时，促使参保人（患者）去寻求较便宜的医疗服务，实现控制医疗费用的目的。按比例分担支付方式的这种激励机制的作用是否有效，取决于共付率的高低及医疗服务需求价格弹性。美国医疗保险研究发现，按比例分担支付方式对门诊医疗需求影响的大小取决于共付率的高低，门诊利用概率随共付率增高而递减，但是共付率对住院服务利用概率的影响并不明显。

通常，伴随着共付率的增高，医疗费用消费水平呈现减少状况。根据美国兰德公司的一项美国老年医疗保险医疗费用共付率研究结果，在四组不同年龄人群中，不同共付率对各种老年人就医概率和医疗费用消费水平均产生影响；随着共付率的增加，就医概率明显下降。例如，当共付率为 0 时（即个人不需要自己支付医疗费用时），就医概率为 87%；当共付率增加到 75%时，就医概率下降到 68%。共付率对医疗费用支出水平也有影响。例如，当共付率为 0 时，个人年医疗费用支出水平为 777 美元；当共付率增加到 25%，医疗费用为 630 美元；当共付率达到 75%时，个人年医疗费用则下降至 540 美元（表 10-1）。

**表 10-1　共付率对就医概率与医疗费用支出的影响**

| 共付率 | 就医概率 | 年医疗费用支出/美元 |
| --- | --- | --- |
| 0 | 87% | 777 |
| 25% | 80% | 630 |
| 50% | 77% | 583 |
| 75% | 68% | 540 |

## 二、按比例分担支付方式的缺陷

按比例分担支付方式的缺陷在于难以合理确定自付比例。自付比例的高低直接影响参保人的就医行为。自付比例过低，对参保人制约作用小，达不到控制卫生费用不合理增长的目的；自付比例过高，可能超越参保人的承受能力，抑制正常的医疗需求，造成小病不治酿成大病，加重参保人的经济负担，达不到保险的目的。

按比例分担支付方式的缺点还在于不同人群和不同收入状况采用同一自付比例，可能导致卫生服务的不公平性。由于家庭收入和健康情况的差别，对于额度较高的医疗费用，一些低收入人群会主动放弃某些医疗服务或是提前结束医疗而使医疗效果降低。针对这种情况，为了使按比例分担支付方式更加完善，在医疗保险的操作过程中，可采用变动比例自付或相应辅助办法。例如，采用分级共同付费方式，即随着医疗费用的增加，逐级减少被保险人的自付比例，以达到少数患大病的参保人能够承担得起医疗费用。另外，也可采用根据不同年龄段确定不同自付比例的方法：中青年自付比例高一些，老年人自付比例低一些。

逆向选择与道德风险是一对在经济学、管理学、社会学、法学等学科中广泛使用的概念，但其最初使用却是在保险学上。

逆向选择（adverse selection）泛指在各种市场交易中，由于双方的信息非对称，在合同签订时，一方为追求自身经济效用的最大化，通过隐藏其私人信息，作出有利于自己利益而损害他方利益的选择。

道德风险（moral hazard）通常是指交易双方由于目标的不一致和信息非对称，在契约签订后处于信息劣势的一方难以观测或监督处于信息优势的另一方的行动，而导致偏离最优契约执行结果的风险，是交易一方不完全承担契约后果时所采取的自身效用最大化的机会主义行为。

基本医疗保险市场之所以会出现逆向选择，是因为每个人所面临的风险不同。对于容易患病的高风险人群来说，他们掌握了自己容易患病的私人信息，都会积极购买更多的医疗保险。对于不容易患病的低风险人群来说，他们掌握了自己不容易患病的私人信息，对购买更多医疗保险的积极性不高。对于保险人即保险公司来说，它不能有效甄别出哪些人群是容易患病的高风险人群，哪些人群是不容易患病的低风险人群，因此只能按照统一的保险费率征收保险费。这样，一部分低风险的人群就会由于统一的保险费率过高而退出医疗保险。保险公司为了追求利润最大化的目标，在一部分低风险的人群退出医疗保险后又不得不进一步提高医疗保险费率。保险费率提高又会降低低风险人群对医疗保险的需求，迫使保险公司再度提高保险费率。这就会形成一个不断加剧的恶性循环过程。最后愿意留在医疗保险系统的都是高风险人群，低风险人群都会退出医疗保险市场，整个医疗保险市场将会崩溃。这样一来，那些最需要保险的人，这些人或是已经患病，或是很可能患病，将得不到保险公司提供的保险。所以，在没有政府干预的情况下，基本医疗保险是不会通过市场来提供的。

医疗服务消费者在参加医疗保险后之所以会存在过度消费医疗服务的道德风险，主要是因为医疗服务的需求价格弹性大于零。医疗服务需求价格弹性对患者道德风险的影响可以通过图 10-1 来说明。

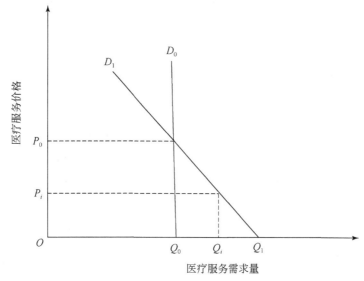

图 10-1　医疗服务需求价格弹性对患者道德风险的影响

当患者对医疗服务的需求曲线为 $D_0$ 时，医疗服务的需求价格弹性为零，则消费固定数量 $Q_0$ 单位的医疗服务。此时，有无医疗保险对患者不会产生影响，患者不存在过度消费医疗服务的道德风险。当患者对医疗服务的需求曲线为 $D_1$ 时，医疗服务的需求价格弹性不为零。在这种情况下，如果患者没有购买医疗保险，患者将选择使用 $Q_0$ 单位的医疗服务。如果患者购买了医疗保险，患者在接受医疗服务时所承担的医疗服务价格将从 $P_0$ 降为 $P_i$，则其消费的医疗服务数量将会从 $Q_0$ 增加到 $Q_i$。随着医疗保险共保率的逐步降低，患者对医疗服务的需求量将逐步从 $Q_i$ 增加到 $Q_1$。当共付率为零时，患者对医疗服务的需求量为 $Q_1$。图中的 $Q_i - Q_0$ 表示患者由于购买医疗保险而过度消费医疗服务的数量。患者过度消费医疗服务会造成医疗服务的低效率和社会福利的无谓损失。

无论高风险还是低风险，都是依据出事和不出事的所得收益为依据来判断是否投保，投高保费保单，还是投低保费保单。在保险公司提供的保单中，只要高保费保单和低保费保单对高风险客户来说是同样效用的情况下，趋于风险规避的心理，高风险客户会自愿选择高保费保单。同理，对于低风险客户来说，高保费保单给他带来的效用不如低保费的效用高，因此，低风险客户会选择低保费保单。从而有效地实现了信息甄别。

考虑一家保险公司。假设它面临的所有客户的收入 $y$ 和可能遭受的损失 $d$（$d<y$）都是一样的，

但其客户可以分为两类，他们遭受损失的概率不同。其中，高风险客户遭受损失的概率为$p^H$，低风险客户遭受损失的概率为$p^L$，这里有$0<p^L<p^H<1$。如果保险公司对两类客户都采用同样的保单，则会出现逆向选择的问题而导致保险公司亏损。为了避免这种现象，保险公司可以对两类客户采用不同的保单。保单定义为数组（$a,b$），其中$a$是保费，$b$是赔偿金。保险公司推出两种保单（$a^H$，$b^H$）和（$a^L,b^L$），其中，$a^H>a^L$，$b^H=d$，$b^L<d$，即一种是保费较高的全额赔偿保单，另一种是保费较低的部分赔偿保单。

其中的关键问题是，低风险客户不会选择高风险保单，而高风险可能会伪装自己是低风险客户来选择低风险保单。因此，保险公司的主要目标是让高风险客户出于自身风险类型只会选择高风险保单，且只有选择高风险保单，才会有效补偿高风险带来的可能损失。结果，保险公司通过不同的保单设计可以有效地将两类客户甄别开来，达到分离均衡。为构造这两种保单，格罗斯曼-斯蒂格利茨指出，在假定保险公司的目标为期望利润最高时，在这一模型中必定达到唯一的分离均衡，即存在这样的两种保单，使得高风险客户选择前一种保单，低风险客户会选择后一种保单，从而不同风险的客户得到甄别。其中的两类保单满足：高风险客户选择完全赔偿保单效用高于高风险客户选择部分赔偿保单的效用，这样就可以有效地区分两类客户，不存在高风险客户假冒低风险客户的情况。

# 第三节　按比例分担支付方式的应用

## 一、按比例分担支付方式的选择

被保险方支付方式主要包括按比例分担、起付线、封顶线三种方式，三种方式各有利弊，在被保险方支付方式的选择上，可以组合应用多种支付方式，合理确定与被保险方承受能力相适应的费用分担比例，达到优势互补。

医疗保险设立初衷为在保证社会公平的前提下兼顾效率。公平（equity）可以理解为参保人无论年龄、职业、职位、用工形式以及身体状况如何，均按相同的比例缴纳医疗保险保险费，均可获得基本医疗的保障。效率（efficiency）主要体现在医疗保险基金的筹集、使用及卫生服务提供等方面。医疗保险基金能够及时、足额筹集到位，医疗服务机构能够做到因病施治、合理治疗等均是医疗保险运行效率的体现。

现代医疗保险系统中主要涉及医疗保险机构、被保险人、医疗服务提供方和政府四方。医疗保险服务市场是个特殊的市场，一般都有不同程度的政府干预。政府的干预程度与医疗服务中效率和公平问题的权衡有关，与医疗市场存在的垄断、外部性、公共品和信息不对称等市场失灵因素有关。政府介入医疗保险市场旨在保证医疗资源的有效配置，实现社会的公平和经济的高效率。

医疗保险按比例分担支付方式可以在一定程度上改善被保险人的就医行为。参保人参与费用支付或费用分担有利于参保人树立费用意识，增强其自我保健意识，进而控制自己的医疗需求行为，达到合理使用医疗服务和控制医疗费用的目的。

按比例分担支付方式发挥作用的关键在于选定参保人自付比例的大小。自付比例越大，对参保人医疗服务需求抑制作用就越强，进而抑制不合理医疗需求导致的医疗费用过快增长，提升医疗资源配置效率，但过高的自付比例，增加了高费用患者的医疗费用负担，不利于社会公平。为此，一般实行分段比例，即医疗费用越高，自付比例越低。同时，考虑到合理引导和分流患者目的，医院级别越高，参保人自付比例也越高，确保提升全社会医疗资源配置效率。

按比例分担支付方式一般和起付线、封顶线结合使用，从而实现效率和公平目标。起付线也称免赔额，是医疗保险基金进行医疗费用支付的起点，而封顶线是医疗保险基金支付的最高金额。低于起付线的医疗费用全部由参保人自付，即自付比例为 100%。高于封顶线的医疗费用，一般也由参保人自付，也可通过商业医疗保险等途径解决。起付线和封顶线的设立，均体现了参保人合理分担费用的理念，有利于控制不合理医疗费用。按比例分担支付方式和起付线、封顶线结合使用，能更好地引导患者合理医疗需求，提升医疗资源配置效率。一般来说，医院级别越低，起付线和自付比例应较低。随着医疗费用增加，自付比例应较低，而封顶线则应提高。

此外，按比例分担支付方式也是医疗保险机构支付医疗服务提供方费用的另一个渠道，是医疗保险机构通过支付制度来调节需求，从而调节医疗保险资源的分配和使用的补充办法。为此，按比例分担支付方式的选择，应遵循供方控费和需方控费相结合原则，共同实现医疗保险效率和公平目标。

## 二、按比例分担支付方式的具体应用

（一）按比例分担支付方式在"三段通道式"模式中的应用

不同的医疗保险制度和模式，一般采用不同的医疗保险支付方式。经过多年的探索，我国已逐步确立了新型职工医疗保险制度的基本框架，形成了有一定代表性的医疗保险模式，包括两江（镇江和九江）的"三段通道式"模式、深圳的"混合型"模式等。下面结合对这些模式的简单介绍，阐述按比例分担支付方式在其中的具体应用。

"三段通道式"模式又被称为"统账结合型"模式，这种模式对医疗保险基金的管理实行"三段通道式"管理，即将个人账户段—自付段—社会统筹段捆绑在一起管理。两江试点从 1994 年开始启动，当年进行动员和各项准备，1995 年 1 月 1 日正式开始实施。

"三段通道式"模式中资金的筹集与管理：用人单位和个人共同缴纳医疗保险费，其中用人单位以上年度在职职工工资总额与离退休人员费用总额之和的 10%确定为当年单位筹资比例，职工个人缴费按本人年工资总额的 1%提取，由单位代扣，今后随经济发展和工资增加逐步提高。社会统筹医疗基金与职工个人医疗账户相结合，用人单位缴纳的 5%进入社会统筹医疗基金，个人缴费的1%与用人单位缴纳的 5%进入个人账户。个人账户的本金、利息为个人所有，只能用于个人支出，可以结转使用和依法继承，但不能提取现金和挪作他用。

在进行基金给付时，按比例分担支付方式主要应用于社会统筹阶段。医疗费用先从个人账户支付，个人账户用完以后进入个人自付，但仅限于职工本人年工资收入的 5%以内，然后进入社会统筹基金支付段。社会统筹基金支付时，个人需要负担一定的比例，分段计算，费用越大，负担比例越小，其中规定 5000 元以下，个人负担 10%～20%，5000～10 000 元，个人负担 8%～10%，超出10 000 元的部分，个人负担 2%。退休人员自付比例为在职职工支付费用的 50%。

在"三段通道式"模式中实施按比例分担支付方式，使职工医疗保障水平在一定程度上得到了提高。"三段通道式"是按纵向的累计费用划分统账支付范围，费用较高的大病、慢性病患者充分享受到社会统筹的好处，因为自付比例是分段计算的，费用越大，负担比例越小，减轻了大病及门诊慢性病患者的医疗费用负担。但是，从另一个角度上讲，这也会引发一系列的问题。在社会统筹阶段，大部分医疗费用由社会统筹基金支付，个人负担较轻，致使一些人加快自付段，跑步进入社会统筹段，形成大病小病吃共济，共济失调的状况；还有一部分人集中先用一卡，提前挤进社会统筹，节约其他成员的个人账户费用。

（二）按比例分担支付方式在"混合型"模式中的应用

1992 年 5 月，深圳市政府颁发了《深圳市社会保险暂行规定》，全市统一实行社会医疗保险。具体做法是：成立专门的社会医疗保险管理机构；归并公费医疗、劳保医疗制度，实行由单位投保参加统一的社会医疗保险制度，并将享受范围逐步扩大到覆盖全市人口；建立医疗保险基金，统一管理、统一支付医疗保险费用；建立现代化的医疗保险管理信息系统；进行相关的配套改革等。1992年8月1日正式开始实施医疗保险的改革方案。

"混合型"模式主要由三种类型组成：第一种是综合医疗保险（含门诊、住院），凡是具有深圳常住户口的在职职工和退休人员都参加综合医疗保险，综合医疗保险实行社会统筹和个人账户相结合的原则；第二种是住院医疗保险，具有深圳暂住户口的职工和领失业救济金期间，失业人员实行基金统筹，不建立个人账户，其住院基本医疗费用主要由医疗保险基金支付；第三种是特殊医疗保险，参保人员为离休人员和二等乙级以上革命残疾军人，个人不缴费，就医时不自负，缴费渠道与医疗待遇按原政策执行。

"混合型"模式筹资方式：在职职工的综合医疗保险费，按其月工资的 9%（其中，单位缴纳7%，个人缴纳 2%）缴纳，并且保底封顶，即缴费的月工资不得低于市上年度职工月平均工资的 60%，也不得高于市上年度职工月平均工资的 300%；离退休人员的医疗保险费按其月退休金的 12%，由财政、单位或养老保险共济基金缴纳，个人不负担。医疗保险基金由社会保险机构统一收缴和管理，公务员和财政全额预算单位参保人员的医疗保险由市财政局建立专门的医疗保险基金账户，单独核算，专项管理。财政和用人单位还为 45 周岁以上在职职工和退休人员的医疗个人账户提供启动资金，初次参保时一次性进入个人账户。启动资金的标准是：45 周岁以上的在职职工为本人上年工资的 5%，退休人员为本人上年退休金的 10%。

在深圳的"混合型"模式中，深圳市医疗保障局会分别建立医疗保险共济基金和个人账户。具体办法为：财政或用人单位缴纳的综合医疗保险费，在提取管理费（按保险费的 2%提取）和风险储备金以后，45 周岁以上的参保人员余额的 60%进入个人账户，40%进入共济基金；44 周岁以下的参保人员，50%进入个人账户，50%进入共济基金。个人缴纳的部分全部进入个人账户。住院医疗保险费在提取管理费和风险储备金以后，全部进入医疗保险共济基金。住院基本医疗费用主要由医疗保险共济基金支付，其中参保人个人支付 10%，其余 90%由共济基金支付。门诊基本医疗费用由医疗保险个人账户支付，实行定额管理，当账户资金不够时，超出上年度平均工资 10%的部分，根据就诊医院的级别采用高支付比例，个人自付比例高达 30%～50%，其余由共济基金支付。特殊检查费用个人支付 30%，其余由共济基金支付。

"混合型"模式主要优点是拉开了个人账户和共济账户之间的自付段，缓解了共济账户透支和个人账户积淀过多的状况。但是，由于缴费工资基数偏低，职工节约、积累和分担费用的意识不强，卫生资源仍有很大的浪费。

通过上述内容，我们可以发现，"混合型"模式的基金主要分两大块：共济基金和个人账户。在进行基金支付时，会根据不同的情况运用按比例分担支付方式：归属于共济基金支付范畴的（住院基本医疗费用），使用按比例分担支付方式；归属于个人账户支付范畴的（门诊基本医疗费用），超出账户额度一定比例时使用按比例分担支付方式；特殊检查费用采用按比例分担支付方式。

复习思考题

1. 需方支付方式与供方支付方式的区别和联系是什么？

2. 按比例分担支付方式通常与起付线、封顶线两种方式混合使用，这是如何体现公平与效率的？

3. 具体运用按比例分担支付方式进行偿付时，应如何科学合理确定支付比例？

（李军山）

# 第十一章　对医务人员工作绩效的支付方式

— 内 容 提 要 —

医疗保险机构对医务人员工作绩效的支付方式建立在绩效考核的基础上。医疗成本主要包括人力成本和物质成本。人力成本体现医务人员诊疗过程中的劳动价值。医务劳动是一种技术密集型和劳动密集型工作，医务劳动的价值与技术、时间、风险等因素相关。本章主要介绍劳动价值评估标准的三种方法，即工资标准、RBRVS 以及资源利用组标准。医疗保险机构按照这些标准补偿服务提供者，对服务提供者形成不同的激励作用，最终影响医疗服务的质量和数量，影响参保者的健康利益和经济利益。

## 第一节　按绩效支付方式

与普通商品的市场交易不同，医疗服务产品交易过程中存在严重的信息不对称，患者的异质性和偏好差异导致医疗服务结果的不稳定性和质量不易衡量性。同时，健康权属于基本人权，健康是重要的人力资本，因此，公平获得基本医疗卫生服务是基本权利，提供基本卫生健康服务是国家责任，基本医疗卫生服务具备公共产品属性，不能根据个人付费能力决定服务供给。因此，政府会投入卫生资源，财政或医保作为第三方，为患者支付医疗费用，同时提高服务的可及性和可负担性，考察服务质量。作为支付方，都会关注绩效，关注质量，我国医保提出的"战略性购买"也有此意。

### 一、按绩效支付的概念

按绩效支付是医疗卫生服务体系中 20 世纪 80 年代兴起的支付方式，美国、加拿大、丹麦、德国、英国等国家和我国台湾地区都对这一支付方式进行了探索实施。对按绩效支付的定义尚未统一，世界银行将按绩效支付定义为"通过以激励为基础的支付，提高卫生系统绩效的一系列机制"。美国医疗保险和医疗补助服务中心提出，按绩效支付是"采用经济和其他激励措施，鼓励医疗服务质量改进，提供以病人为中心的高价值医疗"。综合现有理论研究和实践探索可知，医保按绩效支付（pay for performance，PFP）是在主要支付方式的基础上附加的一种激励支付，通过对医疗服务质量、基金使用效率、财务可持续性、满意度、公平性等多维度的绩效考核，将预留的一定额度的医保基金与特定的绩效标杆和激励措施相结合，用以激励医疗机构持续改进绩效指标，提高综合绩效。广义上的医保按绩效支付，不但包括专门的按绩效支付项目和方案，还包括其他以提高服务质量和效率为核心的激励管理手段。

### 二、按绩效支付方式的特点

第三方付费主体是指除患者付费主体之外的各类主体，譬如财政、医保、商保、慈善机构等其他相关机构。在医疗卫生服务领域，参保个人与服务提供者之间存在严重的信息不对称，参保人无法做出理性决策，也无法有效评价服务质量。支付方式主要指服务提供者与服务购买者之间的关系，支付方式构建不同的激励约束关系，引导差异化服务行为，导致不同的服务绩效。本书介绍了多种支付方式，与其他支付方式相比，按绩效支付有其自身特征。

（一）属于预付制范畴

医保支付方式按照支付额度和方式的确定时间可以分为预付制和后付制。按绩效支付主要体现预付制特征，即支付额度和方式在服务实际发生之前已经通过协商谈判确定，同时也具有后付制特征，即最终结算额度会受到绩效考核结果影响。

（二）注重绩效考核结果

按绩效支付的一个重要影响因素是绩效考核结果，具备质量付费的特征，所以，按绩效支付与按结果支付、基于价值支付、基于绩效筹资、基于结果筹资等方式更相似，此特征明显区别于按服务项目支付的数量付费特征，更注重质量改进和价值医疗。

（三）混合使用情况多

按绩效支付往往会与其他付费方式结合使用，譬如与按人头支付方式相结合，我国公共卫生按人头预算经费，最终根据绩效考核结果支付。在 DRG 支付方式中，除根据支付标准开展月度补偿之外，年度清算时会考核绩效，根据绩效考核排名给予清算补偿。或者单独作为项目开展，如美国联邦政府先后实施的医院质量激励示范（hospital quality incentive demonstration，HQID）工程和医院基于价值购买（hospital value-based purchasing，HVBP）绩效支付项目。

（四）评价复杂性高

医疗服务领域最具挑战性的方面是质量评价难度大。按绩效支付方式最重要内容是要相对客观准确地评价服务绩效，这是保证按绩效支付方式能发挥激励约束作用的基础。按绩效支付的关键设计要素包括：绩效目标、激励对象、绩效指标、绩效标准和激励机制，绩效考核指标体系的设计具有较大的挑战性，对信息系统的要求也非常高。

## 三、按绩效支付方式的应用

按绩效支付方式在发达国家应用较早，在数量付费之后注重质量付费，随着医疗卫生服务体系和医保付费体系发展逐渐成熟，按绩效支付方式被更多的国家采用，这里主要介绍国际社会主要做法。

（一）美国医院质量激励示范工程

美国于 21 世纪初开始探索按绩效支付方式，其中著名的按绩效支付项目为医院质量激励示范工程。该工程主要分两个阶段实施，第一阶段为 2003 年 10 月至 2006 年 9 月，第二阶段为 2006 年 10 月至 2009 年 9 月。该工程的主要评价对象为医院，通过比较各医院的质量指标差异，以标杆管理为核心，提高医疗服务质量。

**1. 绩效评价指标体系**

医院质量激励示范工程主要从 5 种临床症状出发，包括急性心肌梗死（acute myocardial infarction，AMI）、心力衰竭（heart failure，HF）、肺炎（pneumonia，PN）、冠状动脉旁路搭桥术（coronary artery bypass graft，CABG）、髋关节或膝关节置换术（hip or knee replacement，HK），对参与该示范项目的医院进行质量评价。评价指标共 34 个，体现医疗服务过程和结果。其中，过程指标 27 个，结果指标 7 个。过程指标主要是反馈临床诊疗规范，譬如，急性心肌梗死的一项过程指标为"入院 24 小时内服用阿司匹林"。计算该过程指标值时，以患者总人数为分母，以实际治疗措施与该指标定义相符的患者数为分子，两者相除即可得到。评价结果指标时，将不良事件发生率全部转换成不良事件避免指数。例如，死亡率被转换为存活指数，术后大出血率被转换为术后大出血避免指数，用 1 减去不良事件发生指数即可得到。通过对每项绩效指标计算得分后，进行总分排序，以此为基础实施激励措施。

**2. 激励机制**

医院质量激励示范工程的经济激励制度包括奖励和处罚两方面，2003 年开始的第一阶段和 2006 年开始的第二阶段的奖励办法不完全一致。在第一阶段，每种临床状况综合得分排名前 10% 的医院均可获得额外奖励，金额相当于该医院当年在该临床状况下应获得的 Medicare 补偿经费的 2%，排名前 11%至 20%的医院可获得 1%。在第二阶段，奖励对象被分为三类：①"最优绩效奖"，分别奖给每种临床状况综合得分排名前 20%的医院；②"绩效达标奖"，奖给超过前两年综合得分中位数的医院；③"绩效改进奖"，奖给超过当年综合得分中位数并且在改进幅度上排名前 20%的机构。此外，奖励经费的分配方式也做了调整，每年固定一笔经费用于经济奖励，其中"最优绩效奖"和"绩效改进奖"占 60%，"绩效达标奖"占 40%，按照各医院获得的奖项和相应的出院人数进行分配。

（1）在经济处罚方面，当 2005 年时，如果当年某医院某种临床状况的综合得分低于第一年此种临床状况综合得分的倒数 20%，那么这家医院第三年在此种临床状况下应获得的 Medicare 补偿经费的 1%将不予以支付。如果低于倒数 10%，Medicare 补偿经费的 2%将不予以支付。项目第二阶段的处罚措施与第一阶段相同。

（2）非经济激励，除经济激励外，两个项目均采取了非经济激励措施，即每年在项目官网上对项目医院的考核结果进行公示。医院质量激励示范工程公示的内容为各临床状况综合得分排名前 50%的医院，并特别标出排名前 10%和前 20%的医院。

**3. 绩效沟通与绩效改进**

年度考核结束后，项目方会组织项目医院进行经验分享与交流，组织网络研讨会或面对面交流，也会定期召开医院之间的经验交流会，医院职工面对面分享项目实施过程中的心得体会。绩效较好的医院在会上介绍成功经验，并指出可能存在的问题。获得经济奖励的项目医院都将奖励经费交给本院临床团队，用于开展质量改进活动，促进临床服务质量的持续提高。这些活动包括聘请专科护士、开发新型的或改进现有的数据收集系统、定期将服务质量数据反馈给临床团队等。

**4. 项目取得成效**

有学者研究项目医院和非项目医院在考核指标上的变化发现，项目医院绩效更加优秀。同时，基线绩效会影响绩效改进程度，基线绩效情况好的改进幅度小，基线绩效差的医院则取得较大进步，获得绩效奖励也更多，项目确实缩小了医院间的质量差距。当然，也有研究显示，项目对绩效排名没有太大影响，基线绩效好的医院更可能取得好的绩效结果而获得奖励，基线绩效差的医院由于基础能力无法在短时间内大幅度改善，难以取得较大幅度的绩效改进，甚至面临处罚。在医院质量激励示范工程第一阶段，服务于社会经济状况较好患者的项目医院，绩效改进更明显，而服务对象更多的为社会经济状况较差的患者的医院，则相反。针对此种情况，第二阶段的绩效奖励办法进行改革，调整后的激励机制能够促进大部分服务对象为社会经济状况较差的医院提高绩效水平，因此医院质量激励示范工程在改善医院服务质量的同时，也提高了服务的公平性。另外，因为服务质量是多维度概念，项目考核指标有限，可能导致非激励项目工作强度降低或存在选择性服务行为。

（二）英国按质量与结果付费机制

英国由全科医生提供初级卫生保健，2004 年引入按质量与结果付费机制（quality and outcomes framework，QOF）。QOF 是通过引进激励机制，提高医疗卫生服务质量。通过制定一套反映全科医疗服务质量的评价指标体系，对全科诊所及医生综合打分，依据最后得分给予一定奖励。

**1. QOF**

QOF 开始实施时包含 146 个指标，共计 1050 分，涵盖临床（疾病）、组织管理（患者病历信息、教育与培训、患者交流、执业管理、医药管理）、患者经历（咨询时间）、补充服务（宫颈筛查、孕产妇服务、避孕等公共卫生服务）、服务质量等领域。在经过多次修改和调整后，2015 版的 QOF 共计 559 分，其中，医疗服务包含 65 个指标，总分 435 分；公共卫生服务 12 个指标，总分 124 分。每个领域都涉及多个指标，并且对具体指标量化。QOF 体系强调评价指标开发过程的公开和透明。在调整评估指标时，让利益相关者参与指标测定，并对外征求意见。指标调整的目的在于让医务人员有更多的时间以患者为中心开展医疗工作。

**2. 质量和创新计划**

英国医院的医保支付根据不同医疗资源组（health care resource groups，HRG）进行，即根据患者和服务类型将类似的医疗费用进行编码分组，这与美国 DRGs 相似。医疗资源组在运行多年后，取得了一定成绩，但同时存在问题，如医院可能为降低服务成本而导致服务质量降低。为了保证医疗服务质量，英国 NHS 对医院引入按绩效支付方式。2009 年，英格兰实施质量和创新计划（Commissioning for Quality and Innovation，CQUIN），医院收入的 2.5%受卫生服务绩效评价结果影响，从而促进提升医院服务质量水平。

# 第二节　按工资标准支付方式概述

## 一、按工资标准支付方式的概念

按工资标准支付也称为薪金制（wage system），即医疗保险机构或政府机构根据医护人员提供服务的价值向他们定期发放工资，以补偿定点医疗机构的人力资源消耗。英国的 NHS，实质是国家为医护人员提供报酬，支付医院运营成本，为民众提供低收费服务，作为付费者的政府根据绩效考核结果给医护人员发放工资，并不存在实质意义上的第三方或保险方。美国的健康维持组织是美国医疗保险制度的一种组织形式，保险方通过投资开办医院或通过合同形式与医院开展深度合作，合同医院被称为网络医院，医院为保险客户提供医疗服务，患者在网络内就医。在健康维持组织工作的医生是其雇员，不能从患者服务中提酬。实质上打破了第三方付费的基本结构，医护与保险人成为利益共同体，市场竞争保护患者利益。因此，健康维持组织医生诱导需求和过度供给动机不足，工作重点是健康教育和加强预防，目的是节约医疗开支或赔付。医疗保险机构对医生的薪酬发放实行固定薪金与浮动薪金相结合的制度。一方面美国管理式医疗保险机构向门诊主治医生按每人每月预先支付固定的费用，类似于人头付费；另一方面在支付给医生的所有费用中，20%作为浮动薪金，根据医护服务结果来决定发放额度。健康维持组织以美国凯撒集团最具代表性，近年来我国保险公司也纷纷效仿，如阳光保险集团股份有限公司与潍坊市政府共同出资设立的阳光融和医院，泰康保险集团股份有限公司投资南京市仙林鼓楼医院、泰康拜博口腔，开设泰康同济（武汉）医院等，构建中国健康维持组织服务模式。

中国社会医疗保险机构只对参保者在定点医疗机构的就医费用进行补偿，并不直接对定点医疗机构的医生支付工资，明确构建第三方付费机制。因此，我国社会医疗保险未采取薪金制支付方式，商业健康保险机构则更具灵活性，可以探索薪金制。我国医疗机构以公立医院为主，属于国家事业单位，编制医生的基本工资由国家财政统一支付，随着公立医院人事制度改革，合同制员工占比越来越高，如何将医生收入与医疗收入脱钩，至少与医疗收入中物耗收入脱钩，绩效考核是基础工作，同时需要多种改革并举，如药耗零加成、医药分离支付等。

## 二、按工资标准支付方式的特点

按工资标准支付方式是医疗保险机构对其所合作或者雇用的医师直接支付薪金，医师薪金水平与其提供的医疗服务之间没有直接关联。该支付方式具有以下几个特点。

### （一）医师工资收入与服务绩效关联更强

医疗保险机构直接支付医师薪金，切断医师个人收入与医疗服务收入之间的关联，通过绩效考核将医护人员收入与服务结果联系起来，构建新的激励约束导向，改变了医师的诊疗行为，有效控制过度医疗，降低医疗成本，提高了医疗保险基金的使用效率，降低了医疗保险的基金风险。商业健康保险公司开设医疗机构，对医护人员直接支付薪酬，开展绩效考核和薪酬分配体现组织管理与发展战略。

### （二）道德风险形式可能转向服务不足

在降低就医成本的同时，医师从医疗保险机构获得稳定的薪金收入，可能存在降低医疗服务质量或数量不足的风险，也可能存在医护积极性不高、服务效率不高等问题，如部分执行福利医疗制度的国家，民众就医存在较为严重的排队现象，说明存在激励不足。所以，平衡医疗质量与控制医疗成本之间的矛盾是该支付方式的挑战。因此，该支付方式需要结合完备的服务质量评价及监督考核机制，以维护患者的权益。一般采取薪金分期发放的制度设计，即依据考核结果，发放预留的薪酬，以激发医护服务积极性。

### （三）医师扮演"基金守门人"与"健康守门人"的双重角色

薪金支付方式往往与预付补偿费用相结合，即医师的薪酬与医疗费用补偿结合起来，部分预付给医师，使医师扮演"基金守门人"与"健康守门人"的双重角色，通过完成"健康守门人"的职责达成"基金守门人"的目标。医师最终的薪酬水平与最终的补偿费用支出及医疗服务质量挂钩，承担部分基金风险。该支付制度要求医师采取合理的治疗方案，尤其注重健康管理与预防保健工作，只有做好健康风险管理工作，才能有效控制最终的补偿支出。医疗费用补偿支出水平、健康风险管理成效、治疗方案的合理性、健康结果等因素共同决定医师可能获得的薪资水平。所以，该支付方式可以提高医师提供健康管理的积极性，体现预防优于治疗的健康管理理念。

## 三、按工资标准支付方式的应用

医疗保险支付方式呈现出从后付制向预付制、从单一支付方式向混合支付方式转变的发展趋势，单纯采取按工资标准支付方式的国家或地区比较少见。同时，医疗保险支付方式与医疗卫生服务体系的类型相关，医疗保险针对社区卫生服务机构与专科医疗机构的支付方式存在较大的差别，按工资标准支付方式相对多地出现在针对全科医生的支付。发达国家积累了医疗保险管理方面丰富经验，其对全科医生的支付方式也多采用复合支付方式。在美国，社区卫生服务主要包括个人社区卫生服务和公共社区卫生服务，个人社区卫生服务主要由全科医生（美国称为私人家庭医生）提供，医疗费用主要由商业保险公司支付。公共卫生服务主要由政府提供，政府通常将其委托给私人保险公司承担，费用支付给保险公司。

美国全科医生的薪酬支付方式较多：①按服务项目支付，是美国私人家庭医生获得劳务费的传统方法；②按人头支付，即保险公司将每位医生负责的投保人数按一定平均费用支付给医生；③按工资标准支付方式，每个保险公司会根据签约医生的实际工作日给医生派发一定的工资，不同保险公司其工资标准不一样。在英国，患者到全科医生处就诊通常是免费的，全科医生负责90%以上的门诊医疗保健服务，英国全科医生的薪酬支付方式采取按工资标准支付方式基础上的混合支付方式。2004 年，英国引入了按绩效支付方式支付全科医生薪酬。按绩效支付要求全科医生的工资除了要考虑他们的工作活动（包括患者的要求和工作量）外，还要考虑他们提供服务的质量，如在儿童健康、慢性病管理等方面做出的成绩。通过绩效考察，如免疫接种率、服药依从率、血压控制率等对全科医生的工作进行考核。夜间出诊、儿童免疫检查、生育和流产等有偿服务，医疗保险机构会按注册患者的标准人头支付给全科医生。在冰岛，主要采取按工资标准支付方式，政府部门在卫生服务的提供中扮演着主导角色。过去，在冰岛的全科医生主要是通过薪酬和按服务收费结合的偿付方式获得报酬。2002 年通过对工资水平和工作条件的协商，冰岛最终确定主要通过按工资标准支付方式对全科医生进行薪酬支付。但冰岛允许全科医生在正常工作时间之外提供服务赚取额外的收入，根据卫生部门的估计，当时冰岛全科医生的待遇增加了 16%～20%。与冰岛相似，中国目前主要采取按工资标准支付方式。2009 年中国政府把回归公益性作为医药卫生体制改革的方向。近年来，政府加大对社区基层卫生事业的投入力度，将公共卫生和基本医疗作为公共产品向人民提供。在此背景下，我国针对全科医生薪酬采取了按工资标准支付方式，全科医生一般受雇于当地公立性质的社区卫生服务机构，主要通过工资和奖金获得报酬。

在我国，公共卫生服务的付费方式是按人头付费和按绩效付费的结合，政府根据基层医疗卫生机构承担的辖区内服务人口预算公共卫生服务基金，规定服务对象、内容及标准，根据考核结果支付给机构或家庭医生团队。公共卫生服务付费类似于英国的全科医生付费。县域医共体医保打包付费开始探索绩效付费方式，尤其是针对家庭医生签约服务人头付费方式，根据签约人口数，结合两病（高血压和糖尿病）管理综合考评，依据考评结果付费，也就是说医保对基层医疗卫生机构付费也具备了一定的按工资标准支付方式的特征。

## 第三节　RBRVS 支付方式概述

近年来，我国不少医院在绩效考核改革中借鉴应用了 RBRVS 这一方法，如台湾林口长庚医院于 1992 年、四川大学华西医院于 2001 年开始执行此方法用于薪酬分配，或者用于科室分配，主要是微观层面的执行，在我国，医保付费对象是医院，而不是医生，付费内容并未区分人力和物耗，这与我国公立医院体制、医生非自由执业、医药不分的特征相关。在医院或科室层面，薪酬分配需要科学客观评价医生的劳动付出，如内科医生与外科医生，在工作内容、成本、时间、风险等方面存在客观差异，但服务结果都是使患者恢复健康。为提高工作积极性、保持公平性或鼓励医生相互配合，应该在不同科室的医生、不同地区医生、不同层级医生群体之间，通过相对价值准确衡量医生工作价值，并据此分配医生劳务性收入，客观体现医生劳务价值，避免行为扭曲。按此方式执行分配和支付可以客观反映医生服务工作的差异，体现分配的公平性。

### 一、RBRVS 的概念

RBRVS 是哈佛大学陈曾熙公共卫生学院萧庆伦（William C.Hsiao）领衔的课题组经过 10 年的努力，于 20 世纪 80 年代研发出的一种医生服务酬金支付系统，类似我国的医师费，与物耗费用相区别，RBRVS 是以资源成本（resource cost）消耗为基础，以相对价值为尺度对医务人员劳动价值进行度量，并通过医师费（physician fee）的支付引导其行为的医疗保险制度体系。基本原理是通过比较医务人员在服务提供过程中投入的各类资源成本的高低来估算每项服务的相对值，即相对价值比率（relative value units，RVU），每项服务的相对价值比率与货币转换因子（conversion factor，CF）相乘，即可推算出该项服务的医师费金额。将单个医疗服务项目作为最小单位，量化医生投入资源消耗量，对每项服务所投入的资源进行定量，计算后确定医师费用。下面介绍萧庆伦的研究方法。

（一）构建 RBRVS 的数学模型

研究认为，在 RBRVS 的设计中，医务人员的劳动价值由劳动时间、脑力劳动和临床判断、专业技能与体力耗费、医源性风险有关的心理压力等四个特征性的报酬要素决定，它们共同决定着医生各项工作的 RVU。首先需要计算出基准服务的 RVU。医生服务中存在着三个主要资源投入要素。①医生的工作总量（total work，TW），劳动强度包括三个方面：脑力消耗及临床判断、技术技能及体力消耗、承担风险的压力。对工作总量的测量采用"定量评估"方法，将工作总量分为处置中工作量和处置前后的工作量分别进行测定，在确定工作总量测算方法后，再对不同的专业服务项目进行串联比较，串联项目挑选原则是彼此间"处置中"工作量相同，最后采用最小二乘法建模对不同专业的串联项目工作总量相对值进行平衡，计算各专业串联后工作总量的相对值。②开业成本（practice expense，PE），包括医生的医疗事故责任保险（professional liability insurance，PLI），开业成本的测量主要以现有资料为基础，以普通外科为标准测算出每一专业的相对业务成本指数（Relative specialty practive costs，RPC）；③分期偿还医生所受专业培训的机会成本（amortization for special training，AST），机会成本相对值的测量方法与开业成本的测量方法相同，同样以现有资料为基础，以普通外科为标准测算出每一专业的培训机会成本相对分摊指数。综合上述三种因素，即可估算出某一特定医疗服务的 RBRVS，建立 RBRVS 数学模型。

$$RBRVS=TW(1+RPC)(1+AST)$$

其中，TW 为医生的工作总量；RPC 为不同临床专科的相对成本指数；AST 为分期偿还医师所受专业培训的机会成本。

（二）确定医生工作总量（TW）

任一项医疗服务的全过程应该包括事前服务（pre-service）、事中服务（intra-service）、事后服务（post-service）。事前服务包括查阅病人病案、与其他医生及家属交换意见和诊疗准备工作等。事后服务包括书写诊疗记录，制订治疗计划，各种术后处理，安排转院或出院，与同事、病人及其家属联系等。事中工作被称为 E/M 服务（evaluation and management service），是指医务人员和患者直接接触的阶段。对有创性服务，则严格规定为处置过程本身。例如，外科手术的"处置中"工作量仅指从切开皮肤到皮肤缝合这段时间的工作量。医生服务的相对价值由消耗的时间和这段时间中的工作强度（单位时间的工作量）决定，公式为 $TW=W_a+W_b=I_aT_a+I_bT_b$，其中，$I$ 为工作强度，$T$ 为消耗时间，$a$ 和 $b$ 分别表示事中工作和事前后工作。E/M 服务考察因素包括消耗时间（$T_a$）和强度指标（$I_a$），按等级评定的三个强度指标：①该项服务的脑力活动和对病情判断能力的要求；②该项服务对操作技能及体力的要求；③工作压力及风险。事前后工作时间为 $T_b$，按等级评定各类服务的事前后工作强度 $I_b$，以单位时间的工作量（$W/T$）表示，计算事前后工作相对价值（$W_b$）的公式为 $W_b=(T_b)(W/T)$。

（三）确定各专业的业务成本的相对指数

业务成本也称之为开业成本，主要包括医疗事故责任保险或处置医疗差错所付出的成本。医生平均支付总收入的约 50%作为业务成本，不同专业的医生支付业务成本的比例存在差异。利用各专业的业务成本和总收入数据，求出每个专业业务成本占总收入的百分比。随后，以普通外科标准，求出每个专业相对业务成本指数。表 11-1 显示相对业务成本指数最低的是精神病学（-0.33），最高的是矫形外科（0.24）。在美国，医生是自由职业者，业务成本是非常重要的成本，占总收入的一半。相对而言，我国的医生是单位人，该项成本不能针对单个医生来计算。

表 11-1　以普通外科为比较基准的各专业服务的 RPC 和 AST 的数值表

| 专业 | RPC | AST |
| --- | --- | --- |
| 家庭医学 | 0.01 | −0.01 |
| 普通外科 | 0.00 | 0.00 |
| 内科 | −0.01 | −0.01 |
| 精神病学 | −0.33 | 0.01 |
| 矫形外科 | 0.24 | −0.01 |
| 胸外科 | −0.08 | 0.05 |
| 泌尿科学 | 0.03 | 0.00 |

资料来源：冯浩，陈培元. 1992. 以资源为基础的相对价值比率—种合理支付医生服务酬金的新方法.国外医学（医院管理分册），（3）：97-102.

（四）确定专业培训机会成本的相对分摊指数

专科培训机会成本是医学毕业后参加专科培训期间损失的收入，主要指由于接受培训而放弃了工作挣钱的机会。这种机会成本可以用特殊的方法测定，将接受培训时损失的收入总计分摊到整个行医生涯中分别补偿。利用专业医生的培训时间资料，利用一系列公式可以求得以普通外科为标准的专业培训机会成本相对分摊指数。表 11-1 显示了部分专业的 AST 数值，最高的是心胸外科（0.05），最低的是家庭医学（−0.01）。

## 二、RBRVS 特点

RBRVS 是医院考核、发放医师绩效奖金的一种绩效管理方式，属于医生酬金的支付方法，该方式具有以下特点。

### （一）可以控制医疗成本与医院成本

RBRVS 形成的激励机制，对 E/M 服务的支持有所增加，对侵入性服务、影像及实验室服务的支持减少，医生在提供服务时会综合考虑，提高诊疗方案的合理性，控制医疗成本。我国可以借鉴并改良该办法，形成新的激励机制，改变科室一味地通过创收来获得奖金，而不是控制成本来获得奖金。中国医疗成本结构与美国不同，我国成本结构偏重于药品或检查等方面，而医师服务成本严重偏低，该评估方法将医师劳务价值与药品和检查脱钩，可以降低医疗成本，同时将医师可直接控制的不可计费卫生材料成本项目纳入其中（如温度计等），增强医师的节约意识，降低医院运营成本。

### （二）影响医师专业选择及执业地区选择

RBRVS 将使医生服务的结构发生一系列重大的变化。从长远观点来看，不同专业平均净收入的变化将影响到新医师的专业选择，并将带来初级卫生保健的提供增加和家庭医师服务的增加，使更多的医师愿意到基层工作，全科医师的收入将增加，而专科医师的收入将相对减少。这一特点与中国卫生体制改革中"强基层"政策是契合的。

### （三）医师服务能力及病人病情严重程度未考虑在内

RBRVS 在衡量医师服务量时，采取了平均估值办法，单纯考量了不同医疗服务项目的相对价值，忽略了不同医师在处置相同医疗服务上的能力差异。同时，该方法无法对病人病情的严重程度和复杂程度进行差异化计算。

# 三、RBRVS 的应用

RBRVS 核算医师劳务费的方法适用于医师作为单独经营主体,患者以服务项目支付医疗费用的卫生服务体系,如美国。在我国,医院和医生是一体的,医院和医保之间进行结算,公立卫生机构及卫生部门都是由国家给予固定薪资或固定薪资加上部分奖金的形式结算医师劳务费,医院作为经营主体的医疗卫生体制一定程度上弱化了国内医师劳务费与医师投入价值的相关程度。因此,中国不能直接照搬美国的相对值表,为改变这种投入与产出的脱钩现象,突出绩效工资对医师工作的激励导向作用,国内不少医院借鉴了哈佛大学研制的 RBRVS 评估系统,进行了改良并运用到医院绩效管理中,而不是医保支付制度中。

## (一)美国 RBRVS 运行元素和基本架构

美国在设计和实施 RBRVS 过程中,采取国会招标购买专业服务的方式。相关主体涉及国会、美国医疗保险和医疗补助中心(Medicare & Medicaid Services CMS)、相对价值量表更新委员会(Relative value seale update Committee,RUC)、美国医师协会(American Medical Association,AMA)、医务人员付款审查委员会(PPRC)、美国退休人员协会(American Association for Retired People,AARP)、各类医学专科学会、研究与咨询机构等。但总体而言国会与 CMS 介入程度不深,更多的是依靠 AMA、医学专科学会等行业组织的力量。在技术保障方面涉及多个核心部件,并由相关组织开展定期维护修订,机制比较健全,我国并未在国家层面上开展此项工作,主要是医院主体自行推动,技术支持不够,普遍适用性不够(表 11-2)。

表 11-2　RBRVS 的主要运行组件、功能及其相应的维护部门

| 运行组件序号 | 主要运行组件 | 主要功能 | 维护部门 |
|---|---|---|---|
| 1 | 当前诊疗操作专用码(current procedural terminology,CPT) | 收集诊疗服务信息 | AMA 每年更新;CMS 对更新结果加以认可 |
| 2 | 医疗保健通用操作编码系统(Healthcare Common Procedure Cooling System,HCPCS) | 收集非诊疗服务信息 | CMS 负责编写与更新 |
| 3 | 相对价值比率(RVU) | 确定每项服务对应的服务价值点数 | RUC 每五年调整一次;CMS 每年做出微调 |
| 4 | 货币转换因子(CF) | 单位相对价值比率对应的现金数额 | CMS 每年根据 BNF 做出微调 |
| 5 | 修正系数(CPT/HCPCS Modifier) | 与标准 CPT、HCPCS 有差异的项目通过系数进行修正 | RUC 每年给出修正系数 |
| 6 | 地区执业成本指数(geographic cost indices,GPCI) | 因地理位置不同,TW、PE、PLI 分别实施医务人员所在地区的执业成本指数 | CMS 每三年更新一次 |
| 7 | 预算中性调节因子(budget neutraliey factor,BNF) | 促进"预算中立" | 当医师费总支出增减超过 2000 万美元时,CMS 则运用该因子进行年度费用调整 |

资料来源:于挺,万亚平,司文,等.2018.RBRVS 的兴起与发展对我国社会医疗保险支付的政策启示.中国卫生政策研究,(11)9:19.

## (二)浙江省某医院的做法

该医院依据 RBRVS 的基本原则,即医师在从事技术要求高、风险程度大的医疗服务项目时能

得到更多的绩效奖励。医院制定了 RBRVS 绩效评估系统激励原则，见表 11-3。

表 11-3 RBRVS 绩效评估系统激励原则

| 项目描述 | 激励程度 | 医师费比率 | 举例 |
| --- | --- | --- | --- |
| 执行操作，承担主要风险 | 高 | 25%~30% | 外科手术，如颅内动静脉畸形切除术、脊髓内病变切除术等手术主刀医师 |
| 辅助操作，承担监督指导责任 | 低 | 5%~8% | 外科手术助手 |
| 技术难、责任大、风险高 | 高 | 16%~20% | 侵袭性治疗处置，如心脏导管等 |
| 技术易、责任小、风险低 | 低 | 10%~15% | 非侵袭性治疗处置，如换药、康复等 |
| 使用便宜设备，参与人员少 | 高 | 20%~30% | 普通设备诊疗项目，如心电图检查等 |
| 使用贵重设备，参与人员多 | 低 | 10%~11% | 大型设备诊疗项目，如伽马刀治疗等 |

依据上述原则，对医疗服务过程中所涉及的所有医疗收费项目与医师费比率进行逐项配比（医师费包括判读费和执行费），其中判读费是医师在判读医技科室检验、检查报告单过程中所付出的脑力劳动价值在绩效奖金中的体现，执行费是医师亲自操作医疗项目所产生的劳动价值。表 11-4 是案例医院制定的医师绩效项目及核算比例。

表 11-4 医师绩效项目及核算比例一览表

| 绩效项目 | 绩效比例 | 绩效项目 | 绩效比例 |
| --- | --- | --- | --- |
| 挂号费 | 100% | 化验费 | 5%~15% |
| 床位费 | 10%~20% | 检查费 | 10%~20% |
| 一类手术费 | 35%~40% | 治疗费 | 20%~35% |

采用 RBRVS 绩效评估系统测算医师奖金，是按照医院上一年度的医师明细工作量、项目单价、医师费比率和医师直接可控成本等数据进行的。计算公式为

RBRVS 医师奖金=∑（某医疗项目×奖金比率）−医师直接可控成本

其中，医师直接可控成本主要指不可收费卫生材料。卫生材料分为可收费卫生材料和不可收费卫生材料，明确不可收费卫生材料纳入医师绩效考核，使医院在不减少收入的情况下，降低不可收费卫生材料使用量，节约成本。该医院采取 RBRVS 评估系统之后，医师直接可控成本得到很好的控制，减少了资源浪费（表 11-5）。

表 11-5 医师直接可控成本的比较

| 品名 | 科室 | 单位 | 单价/元 | 改革后比改革前减少比例 |
| --- | --- | --- | --- | --- |
| 医用橡胶手套 | 门诊口腔科 | 双 | 0.60 | 6.06% |
| 指示胶带 | 神经外科病区 | 卷 | 114.00 | 25.00% |
| 温度计 | 消化内科 | 支 | 1.86 | 85.00% |
| 纱布块（6cm×8cm） | 住院手术室 | 片 | 0.14 | 28.57% |

（三）中国台湾台北市立万芳医院的做法

中国台湾台北市立万芳医院是台北市第一家公办民营的市立医院，保持了民营医院营运模式的灵活性。该医院的建院理念是：以病人为尊、以社区为重。台北市立万芳医院主要采用 RBRVS 评估系统进行绩效考评。具体做法如下：该院的医生的劳务收入（医师费）、护理人员、医技人员的劳务收入是医务人员通过诊疗活动做出来的而不是算出来的。台北市立万芳医院的医务人员采取零

底薪，将工作细化、量化，相应建立职系，严格按照工作量的多少来核算劳务收入。医院对每个医疗项目进行贡献评估，分为医院投入成本和临床人员劳务贡献，每一个临床医疗项目中医院投入成本归属医院，临床劳务贡献进行工作量绩效评估。依托强大的信息系统，医院将每天发生的所有医疗项目，按照个人统计并进行核算。每位医务人员对每月做了多少工作量，可以取得多少薪酬一目了然。医院将临床人员的绩效奖金量化评估标准落实到每一个诊疗项目，将绩效奖金与临床医务人员的工作量、医生职称、教研、质量考核标准相结合。在成本控制时，将医院分为多个责任中心，责任细分，按照科、组、人落实成本控制。台北市立万芳医院 RBRVS 评估系统以职务与工作指针实行绩效考评，将工作量绩效奖金分为按岗取酬、按工作量取酬、按工作业绩取酬，绩效分配按劳务、按效率、按质量落实，它摒除了医生收入与医疗收费挂钩的绩效考核方式，更好地体现了医疗服务价值，更好地提高了医疗服务水平。

# 第四节　按 RUG-III 支付方式概述

RUG-III（resource utilization groupIII，资源利用组III）是美国开发的用于慢性疾病医疗费用支付的病例分类模式的第三次修改方案，与 DRGs 相关，但是适用于慢性病和康复病种的管理，以突出医疗、护理服务量为特点，由美国密歇根大学、伦斯勒工业大学等组成的联合研究小组，在卫生保健融资公司（Health Care Financing Agency，HCFA）的资助下研究开发。2008 年美国研究了 RUG-IV，与 RUG-III 的不同在于分组数更多，并于 2012 年开始执行，基本原则未发生变化。本节仍然以 RUG-III 为分析主体。resource 即医疗卫生资源；utilization 即对医疗卫生资源的利用程度；group 即根据患者医疗卫生资源的利用程度对其进行分组。RUG-III 是 Medicare 于 1998 年在护理院内推行的付费方式，它依据患者的临床特征和医疗资源的利用程度，将其划分为不同组别，同一组的患者具有相似的医疗护理服务需求，护理院根据个体的需求情况制订标准化的护理计划，并为其提供标准化的服务，收费标准以提供的服务为基础，同一组别费用接近，不同组患者费用水平不同。RUG-III 的基本思想是根据医疗机构服务对象的病例构成情况来确定医疗费用偿付数额，引导医疗机构合理配置资源。DRGs 与 RUG-III 两个分类评价体系，都体现了治疗和护理资源消耗量，即都衡量了医师工作量，为合理支付医疗服务费用提供了方案。DRGs 与 RUG-III 组合使用，可以根据急慢性特点对医疗机构的服务对象进行划分，并依据病例构成确定其所获得费用的支付额。

## 一、按 RUG-III 支付方式的概念

按 RUG-III 支付方式是指运用 RUG-III 对慢性疾病进行分类，依据资源消耗量确定支付额度的一种支付方式。RUG-III 分类方法分为三个阶段：第一阶段的分类是按临床医疗服务工作量进行的分类，分为康复、广范围服务、临床的复杂性、思维障碍、行为问题、身体机能低下等。第二阶段按日常生活机能（activities of daily living，ADL）分类，根据床上可动性、厕所使用、移行（从床上到轮椅等），以及饮食等四个方面的合计得分进行分类（从最低 4 分至最高 18 分），分值划分标准包括 4～6 分为轻度、7～8 分为轻中度、9～10 分为中度、10 分以上为重度。第三阶段按广范围服务的程度、临床的复杂性中有无抑郁状态，以及思维障碍、行为问题、身体机能低下中是否由护理人员进行康复护理进行分类。

## 二、按 RUG-III 支付方式的特点

科学的疾病分类评价模式决定支付方式的合理性程度，使用按 RUG-III 支付方式的目的在于通过临床表现和 ADL 等指标的结合，促使医疗护理机构实施合理的治疗处理，同时在一定程度上避免医疗费用计件支付与定额支付的弊端，所以依据此分类计量方法制定的支付方式更具科学性，对

医疗机构的补偿也更为合理。RUG-III分类评价模式有四个特点：第一，分类方法更具临床适用性，既考虑了慢性疾病患者的日常生活功能，又将身心医学方面的需要纳入其中。第二，分类模式能够全面体现成本。相对急性疾病而言，慢性疾病的护理需求更多，医疗成本中人事成本占比更高，该分类评价模式能够全面体现人事成本，保证支付合理性。第三，管理控制更加全面，根据治疗的工作量分组，结合病人的生活机能来分配资源，可以有效控制过度供给。第四，合理补偿医疗机构的护理成本，一定程度上消除了重症患者不能从医院转至护理院的待床状况。

## 三、按 RUG-III支付方式的应用

中国康复研究中心姚瑾在 1996 年对 75 例脑梗死病例进行 RUG-III分类研究。研究显示，按照 RUG-III进行病例分类，对病例需要接受的服务量的多少进行评分，以评分高低体现疾病的严重程度，此评分结果与临床实际相符合，说明该分类方法适用于评估康复病人的服务需求量。同时，研究也显示收费标准与工作量之间存在不符合的情况，说明收费标准没有完全反映医师工作量，导致最终实际补偿水平不科学、不客观。RUG-III在中国运用不多，需要加以研究改良，以使其更适合中国的医疗卫生服务行业的特征。

1. 简述按工资标准支付方式的优点。
2. 简述 RBRVS 支付方式的特点。
3. 思考按资源为 RBRVS 支付方式对医、患行为的影响。

（彭美华）

# 第十二章 医疗保险支付方式的监测与评价

 **内容提要**

　　本章主要概述医疗保险支付方式监测与评价的对象、方法、指标体系和主要手段。通过本章的学习，掌握医疗保险支付方式监测与评价的主要内容、方法与指标体系，以有效开展医疗保险支付方式的监测与评价工作。

## 第一节　概　　述

### 一、医疗保险支付方式监测与评价的概念

　　医疗保险支付方式的监测与评价即对医疗保险支付方式所开展的监测与评价工作。医疗保险支付方式的监测是指对医疗服务费用支付的途径和方法等相关信息指标进行的监督管理；医疗保险支付方式的评价是指通过设定标准、建立规范等，按照预先设定的指标对支付方式的监测结果进行客观评价的过程。医疗保险支付方式的监测是医疗保险支付方式评价的基础，两者密切相关。

　　一般而言，医疗保险支付方式的监测与评价涉及三个主体，分别是医疗保险经办方、医疗服务提供方以及医疗服务需方；其中，监测与评价的重点是医疗服务提供方（医疗机构）。依据医疗保险系统构成和运行过程，医疗保险支付方式主要指医保险经办方对医疗保险需方和医疗服务提供方的支付方式，从而医疗保险支付方式的监测与评价可分为两个方面，一方面是对医疗保险需方支付方式的监测与评价，另一方面是对医疗服务提供方支付方式的监测与评价。当前，随着基本医疗保险制度的改革发展，医疗服务提供方医保支付方式已经成为医疗服务支付的主要方式。

　　医疗服务需方支付方式是指被保险人在接受医疗服务后医保补偿一部分医疗费用的途径和方法。当前，医疗服务需方支付方式主要有起付线支付方式、按比例分担支付方式、封顶线支付方式等。医疗服务提供方支付方式是指医疗保险机构作为第三方代替被保险人向医疗服务提供方支付医疗服务费用的途径和方法，即参保人依据规定或合同先向医疗保险机构缴付一定数额的医疗保险费，建立医疗保险基金，被保险人接受医疗机构提供的医疗服务后，医疗保险机构作为付款人，按规定或合同约定，代替被保险人向医疗机构支付医疗服务费用的途径和方法。医疗服务提供方支付方式主要有按服务项目分值支付方式、按人头支付方式、按服务单元支付方式、按工资标准支付方式、按病种支付方式、按总额预算支付方式等。

　　2017 年，国务院办公厅《关于进一步深化基本医疗保险支付方式改革的指导意见》要求，"发挥医保第三方优势，健全医保对医疗行为的激励约束机制以及对医疗费用的控制机制"。2020年，中共中央、国务院《关于深化医疗保障制度改革的意见》提出：大力推进大数据应用，推行以按病种付费为主的多元复合式医保支付方式，推广按疾病诊断相关分组付费，医疗康复、慢性精神疾病等长期住院按床日付费，门诊特殊慢性病按人头付费。从而，住院按疾病诊断相关分组即 DRG 和 DIP 成为我国未来医疗保险支付方式的主要发展趋向。开展医疗保险支付方式的监测与评价，除了要把医疗服务需方和医疗服务提供方一般支付方式作为监测与评价的对象，住院DRG 和 DIP 支付方式以及多元复合式支付方式将是未来医疗保险支付方式监测与评价的主要对象，并需要构建起严格、公正、客观与有效的监测与评价体系，以开展医疗保险支付方式的监测

与评价。

开展医疗保险支付方式的监测与评价，具有重要的理论与现实意义。一是有利于推进医疗保险与医疗卫生事业的协调发展。当前，全民医保制度的建立、发展和稳健运行，有力促进了我国医疗卫生服务和医药产业的长足发展，并使医保在深化医改中的基础性作用得到进一步显现。医疗保险与医药卫生事业直接相关、相互影响，密不可分。基本医疗保险制度既是社会保障体系的重要组成部分，又作为医疗费用的主要支付方，是医药卫生体系的重要组成部分。医疗保险支付方式的监测与评价实践探索，有利于选择符合我国现阶段医疗卫生事业发展需要的医疗服务支付方式，以促进我国医疗机构管理的科学化和现代化，促进医疗机构由粗放型经营向结构效益型转变，由单纯注重收入型向注重成本效益型转变，促进医疗保险与卫生事业稳定、健康与协调发展，医疗保险支付方式的监测与评价对于社会医疗保险和医疗卫生事业的协调发展具有重要的时代意义。选择任何形式的医疗保险支付方式，都必须要促进医疗保险和卫生事业的协调发展。二是有利于维持医疗保险基金的收支平衡。全民医保是中国特色基本医疗卫生制度的基础。当前，随着"健康中国"的深入实施和全面小康社会的建成，医疗保障事业面临的形势发生了深刻变化，人民群众对高质量医疗保障水平的需求日益强烈，社会医保基金支付压力也越来越大。同时，我国的社会医保管理，长期以来存在着"重经办、轻监督"问题，对社会医保治理体系和治理能力提出了严峻挑战；如何确保社会医保基金安全、稳定与可持续，医保监管亟须提升现代化治理能力。医疗保险的基本原则是"以支定收，量入为出，收支平衡，略有节余"，即收支平衡是医疗保险正常运行的基础和客观要求。从根本上看，加强医保基金监督管理的效果和质量，即要从其支出根源上进行严格的管控；只有利用合理的医疗保险支付方式，制定合理的支付标准，才能有效地控制医保费用的流出量，把医保基金的支出控制在一个适当的水平，以维持医保基金的收支平衡。世界许多国家的医保实践证明，医保支付方式的改革与完善是控制医疗服务费用的有效办法；通过医疗保险支付方式监测与评价促进医疗保险支付方式的合理持续调整应用，对于维护医保基金的有效利用乃至达到医保基金的收支平衡具有重要意义。三是有利于调控卫生资源配置与利用。从微观层面看，医保费用的支付是保险机构向医疗服务提供方支付被保险人医疗服务费用的一种形式，而从宏观上看，医保费用支付是一个国家或社会主要卫生费用和卫生资源的分配与使用形式，卫生费用的控制和卫生资源的合理配置与利用主要依赖于医疗保险支付方式。例如，医疗保险支付方式倾向基层医疗卫生服务，卫生资源就会从高层次医疗机构流向基层医疗卫生服务机构；医疗保险支付方式倾向常规诊疗技术，卫生资源就会从高精尖诊疗领域流向常规诊疗项目服务。合理的医疗费用医疗保险支付方式和水平，有利于提高医疗卫生服务效率，有利于缓解医疗服务需求无限性与资源有限性的矛盾，促进全社会卫生资源的合理配置与有效利用。四是有利于调节医疗服务供需双方行为。医疗保险支付是重要的经济调节手段，不同的医疗保险支付方式对医疗服务供需双方的行为具有不同的影响，医疗保险支付方式监测与评价和选择，对于调节医疗服务供需双方的行为具有很强的现实意义。比如，对于医疗服务需方而言，医疗服务需求行为对价格变化具有敏感性，存在较大的需求价格弹性。一般地，随着医疗服务自付比例的升高，被保险人的医疗服务需求具有逐渐下降的趋势，而自付比例过低，被保险人可能产生过度利用医疗服务的倾向，从而造成卫生资源的浪费。对于医疗服务提供方而言，其服务数量与质量随着支付方式和标准的变化而变化。例如，实行按服务项目付费，就会诱导医生提供过多的医疗服务需求；实行按人头付费，有利于促进费用控制和开展预防服务，但可能导致服务质量下降；实行按服务人次付费，有利于促进合理用药，合理检查，但也可能出现医生分解服务人次，降低服务质量等。支付方式监测与评价更主要的是针对医疗服务供方所采取的措施。

## 二、医疗保险支付方式监测与评价的主要内容

（一）医疗保险支付方式监测的主要内容

支付方式的监测是支付方式评价的基础。一般而言，支付方式监测的主要内容就是支付方式评价的具体指标；建立完善的支付方式监测和评价指标体系，是实现医保价值购买和科学合理医疗服务费用支付的基础。支付方式监测的主要内容包括医保基金、医疗资源、医疗费用、医务人员、患者健康等多个方面；支付方式监测的主要内容也是支付方式评价的主要对象。通常，支付方式的监测通过设立总量、均量、工作量和质量"四量维度"的指标监测体系来进行。

（1）总量指标。总量指标突出医疗服务总费用、医疗服务费用增长率和医保基金支付总额等监测指标。

（2）均量指标。均量指标主要强化门诊人头均费、人次均费、住院例均费用、单元费用偏差度等监测指标。

（3）工作量指标。工作量指标主要加强就诊人头、就诊人次、人次人头比、工作量增幅、就诊人头住院率（或每百门诊就诊人头的住院人次数）与15天内同病例再入院率等监测指标。

（4）质量指标。质量指标主要加强病案上传准确率、病例入组率、病例组合指数、时间消耗指数、费用消耗指数、大型检查阳性率、死亡率、治愈率与患者满意率等监测指标。

当前，随着大数据利用发展，我国医疗保险支付方式监测主要基于互联网大数据平台，如"国家药品使用监测平台""医保智能监控平台"等。通过这些平台，能够自动有效地对支付方式监测对象进行监控，并及时进行信息反馈和处理。

（二）医疗保险支付方式评价的主要内容

支付方式的评价依托于支付方式的监测，是对支付方式监测结果的系统性、综合性分析评价。通常，支付方式评价主要包括医保基金管理、医疗资源利用、医疗费用控制、医务人员绩效以及患者健康改善等几个方面的内容。

**1. 医保基金管理**

医保基金在医疗服务提供方与需方（参保人）之间扮演着第三方购买角色，并代表广大参保人同医疗服务供方进行集体谈判博弈，以做出医疗保障价值选择和医疗服务成本平衡。医保支付方式是保障参保人获得优质医疗服务与提高医保基金使用效率的关键机制，更是一种战略性购买医疗服务的方式，以确保医疗服务的公平可及性。医保基金是参保人的"救命钱"，医保基金的管理关系到参保人的切身健康利益，其成效直接关系到参保人的健康福祉，更关系到全民医保背景下人们对基本医保的信心。同时，医保基金管理不仅直接影响医保支付方式的实践推行，而且对提升医疗服务体系绩效，乃至推进"健康中国"战略具有很强的现实意义，医保基金管理将发挥越来越重要的作用。

**2. 医疗资源利用**

随着社会经济的快速发展，我国医疗卫生资源供给逐渐增多。在市场经济背景下，医保支付方式实质上是医保部门通过市场机制对医疗卫生资源利用的再分配方式。在现代社会，医疗卫生资源的配置与利用具有社会福利性质，而医疗卫生服务尤其基本医疗卫生服务具有公共物品属性；现代经济学理论提倡通过市场机制解决医疗卫生服务的社会公益性问题，以提高医疗卫生服务的公平性。当前，我国医疗卫生资源虽然在不断增加，而相对于新时期人们的卫生健康需求而言，医疗卫生资源供给是不平衡、不充分的，而且医疗卫生资源的区域配置存在较大差距；在一定时期，我国医疗卫生资源的均等化配置是难以实现的，需要在现有资源配置基础上，加强对医疗卫生资源的有

效配置与利用的市场引导。医保支付方式是规范医疗服务行为，引导患者合理就医，从而引导卫生资源合理配置与利用的重要政策工具。医保支付方式可以加强医疗卫生资源的有效配置与利用，使患者以较低花费获得适宜诊疗服务，使医疗卫生机构获得公平的服务补偿，从而使医疗卫生资源发挥最大效用。

当前，DRG 和 DIP 作为国家重点推广的医疗保险支付方式，是医疗保险支付改革和引导医疗资源合理配置的重要工具之一。医疗保险支付方式的监测与评价，需要把医疗资源的配置与利用纳入监测与评价内容或政策目标，以落实国家卫生经济政策目标，控制医疗服务费用，提高医疗服务质量和效率，从而提高医疗服务保障水平。2020 年，中共中央、国务院《关于深化医疗保障制度改革的意见》提出："发挥医保基金战略性购买作用，推进医疗保障和医药服务高质量协同发展。"

**3. 医疗费用控制**

医疗保险支付方式作为引导医疗资源合理配置的重要工具，不同的医疗保险支付方式对医疗服务费用具有不同的影响。由于医疗服务市场道德风险的存在，规范医疗资源利用和医疗服务供方行为至关重要，而采用合适的医疗保险支付方式可有效控制医疗费用的不合理增长。近年来，我国以按病种付费为主、逐步减少按服务项目付费的医保支付方式改革导向，有效发挥了医疗保险支付方式控制医疗费用的重要作用。同时，医疗保险支付方式改革不仅发挥了约束医疗服务行为和控制医疗服务费用的功能，而且支付方式改革有利于倒逼医院和医生主动改变医疗服务模式。所以，在医疗保险支付方式评价中，既要兼顾医疗费用支出情况，又要兼顾医疗服务质量的提高，以及医生与患者实际利益的动态调整，才能很好地促进医保基金使用效率的提高与医疗服务事业的发展。

**4. 医务人员绩效**

在全民医保背景下，医务人员的医疗服务绩效与医疗保险支付方式密切相关。当前，我国大多数医疗机构对医务人员的绩效支付与医疗保险支付方式相挂钩。医务人员的绩效支付是指在主要医疗保险支付方式的基础上，采取的一种激励支付方式，通过对医疗服务质量、基金使用效率、财务可持续性、满意度、公平性等多维度的绩效考核基础上，将预留的一定额度的医保基金与特定的绩效标杆和激励措施相结合，用以激励医疗机构（以及医务人员）持续改进绩效指标，提高医保基金与医疗服务综合绩效。医务人员绩效支付方式有多种形式，包括对医务人员的奖励政策，以及对实施普及健康信息工程人员和机构的激励政策等。目前，我国正在大力推进医保 DRG、DIP 改革，DRG 已成为医保混合支付方式的重要组成部分，而按绩效支付是 DRG 支付的重要补充和完善，有利于促进医疗服务质量、医保基金使用效率等综合绩效的提高，并使得医务人员获得合理绩效收入。另外，我国尚未在医保支付方面系统地采用按绩效支付方式，也没有建立系统的医疗服务结果评价体系。按照医保精细化管理的要求，学习借鉴国际上按绩效支付的经验，更多地研究与探索适合我国医疗服务体系与医疗机构管理的医疗质量评价指标以及相应的信息采集与监管体系，通过有效的激励措施营造医疗机构改变机构运行模式和推动医疗行为合理化的外部政策环境，以实现医疗服务质量与医保支付的平衡协调，以更好地改善医疗服务质量，提升医保基金使用效率，提高患者满意度。

**5. 患者健康改善**

医保基金设立的初衷是为居民健康提供保障服务，用以分担居民疾病经济负担，以提高医疗服务的可得性与可及性，解决因病返贫、因病致贫现象，从而提高居民健康的公平性。医保支付方式直接影响医疗服务供给行为，关系到医疗服务数量、质量与效率，更影响居民患者的健康状况改善。在全民医保与多种医疗保险支付方式共存发展的情况下，医疗保险支付方式与医疗机构经济社会效益直接关联，并与医务人员的利益相联系，而医疗服务成本最终是由医保机构与患者共同分担的。要使居民患者的健康得到有效保障与提高，医疗机构与医务人员的利益需求得到合理满足，需要医疗保险支付方式发挥功能性作用。在一定的医疗服务费用下，患者健康的保障与改善情况，可间接反映出医疗保险支付方式的作用效果，患者健康的改善是医疗保险支付方式评价的主要内容。

## 三、医疗保险方式监测与评价的基本原则

（一）系统性原则

医疗保险支付方式的监测与评价涉及医疗保险经办方、医疗服务提供方以及医疗服务需方多个主体，涉及医保基金、医疗资源、医疗费用、医务人员、患者健康等多方面内容，并与多方利益产生联系，而且受到社会经济环境与政策的相互影响，是一项面向全体居民的复杂的社会系统工程。医疗保险支付方式的监测与评价，不能依靠单一指标来进行，通常通过设立总量、均量、工作量和质量"四量维度"指标监测体系来进行，以使监测与评价兼顾系统性和全局性的要求，并将支付方式的监测与评价置于特定的社会经济与政策环境之中，以分析医保基金管理、医疗资源利用、医疗费用控制、医务人员绩效以及患者健康改善等多方面内容，只有这样才能分析影响支付方式运行成效的实际原因，才能通过推进医疗保险支付方式的监测与评价实现医疗卫生与健康保障事业社会公益性政策目标，促进并保障全民健康水平持续提高。

（二）科学性原则

医疗保险支付方式的监测与评价，要以科学方法为指导，对监测内容的设计与监测信息的处理要采用科学方式，并要运用科学的评价体系，只有这样才能形成客观、公正与有效的评价结果。在建立支付方式监测与评价指标体系时，应充分考虑医保支付方式的实际运行，既要考虑卫生管理体制和社会医疗保险管理体制，还要兼顾控制费用和提高医疗服务质量两方面要求，并要考虑医院管理和医疗保险管理水平，所选取指标不仅要明确具体，而且要形成科学的指标体系，能够真实反映出该地区的社会、经济发展水平以及医疗保险支付方式运行情况，不能依靠单方面指标评价支付方式运行成效。

（三）发展性原则

社会医疗保险是我国"基本医疗卫生制度"的重要组成部分；基本医疗保险必须要有利于医疗卫生事业社会公益性的实现与健康公平发展，医疗卫生事业与健康保障事业须相辅相成发展。医疗保险支付方式是以卫生健康政策为导向，并随着医保制度和社会经济的发展而不断变化发展的。医疗保险支付方式的监测与评价不仅要顾及医疗保险本身具有的动态变化性特征，从而以发展的眼光对医疗保险支付方式进行监测与评价，还要根据医疗保险支付方式的改变不断调整监测与评价指标体系，才能获得客观、公正与有效的监测与评价结果，才能促进医疗卫生事业与健康保障事业相辅相成发展。

（四）公平与效率结合的原则

社会医疗保险与医药卫生事业直接相关、相互影响、密不可分；基本医疗保险必须要有利于医疗卫生事业社会公益性的实现与健康公平发展。公平与效率是医疗保险支付方式监测与评价体系必须要坚持的基本原则；在医疗保险支付方式的监测与评价过程中，要将公平与效率原则结合起来，以切实有效达到监测与评价的目的。同时，由于公平与效率是一对矛盾体，在公平实现的过程中，往往存在效率的损失，如采用总额预付制下的 DIP 支付方式可兼顾公平，使得同一类型的疾病患者经济负担相近，但是对医疗服务效率缺乏激励和提高效果，可能存在降低服务效率的风险。因此，医保支付方式监测与评价既要将公平与效率进行有效结合，又要考虑实际医疗保险支付方式目标选择，从而将公平与效率有效结合起来。

（五）针对性原则

支付方式的监测是支付方式评价的基础。不同的支付方式具有不同的目标选择。在对医疗保险支付方式进行监测与评价时，必须要充分考虑不同的支付方式所要解决的主要问题或者说要实现的主要目标是不同的，医保支付方式的监测与评价的目的也有所不同，由此监测和评价的方式和指标则不相同。为此，根据医保支付方式的主要目标或具体目标，支付方式的监测要设定相应的指标、范畴和内容，从而得到具有针对性的评价结论。

## 第二节　医疗保险支付方式监测与评价方法

### 一、医疗保险支付方式监测与评价方法概述

医疗保险支付方式改革需要以监测与效果评价为基础，以及时发现现行支付方式所存在的问题以及未来支付方式选择或改革方向；支付方式监测与评价的方法选择尤为重要，并直接决定了监测与评价结果的客观性和真实性。构建支付方式监测与评价的方法体系，是一项持续性、系统性研究探索工作。可以从细分种类、研究对象、内容以及方法细分四个角度对支付方式监测与评价方法进行归纳梳理。

（一）医疗保险支付方式的细分种类

针对医疗保险支付方式的监测与评价方法多种多样，并因支付方式种类的不同而各不相同。目前，国内外学者涉及支付方式监测与评价方法的研究，主要集中于八种支付方式。其中，DIP 的监测与评价方法研究相对较多，见表 12-1。

**表 12-1　医疗保险支付方式的细分种类**

| 医疗保险支付方式的细分种类 | |
| --- | --- |
| 按病种支付 | DIP 支付方式 |
| 总额控制 | 按床日支付方式 |
| 混合支付 | 例均费用控制 |
| 按人头支付 | 按人次付费 |

（二）医疗保险支付方式监测与评价的研究对象

研究对象是医疗保险支付方式的监测与评价方法选择的基础。研究对象不同，支付方式的监测与评价的适用方法也不相同。目前，国内外学者涉及支付方式监测评价的研究，主要集中于六类研究对象。其中，选择试点区域和试点疾病作为研究对象相对较多，见表 12-2。

**表 12-2　医疗保险支付方式监测与评价的研究对象**

| 医疗保险支付方式监测与评价的研究对象 | |
| --- | --- |
| 试点国家 | 试点医疗机构 |
| 试点地区 | 试点地区和试点疾病 |
| 试点疾病 | 试点医疗机构和试点疾病 |

（三）医疗保险支付方式监测与评价的内容

医疗保险支付方式监测评价的内容，决定了监测与评价的方法选择。研究内容不同，支付方式监测与评价适用的方法也不尽相同。目前，涉及支付方式监测与评价的研究，主要集中于五类研究内容。其中，针对支付方式中医疗费用的监测与评价相对较多，针对医疗服务利用的监测与评价较少，见表12-3。

表12-3 医疗保险支付方式监测与评价的内容

| 类别 | 描述 |
| --- | --- |
| 医疗费用 | 医疗费用、次均住院/门诊费用、药占比、医保结余、患者自付费用等 |
| 医疗质量 | 感染率、再入院率、治愈率、CMI、抗生素使用、患者满意度等 |
| 提供方服务提供 | 住院时间、服务项目数、业务量、收支、服务能力、医务人员满意度等 |
| 资源及患者流向 | 疾病结构、患者流向、资源配置、医疗费用流向等 |
| 需求方服务利用 | 门诊量、住院量等 |

（四）医疗保险支付方式监测与评价的方法

医疗保险支付方式监测与评价的方法可细分为对比方法、统计方法、计量方法、管理科学方法以及政策指导方法。

**1. 对比方法**

医疗保险支付方式监测对比方法，通常需要考虑横向比较、纵向比较以及对照组比较等。同时，值得注意的是，监测应该是对支付方式实施的过程和结果进行的监督和管理，不仅监测结果，也监管过程，包括事前、事中、事后的全流程监测。对比方法并不限于监测结果的比较与分析，每一个流程与环节均可进行对比，流程与环节之间也可以进行对比，见表12-4。

表12-4 医疗保险支付方式的监测对比方法

| 类别 | 描述 |
| --- | --- |
| 自身纵向对比 | 事前、事中、事后的全流程与全环节纵向对比监测，结果纵向对比 |
| 有对照的纵向对比 | 有对照组的事前、事中、事后的全流程与全环节纵向对比监测，结果纵向对比 |
| 有对照的横向对比 | 有对照组的事前、事中、事后的全流程与全环节横向对比监测，结果横向对比 |
| 自身纵向对比/有对照的纵向对比 | 混合对比 |
| 无对比 | |

医疗保险支付方式评价对比方法，通常需要考虑横向比较、纵向比较以及对照组比较等。同时，值得注意的是，支付方式评价对比方法主要集中于效果评价、效率评价与结果评价，见表12-5。

表12-5 医疗保险支付方式的评价对比方法

| 类别 | 描述 |
| --- | --- |
| 自身纵向对比 | 效果、效率与结果纵向对比评价 |
| 有对照的纵向对比 | 有对照组的效果、效率与结果纵向对比 |
| 有对照的横向对比 | 有对照组的效果、效率与结果横向对比 |
| 自身纵向对比/有对照的纵向对比 | 混合对比 |
| 无对比 | |

**2. 统计方法**

统计方法是较为常见的医疗保险支付方式的评价与监测方法。利用统计学的理论与知识，对医疗保险支付方式进行评价与监测，常见的方法包括描述性分析以及一般统计检验。从统计方法上来看，目前 80% 以上的研究采用的是以上两种分析方法。

**3. 计量方法**

相较于统计方法，计量方法是支付方式监测与评价中较为科学和稳健的方法，包括倍差法、时间序列回归分析、多元线性回归分析、Logit/Probit 回归。计量经济学模型的使用条件有比较严格的要求，如倍差法要求实验组和对照组在干预前要有相同的变化趋势，如果对其适用条件考虑不足，可能导致监测与评价结果的不可靠。

**4. 管理科学方法**

管理科学方法是利用管理科学学科体系中的方法，将支付方式的监测列为一项系统工程，通过数学以及管理学模型的构建，对各项支付方式的过程与结果进行监测，包括系统动力学模型、灰色系统模型、BP（back propagation）神经网络模型、风险预警模型以及循证理论。相对于计量方法，管理科学方法使用条件并不苛刻，结果也相对可靠，尤其是在监测预警体系构建方面发挥着不容忽视的作用。

**5. 政策指导方法**

政策指导方法以数理分析为基础，对一些支付方式的弊端提出政策干预措施，并利用政策手段指导与监测支付方式的过程与效果。例如，我国部分医疗机构为迎合管理考核，会产生推诿危重病人、夸大诊断等行为，以实现医疗费用的控制和医疗质量的不变或升高。在多种支付方式并存条件下，收益高的支付方式容易被收益低的支付方式代替。如果患者的诊疗成本较高，服务提供者会倾向于将患者诊断为按服务项目支付或按床日支付的疾病，而不是按病种支付。这些现象均需要利用政策指导进行监督。此外，DRG 作为一种支付制度，可能激励医疗机构更多关注成本管控而忽视医疗质量。例如，让住院患者提早出院，减少昂贵药品或耗材的使用等。为了有效规避质量风险，美国、澳大利亚、荷兰等国家在开展 DRG 支付制度改革的时候，相继配套颁布了医疗服务质量监测和控制政策。

同时，政策指导方法针对现有支付方式的特点提出评价指导办法，它以数理分析为基础，对一些支付方式的弊端提出政策干预措施，并利用政策手段指导与评价支付方式的过程与效果。

## 二、医疗保险支付方式监测与评价方法的特点

（一）支付方式监测与评价方法多种多样、效果逐步提升

当前，医疗保险支付方式监测与评价方法样式繁多，更新频繁。在早期的研究中，大多数学者对于医疗保险支付方式监测与评价方法的研究，集中于单纯的描述性分析。随着支付制度的不断改革发展，支付过程中问题的不断涌现，支付方式监测与评价方法也不断更新，统计方法、计量方法、管理科学方法等逐步应用到了支付方式监测与评价之中，效果也在稳步提升。

（二）支付方式监测与评价方法呈现跨学科、跨专业等特点

当前，经过数十年的发展与研究，医疗保险支付方式监测与评价方法研究与实践，已从早期的单一统计描述，不断向跨学科、跨专业方向改革发展。经济学、管理科学、临床医学、药学等跨专业、多学科方法的融合与创新，使支付方式监测与评价方法进入了新阶段、取得了新发展。

（三）支付方式监测与评价研究方法以单一支付方式为主

当前，医疗保险支付方式监测与评价方法研究，多以单一支付方式监测与评价为主，而混合支

付方式监测与评价研究则比较少。值得注意的是，混合支付方式并非新兴支付方式；在支付方式改革过程中，各地结合医疗服务特点的多元复合式医保支付方式将成为主流。从系统论角度看，要素相加的效果不等于单个要素效果之和，支付方式之间也会产生交互作用；选用单一的支付方式监测与评价方法，已难以对混合医疗保险支付方式进行科学、客观的评价与监测。

（四）支付方式监测与评价研究的方法系统性不足

当前，大多数支付方式监测与评价研究方法，都将医疗费用作为一项监测与评价指标，这是因为支付方式改革最初目的之一是控制医疗服务费用。为适应支付方式的改变，医疗服务提供者容易采取减少服务项目，降低服务级别等方式来控制成本，而潜在后果则是医疗服务质量的降低。因而，支付方式监测与评价需要包含服务提供者行为及医疗质量等内容。值得注意的是，支付方式带来的影响是整体性的，即医疗费用、供方行为、医疗质量以及资源与患者流向等的紧密相关，这无疑会带来支付方式监测与评价结果的偏倚，可能会造成结果的失真和不稳定。

# 三、医疗保险支付方式监测与评价方法的应用

目前，国内外政府部门、研究机构以及学者对支付方式监测与评价的方法种类繁多。根据细分种类划分，选用国内外比较成熟的几种支付方式监测与评价方法，对支付方式监测与评价应用以举例说明。

（一）DIP的监测与评价方法应用

在实施 DIP 的过程中，为了保障付费方式能够可持续良性运行，避免实施过程中可能出现的医疗机构选择轻症病人住院、推诿重症病人、组别高套和良性竞争不足等现象，医保机构建立了相应的 DIP 监管考核制度。DIP 监管考核对 DIP 试点医疗机构的行为，以及 DIP 实施过程和结果进行的监督和管理，不仅监管结果，也监管过程，包括事前、事中、事后的全流程监管以及应用信息化手段进行的智能监管，以促进支付方式改革由一般性购买转型为战略性购买，最终实现"医、患、保"三方和谐共赢。DIP 监测与评价是以数理方法为基础，以政策指导方法为依据。

（1）办法。DIP 监管考核以客观资料分析、查阅、复核、随访为主，把日常考核与定期考核有机结合。日常考核以医保机构平时工作中收集的违规记录为主；定期考核由医保机构组织人员全面实施考核。随着信息化建设的完善，基于大数据的实时考核和精确过程评价已成为现实。

（2）周期。运用 DIP 初期，一般每月抽取试点医疗机构不少于10%的病历进行考核；DIP 运行稳定后，可根据情况，实行季度考核或年度考核。

（3）兑现和激励。对试点的 DIP 机构考核，坚持"考核和付费"相结合的办法，以建立监管结果与病种分值年度清算挂钩的机制。如考核不合格，将按一定比例扣除应拨付的质量保证金，一般考核得分，以日常考核和定期考核得分各占一定比例得出。试点医疗机构内部，可根据 DIP 结果，制定相应的绩效分配办法，并根据科室及个人的考评结果，进行绩效分配，从而建立有效的激励机制，以保障医保支付改革的正常运行。

（4）常规监测与评价。基于 DIP 监管考核指标体系，可形成可视化工具，增进知识转化效率，提高问题分析的直观性，增强政府、医保、医院的洞察发现能力、科学决策能力以及问题反应效率，以提升管理的针对性、及时性与可及性，降低管理成本，形成对医疗机构违规乃至骗保的精准识别与定位，驱动医药卫生治理方式变革。

一般情况下，医保机构和试点医疗机构对 DIP 的运行效果进行日常监测，并主要包括以下几方面的监测。①清算清单质量和日常诊疗行为的监测：包括清算清单填写的完整性、主要诊断选择的正确性和诊疗行为的规范性等。②付费标准合理性的监测：实现依据 DIP 标准，在对个案进行自动

化匹配的基础上，形成对付费标准和实际住院费用的构成与偏离程度、不同诊治难易程度的病种结余情况的分析等，建立对费用结构、资源消耗的横向对比机制，对医疗机构费用偏离的干预机制，对偏差病历的发现机制。③医保住院常规运行指标的监测：如医疗机构平均住院天数、次均费用、药品费用、收支情况等信息。

（5）周期性评价。在常规监测的基础上，可每半年或一年比照基线调查数据，对 DIP 改革的实施效果进行周期性评价，从医保住院医药费用整体情况、资源使用的效率、医疗行为的改变、医疗质量的保证和参保患者的满意度等不同维度进行综合评价，以客观、全面和真实地反映支付方式改革的整体效果。

（二）DRG 的监测与评价方法应用

由于 DRG 在临床服务付费方面表现出了显著的成效，已成为全球超过 40 个国家医疗费用管理的主要支付方式。同时，在 DRG 支付方式的实施过程中，也发生并存在着一系列的负面问题，从而对这些问题进行合理的监测与评价是当前各个国家正在着手解决的焦点问题。当前，DRG 的负面问题，主要集中于六个方面，即高套编码问题、医疗质量下降问题、DRG 费用转移问题、患者选择问题、不利于临床创新与技术进步，以及忽视疾病预防和健康促进等。鉴于 DRG 存在的主要问题，世界各国在开展 DRG 改革的同时，也在研究与构建相对完善的 DRG 监管与评价方法体系，以尽可能规避可能产生的负面与不利影响。

美国 DRG 监管与评价方法系统设计，考虑了最严重的并发症情况，且允许医院进行二次诊断的申报，这将刺激并鼓励医院二次诊断和附加诊断目录尽可能地进行高套编码，以获取更高的医疗服务补偿。

澳大利亚在设计 DRG 系统时，创新性地引入 PCCL（patient's clinical complexity level，患者临床诊治复杂程度）模型，通过所有并发症的平均水平来计算患者的累积效应，从而实现对患者 DRG 分组。2015 年，澳大利亚新版本 AR-DRG 8.0 又进一步引入了 ECC（episode clinical complexity，病例临床复杂性）模型，结合临床实际情况，考虑诊断及其数量对费用的影响，完善费用的计算模式，实现了比 PCCL 模型更为准确、合理地对累积效应以及资源消耗的影响进行测算，从而实现了更为精确的分组。

实施 DRG 后，能否有效保障病人的权益，关键是能否制定一个科学的、相对客观的临床诊疗规范。要制定出每一组合的诊断标准、入院及出院标准、治疗规范等临床诊疗规范，以利于医疗服务全过程管理，保证医疗服务质量，防止医疗服务提供方减少必要的医疗服务，以保障病人的权益。为此，美国、澳大利亚等国家在实行 DRG-PPS 之后，引入了临床路径的管理方式，来加强对病人医疗服务过程的标准化管理。由于各国的 DRG 系统内部分组粗细不一，有些疾病还存在临床分类不明确的情况（如胸痛），并不是所有的疾病分组都适合开展临床路径的管理，少数比较复杂的疾病医疗不适宜进行临床路径管理。

此外，各国实践经验表明，DRG 系统为监管机构奠定了数据库基础，使其可以运用信息化系统对医疗服务质量进行实时监控，这在某种程度上提高了医疗服务质量。基于数据库基础，很多国家在利用 DRG 进行支付或者筹资时，常配合一些监管指标来保证医疗服务质量。例如，德国规定，如果医院不提交质量数据，将会扣减支付额，2017 年还规定"对高质量治疗予以额外支付，对低质量治疗予以扣减"；英国对医疗服务质量没有达标的医院，会扣掉总费用的 1.5%；美国也是有选择性地针对急性心肌梗死、心力衰竭、肺炎、妊娠及相关情况、外科手术护理、儿童哮喘护理、静脉血栓栓塞症、脑卒中、急诊住院等规定了相应的监管指标。

（三）按单病种定额付费的监测与评价方法应用

单病种定额付费方式在我国的许多地方已试点开展。实践证明，住院病人按单病种定额付费的控费效果比较明显。与此同时，按单病种定额付费制度实施过程中，也存在一系列问题。如何系统地监测与评价按病种定额付费方式，值得广泛研究与讨论。目前，国内外学者对于按单病种定额付费方式的监测与评价方法，主要集中于描述性分析、统计分析以及纵向对比分析。

其中，有学者利用湖北某医院 2010～2012 年实行按单病种定额付费病种（胆囊结石及胆囊炎）的相关数据进行方差分析和非参数检验，发现患者实际支付的费用高于规定的标准，得出按单病种定额付费制度应继续贯彻执行，需要探索合理的付费标准，加大对医院执行的监管，加强对医生的引导和教育等结论（表 12-6、表 12-7）。

**表 12-6　2010～2012 年湖北某医院病种定额付费标准情况**

| 年份 | 医疗费用定额/元 | | 补助金额/元 | | 自付金额/元 | |
|---|---|---|---|---|---|---|
| | 手术治疗 | 腹腔镜手术治疗 | 手术治疗 | 腹腔镜手术治疗 | 手术治疗 | 腹腔镜手术治疗 |
| 2010 | 3300 | 4400 | 1800 | 2250 | 1500 | 2150 |
| 2011 | 3500 | 4400 | 2000 | 2600 | 1500 | 1800 |
| 2012 | 3680 | 4620 | 2610 | 3310 | 1070 | 1310 |

**表 12-7　2010～2012 年湖北某医院单病种定额付费实际监测与评价情况**

| 项目 | 2010 年 | | | | 2011 年 | | | | 2011 年 | | | |
|---|---|---|---|---|---|---|---|---|---|---|---|---|
| | 手术治疗 | | 腹腔镜手术治疗 | | 手术治疗 | | 腹腔镜手术治疗 | | 手术治疗 | | 腹腔镜手术治疗 | |
| | 低于标准 ($n=1$) | 高于标准 ($n=10$) | 低于标准 ($n=43$) | 高于标准 ($n=126$) | 低于标准 ($n=2$) | 高于标准 ($n=7$) | 低于标准 ($n=25$) | 高于标准 ($n=113$) | 低于标准 ($n=3$) | 高于标准 ($n=1$) | 低于标准 ($n=103$) | 高于标准 ($n=49$) |
| 平均总费用/元 | 3296.04 | 3934.52 | 4347.70 | 4481.80 | 2505.57 | 3891.89 | 4365.30 | 4532.98 | 3651.50 | 4622.05 | 4460.25 | 4867.94 |
| 平均自付费用/元 | 1496.04 | 2134.52 | 2102.75 | 2232.59 | 1216.50 | 1891.89 | 1779.30 | 1948.58 | 1448.17 | 2622.05 | 1832.68 | 1661.89 |
| 平均补偿比 | 54.61% | 45.75% | 51.64% | 50.19% | 51.45% | 51.39% | 59.24% | 57.01% | 60.34% | 43.27% | 58.91% | 65.86% |

（四）按人头支付方式的监测与评价方法应用

按人头支付方式在我国的许多地方针对糖尿病等慢性病已试点开展，旨在控制慢性疾病患者医疗费用的不合理增长。如何系统地监测与评价按人头支付方式，值得广泛研究与讨论。目前，国内外学者对于按人头付费模式的监测与评价方法，主要集中于计量经济学领域。

其中，有学者选取了 2013 年 1 月 1 日至 2014 年 12 月 31 日天津市全部 871 371 例次糖尿病门特患者就诊记录，收集性别、年龄、医保类型、疾病诊断、是否参加按人头支付方式、医院级别和各项门诊费用等相关信息。按照患者是否按人头支付方式付费分为参加按人头付费的糖尿病门特组（简称按人头付费组，9505 例次）和未参加按人头付费的糖尿病门特组（简称门特组，共 861 866 例次）。利用倾向性评分匹配（propensity score matching，PSM）及双重差分模型（difference-in-differences，DID）评估按人头支付方式付费对糖尿病患者门诊费用的控制效果。研究结果显示，按人头支付方式付费实施后糖尿病患者的门诊费用没有明显下降。

# 第三节　医疗保险支付方式监测与评价指标体系

## 一、医疗保险支付方式监测与评价指标体系概述

选取科学合理的指标，对于分析医保支付方式监测与评价效果尤为重要。当前，绝大多数的支付方式监测与评价方法以指标体系为基础。国内外众多学者在关注医保支付方式监测与评价指标体系的构建，在医保基金总体有限的情况下，选取有效的支付方式，以提高医保基金使用率与医疗服务质量，是构建支付方式监测与评价指标体系的重点方向与目标，也是国内外医保管理者、学者共同关注的重难点。

### （一）指标体系构建的目的

开展医疗保险支付方式监测与评价，需要通过构建指标体系，监测与评价医疗机构、医生个人或组织的医疗服务质量、成本控制和经济可负担性，以期提高医疗服务质量和医保基金使用率。医保支付方式监测与评价需建立一套科学合理、可操作性强的指标体系，并以此为基础，建立完善的医疗服务绩效管理或考核机制。

### （二）指标体系构建的思路

当前，国内外学者、实践管理者对于医保支付方式监测与评价指标体系的构建思路，主要集中在四个方面：①抑制医疗费用的不合理增长；②控制医保基金的不合理支出；③规范医疗服务行为；④降低患者个人负担。例如，美国医疗保险支付方式监测与评价指标体系，主要思路在于提升医疗品质（clinical quality）和医院质量。英国医疗保险支付方式监测与评价指标体系，主要思路集中于提高医疗卫生服务质量。在我国，《国务院办公厅关于进一步深化基本医疗保险支付方式改革的指导意见》提出：健全医保支付机制和利益调控机制，实行精细化管理，激发医疗机构规范行为、控制成本、合理收治和转诊患者的内生动力，引导医疗资源合理配置和患者有序就医，支持建立分级诊疗模式和基层医疗卫生机构健康发展，切实保障广大参保人员基本医疗权益和医保制度长期可持续发展。显然，不同的医保支付方式监测与评价指标体系构建思路不同，侧重点不同，并会产生可能截然不同的指标体系。

### （三）指标体系构建的细分

基于利益相关者理论，可以对医保支付方式监测与评价指标体系进行细分，综合考虑与医保支付方式直接利益相关者有政府机构、医疗机构、患者方面，具体细分指标如下（表 12-8～表 12-10）。

**表 12-8　支付方式监测与评价指标体系细分——政府机构**

| 种类细分 | 具体指标 |
| --- | --- |
| 制度覆盖 | 病种数量、医保政策 |
| | 药品政策、制度落实情况 |
| 保险基金 | 基金结余、基金使用 |
| | 基金流向、基金风险 |

表 12-9 支付方式监测与评价指标体系细分——医疗机构

| 种类细分 | 具体指标 |
| --- | --- |
| 医疗费用 | 人均住院费用、人均增长率 |
| | 次均医药费用、次均增长率 |
| 医疗行为 | 平均住院日、平均住院床日数 |
| | 术前住院日、出院数 |

表 12-10 支付方式监测与评价指标体系细分——患者

| 种类细分 | 具体指标 |
| --- | --- |
| 受益水平 | 个人负担变化情况 |
| | 患者自付比例 |
| 满意情况 | 基本满意度 |
| | 出院满意度 |

## 二、医疗保险支付方式监测与评价指标体系的特点

（一）医疗服务质量是监测与评价指标体系的基石

医疗服务行为的根本与核心是医疗服务质量；医疗服务质量是提升被保险人健康水平的根本。医疗保险支付方式监测评价指标体系的构建，可以绩效支付为经济杠杆，以医疗服务质量为基本，以医疗服务效率为标准，通过监测与评价促进医疗服务发展，弥补监测评价指标体系的不足，促进医疗机构主动改善医疗服务质量。

（二）医疗费用是监测与评价指标体系的关键

面对医疗费用的过快增长和医保基金有限的客观现实，持续探索医疗保险支付方式改革，对不同支付方式进行监测与评价，以提高医保基金使用率。支付方式监测与评价指标体系的构建，可以将医疗费用作为关键与重点关注对象，通过监测与评价促发展，找短板，节省资金，提升效率。

（三）纵向与横向监测与评价指标构建相结合

医疗保险支付方式监测与评价指标体系的构建，对于同级别、同类型医疗机构一般坚持一致的评价方案，包括评价指标选取、评价标准、评价结果应用等，以保持横向公平；对不同时期、同一医疗机构应尽可能选择同一指标体系，以便评价结果具备纵向可比性。值得提出的是，根据区域监测与评价结果，按统一指标体系计算的支付方式监测与评价得分和应获得奖励和惩罚评价时，同时要考虑纵向评价，对同一评价对象不同时期的评价结果进行对比，对于那些总体质量不高，但是近年来某方面医疗服务质量明显有改进的，支付方式没有明显漏洞和缺陷的，应给予一定奖励与肯定，不可仅进行横向比较。

（四）监测与评价指标体系的动态调整

新医疗保险支付方式的实施开展、前期评价指标等难免存在一些缺陷与不足，随着监测与评价工作的逐步推进，需要结合医疗机构情况与支付方式目标导向，对新医疗保险支付方式监测与评价指标体系进行动态调整。欧美等国的医疗保险支付方式监测与评价指标体系，均会定期修订并调整

考核工具，以期全面、科学、真实、有效地反映问题、监测与评价结果。例如，美国医院质量激励示范工程和英国的支付制度监测与评价体系、评价指标及权重自实施以来，均进行了多次调整，以适应支付需求和管理目的。

## 三、医疗保险支付方式监测与评价指标体系的应用

近几十年来，世界各国及我国部分地区为控制医疗费用的持续上涨，纷纷从医疗服务供给与需求两个方面寻求政策介入，以控制医疗服务费用；支付方式监测与评价指标体系的构建，是一项重要的探索与尝试。

### （一）美国医疗保险支付方式监测与评价指标体系——Medicare

2019 年，美国正式启动全新的医保支付方式监测与评价制度——Medicare。在医疗服务品质的监测与评价方面，依据不同的医疗专业服务，将监测评价形式分为过程评估、中间结果评估、医疗服务效率评估、结构面评估、病患参与情况评估以及结果评估 6 类共 271 项评估指标，考虑到医疗服务者所提供的医疗服务并不相同，医生可以从 271 项评估指标中选择最适合反映病历评估指标的 6 项，以评估和反映医疗服务品质。在临床照料改善方面，可以从 92 项改善型监测评价指标中最多选择 4 项，再依据四大分类的不同权重加以计算，得到基于绩效的激励支付系统（Merit-based Incentive Payment System, MIPS）的综合整体得分，将得分与 Medicare 规定的标准与阈值进行比对，以监督与评价这一支付过程。支付方式监测与评价的四大分类包括如下内容。

（1）质量。MIPS 的“质量”类别取代了“医师质量报告系统”（Performance Quality Rating System, PQRS），并要求合格的临床医生向 CMS 报告数据，包含患者愈后效果、医疗资源使用情况、患者安全、效率、患者感受和护理协调相关的质量评估。2017 年，“质量”类别占合格的临床医师或小组的 MIPS 最终分数的 60%。

（2）高级护理信息（accrediting commission international，ACI）。MIPS 的高级护理信息类别取代了 Medicare EHR（electronic health records，电子健康档案）奖励计划。这一分类将反映临床医生使用 EHR 技术的情况，特别关注操作性以及信息交换方面的操作。2017 年，ACI 类别占合格临床医师或小组 MIPS 最终分数的 25%。

（3）恢复活动。MIPS 的“恢复活动”类别旨在鼓励合格的临床医生参加患者安全护理，协调护理和增加患者恢复的可及性等方面，改善临床实践的活动。2017 年，“恢复活动”类别占合格临床医生或小组的 MIPS 最终分数的 15%。

（4）费用。MIPS 的“费用”类别（也称“资源使用”）取代了基于 CMS 价值的成本计算方法，并使用 Medicare 计算方法计算出费用（资源使用情况），评估临床医生是否合格。2017 年，“费用”类别的权重为 0。此类别的权重将在未来的 MIPS 性能周期中增加。

美国医疗保险支付方式监测与评价指标体系最大分值为 100 分，判断标准如表 12-11 所示。

表 12-11　美国医疗保险支付方式监测与评价指标体系评价标准

| 最终分数 | 判断标准 |
| --- | --- |
| ≥70 分 | 正向支付方式<br>有资格获得特殊的绩效奖金，至少要获得 0.5% 的奖金 |
| 4～69 分 | 正向支付方式<br>医生没有资格获得特殊表现奖金 |
| 3 分 | 中性付款调整 |
| 0 分 | 负向支付方式调整为-4%<br>0 分表示临床医生未参加 |

（二）英国医疗保险的支付方式监测与评价指标体系——QOF

QOF 的目的是通过引进激励机制，提高医疗服务质量。通过制定一套反映全科医疗服务质量的评价指标体系，对全科诊所及医生综合打分，依据最后得分给予一定奖励（表 12-12）。评价指标包括基本医疗服务和公共卫生服务两部分。QOF 刚开始实施时，包含 146 个指标，共计 1050 分，涵盖临床（疾病）、组织管理（患者病历信息、教育与培训、患者交流、执业管理、医药管理）、患者经历（咨询时间）、补充服务（宫颈筛查、孕产妇服务、避孕等公共卫生服务）、服务质量等领域。在经过多次修改和调整后，2015 版的 QOF 共计 559 分。其中，医疗服务包含 65 个指标，总分 435 分，公共卫生服务共 12 个指标，总分 124 分。每个领域都涉及多个指标，并且对具体指标赋予一定分值实现量化，以进一步计算全科诊室应获得的奖励（表 12-13）。尽管现有的证据大多是基于排除了老年人的试验，但是政府认为对指标设定年龄限制是有歧视性的。随着时间的推移，单病种指标与患者需求的相关性下降，尤其是合并多种复杂病症的老年人。

**表 12-12 英国 QOF 框架**

| 序号 | 内容 |
|---|---|
| 1 | 原方案包括 76 个临床指征、覆盖 10 种病症 |
| 2 | 临床质量数据自动从电子病历提取 |
| 3 | 医生可以根据单个临床指标排除患者（例外报告），指定的原因包括临床不适用、药物不耐受和患者不同意 |
| 4 | 机构指标：包括医疗记录、患者信息、教育培训、实践管理和药品管理 |
| 5 | 患者体验指标与引导和进行患者体验调查结果，以及提供至少 10 分钟预约谈话有关 |

**表 12-13 英国 QOF 相关指标**

| 序号 | 内容 |
|---|---|
| 1 | 前 5 年内有血压测量记录的 45 岁及以上患者所占的百分比 |
| 2 | 在冠心病患者中，最近一次（前 1 年内）血压值≤150/90mmHg 者所占的百分比 |
| 3 | 糖尿病患者注射最新流感疫苗的百分比 |

（三）中国台湾地区 DRG 支付方式监测与评价指标体系

中国台湾地区的医疗保险 DRG 支付方式改革推行得比较早，在支付方式监测与评价方面有着较为成熟的经验。为了更全面地规避 DRG 支付带来的各种负面影响，其构建的支付方式监测与评价指标体系，值得学习与参照（表 12-14）。

**表 12-14 中国台湾地区 DRG 全面监管指标体系**

| 指标类别 | 指标说明 | 细化指标 |
|---|---|---|
| 医疗效率监控 | 住院天数的变化趋势 | 平均每次住院天数 |
| | 医疗支付点数与实际医疗点数的差异 | 平均每件实际医疗点数 |
| | | DRG 平均每件申报点数 |
| | | DRG 点数与实际点数的比值 |
| 费用转移监控 | 减少必要服务、降低医疗质量 | DRG 分类为有并发症之件数占率 |
| | 住院费用转移门诊 | 住院前 1 周内平均门诊检验检查点数 |
| | | 出院后 1 周内平均门诊医疗点数 |
| 病患转移监控 | 拒收重症或亏本病人 | DRG 住院案件转出率 |
| | 分次住院或不当转院 | |

续表

| 指标类别 | 指标说明 | 细化指标 |
|---|---|---|
| 成效测量监控 | 限外值病例数的变化趋势 | CMI 值变化情况 |
|  | 病患严重程度变化趋势 | 3 日内再急诊率 |
|  | 再入院率、再急诊率的变化趋势 | 14 日内再住院率 |
| 医疗质量监控 | 急性心肌梗死死亡率 |  |

概括而言，中国台湾地区 DRG 的监管审查重点包括：入院或主手术（处置）必要性、诊断与处置的适当性、诊断与处置编码的正确性、住院范围相关费用之转移、超过上限临界值（outlier）案件医疗费用的适当性、出院状况是否稳定、医疗品质之适当性等几大方面，为实现更好地规避 DRG 支付可能引发的负面影响，提供了很好的借鉴。

（四）我国 DIP 监测与评价指标体系

DIP 对医疗保险的精细化管理提出了更高的要求，需要不断创新监测与评价指标体系，利用信息化平台，结合大数据分析，持续加强支付方式监管和考核。DIP 监管考核指标主要包括：组织管理和制度建设、基线调查、病案质量、医疗服务能力、医疗行为、医疗质量、资源效率、费用控制和患者满意度。

（1）组织管理和制度建设。DIP 方式需要医疗机构和医保机构密切合作，医疗机构应有相应的组织管理和制度建设，主要包括病案管理、临床路径管理、成本核算管理、绩效考核制度等配套措施，以保障 DIP 支付方式的顺利和有效运行。通过对组织管理和制度建设考核，可以反映医疗机构 DIP 支付方式的参与度。

（2）基线调查。基于各应用地区 DIP 基本情况、医保基金使用情况、医疗机构医疗行为情况及患者就医负担情况等本地数据，结合 DIP 的监管考核体系，建立对 DIP 支付方式改革效果的评估及影响分析体系。

（3）病案质量。由于结算清单质量直接影响 DIP 分值和付费标准测算的准确性，需从结算清单的完整性、主要诊断选择合理性、医疗费用结算的准确率等方面，对 DIP 支付方式清算清单质量进行评价。

（4）医疗服务能力。通过对收治病例病种分值、住院服务量、DIP 辅助目录中疾病严重程度等指标考核，反映医疗服务能力，可作为实施 DIP 的医疗机构间比较的指标。

（5）医疗行为和医疗质量。利用 DIP 中二次入院、低标入院、超长住院、死亡风险评估等指标，客观反映医疗机构的运营与诊治行为，实现医保的智能监管。

（6）费用控制。通过药品分值、耗材分值、门诊住院费用比例、实际补偿比例和自费项目费用比例等指标，考核实施 DIP 后，医疗机构是否主动优化费用结构，减少不合理用药和检查，使医药费用的快速上涨得到遏制，是否符合经济水平、医院定位及技术的发展趋势，有效保障参保人员权益。

（7）患者满意度。动态跟踪每个病种接收和转院情况，结合高资源消耗病种、严重程度较高病种的专项分析，加强对医疗机构推诿患者、抑制需求情况的识别，调查患者对医疗行为和医疗服务质量的满意度，考核 DIP 改革后，医疗机构是否存在医疗行为调整，以及对患者满意度的影响。

# 第四节　医疗保险支付方式监测与评价手段

## 一、医疗保险支付方式监测与评价手段概述

（一）医疗保险支付方式监测与评价手段内涵

监测释义为监督、检测。评价是绩效管理的关键环节，作为一种必要而有效的制衡机制，在促

进政策建设方面发挥了不可替代的作用。支付方式监测是指用科学的方法间断或不间断地对支付方式形成的合理性、实施的可行性、结果的有效性及其发展变化趋势等进行监督、测验的全过程，其最终目的是全面反映支付方式发展与应用现状及其发展趋势，为支付方式管理、支付方式评价、支付方式改进等提供科学依据和决策依据。支付方式评价是指按照一定的评价标准和评价方法，对一定范围内的支付方式进行说明、评定和预测。

医疗保险的支付方式的监测与评价手段就是通过建立以基金管理为基础、以患者安全为核心、以医保基金使用效益最大化为目标的涉及医保经办机构和医保协议机构的全流程监测评估体系，并根据监测评估指标对医保支付方式的情况进行评估，找出支付方式的运行优势、带来的效益、现存矛盾以及未来的发展趋势等，用直观的指标和数据对医保支付方式的目标、影响、效率、效果变化进行评价。

（二）医疗保险支付方式监测与评价手段分类

一个项目的监测与评价往往有多种测定手段，各种手段的原理、指标体系和监测和评价程序的不同，监测和评价的结果也不尽相同。

监测与评价手段按其发展成熟程度一般可分为如下内容。

**1. 标准手段**

标准手段，即经过标准化程序，由权威机构制定的统一规定的指标体系、技术规范，其结果具有好的重复性、再现性和精确性。

**2. 实用手段**

实用手段是常规监测与评价中常用的统一方法，尚需要更多的经验和实验进行反复验证，再经过标准化程序使之标准化。

**3. 试行手段**

试行手段尚未成熟，仍需要实践不断研究、修改和完善。

按其对比对象一般可分为：①对自身纵向发展进行监测与评价；②基于对照组进行的横纵向监测与评价；③计量学统计手段。

目前，我国医疗保险的支付方式监测与评价手段，主要是实用手段和对自身纵向发展进行监测与评价。

（三）医疗保险支付方式监测与评价手段的特点

监测与评价具有综合性、整体性、相关性、目的性、动态性、连续性等特点。支付方式的监测与评价是一个复杂而长期的管理流程，其监测与评价并不仅仅只是一时的，也不仅仅只是对现状的简单描述与评价，而是在监测指标设计的基础上，对其发展进行全面监测，而后发现其存在问题并提出解决方案的循环流程。医疗保险支付方式具有一般监测与评价的特点，还具有其所特有的特点。

**1. 综合性**

一方面，监测与评价的对象具有综合性。医疗保险的支付方式监测与评价并不仅仅只针对供给方与需求方，还涉及社会医疗保险基金，更是涉及三者之间的相互作用与相互影响。另一方面，监测与评价的过程具有综合性。医疗保险的支付方式监测与评价并不仅仅只是对现状进行简单的现状描述，还要在监测评估的基础上，摸索经验、发现存在的问题并提出解决方案。

**2. 复杂性**

一方面，医疗保险支付方式的监测与评价涉及医院各部门的管理、患者的就医行为与服务利用、医保机构的资源分配等，监测与评价范围比较大也比较复杂。另一方面，医疗保险的支付方式因医疗服务的特点而异，医疗服务的多样性决定了医保支付方式监测与评价手段的复杂性。对住院医疗服务，主要按病种、按疾病诊断相关分组付费，长期、慢性病住院医疗服务可按床日付费；对基层医疗服务，可按人头付费；对不宜打包付费的复杂病例和门诊费用，可按项目付费。这些复杂多样的支付方式的存在导致监测与评价非常困难。

**3. 长期性**

医疗保险的支付方式监测与评价是动态的、连续的。一方面是流程的长期性。首先是对投保的监测评价，虽然基本医疗保险具有公共产品的特性，但是不同地区的不同人群其就医行为仍有不同，需要医保支付方式的引导；其次是对不同医疗机构的监测评价，不同层级的医疗机构在卫生责任和发展方式上存在差异，对其进行监测评价也不是一蹴而就的；再次是对具体医保资金支付的监测评价；最后还包含对基本医疗保险基金的后续可持续性的监测评价。另一方面是时间的长期性。医疗保险支付方式的监测与评价不是一定时间、一定区域的，其随时空的变化而变化，不同时间、不同地域的监测与评价具有差异。

**4. 多层性**

医疗保险的支付方式监测包括基础准备阶段监测、模拟运行阶段监测以及实际付费阶段监测三个阶段的监测评估，同时其支付方式的评价包括实施前的合理性评价、实施中的可行性评价、实施后的有效性评价，这就决定了医保支付方式的监测与评价手段的层次较多，需要逐层进行。

**5. 针对性**

医疗保险支付方式监测与评价手段是针对具体的支付方式、特定目的进行的，所以支付方式监测与评价是针对具体时间、具体项目进行的。例如，为了解某支付方式对医疗费用、医疗质量、供方服务提供、资源及患者流向、需方服务利用等方面的影响，有针对性地对其进行监测并进行评价。

## 二、医疗保险支付方式监测与评价手段的应用

医疗保险支付是基本医保管理和深化医改的重要环节。更好地保障参保人员权益、规范医疗服务行为、控制医疗费用不合理增长、发挥对供方的引导制约作用，需要充分发挥医疗保险在医改中的基础性作用，这就需要重视医疗保险支付方式的改革，但改革离不开调查研究，所以需要对医疗保险支付方式进行监测与评价。

### （一）医疗保险支付方式监测与评价手段的应用流程

医疗保险的支付方式监测与评价是一个长期而复杂的过程。首先，要对医疗保险支付方式进行应用环境、合理性评价；其次，要建立全流程监测评估体系，确定明确的监测与评价指标；再次，根据指标对医保支付方式支付的流程进行监测，并针对其可行性给予评价；最后，对医疗保险支付方式实施过程中的有效性、问题等进行总结，并根据发现的问题提出解决方法并对医疗保险支付方式进行改进或完善。

在具体应用过程中应注意：①明确其使用环境，即监测其是否受其他支付方式影响；②应从对象、内容、方法三个方面进行科学设计。首先确定评价对象，其次探索构建一套科学合理、适合本国国情的支付方式监测与评价指标体系，最后选择科学有效的评价方法。当前国内支付方式评价研究的主要情况：一是对混合支付环境考虑不足，二是评价内容不系统，三是评价对象较局限，四是评价方法科学性较差。

### （二）医保支付方式监测与评价手段应用中存在的问题

虽然医疗保险支付方式监测的队伍在不断壮大，监测的方式和手段不断优化，尤其是信息技术发展带来了快速变革，极大地提高了监测效率，但是因为医疗服务本身的复杂性和专业性，要进一步提高医保支付方式的监测水平依然存在很多难题。

第一，医疗服务本身的特殊性和专业性对医保监测与评价人员提出了更高的专业要求。医疗行

为本身具备极高的专业性，专业壁垒非常高，判断什么是合理必需的医疗行为，往往边界不明确，需要动员更多专业的力量来判定，实际操作成本高，机制也未完全建立。

第二，专业化的医疗保险监测队伍仍未完全建立，医疗保险支付方式监测与评价队伍工作压力大。目前全国大多数地方没有建立专业的医疗保险支付方式监测与评价队伍，尤其是在推动医疗保险支付方式改革的当下，亟须建立专业的医保支付方式监测与评价队伍来促进合理有效的医保支付方式落实与配置。

第三，医疗保险支付方式监测与评价水平在进步的同时，医疗保险支付方式存在的问题与不足更加显现出来，这说明医疗保险支付方式监测与评价的工作还任重道远，需要进一步增强医疗保险支付方式监测与评价的能力来优化医疗保险支付方式改革的质量。

第四，目前尚未形成有效的医疗保险支付方式监测与评价机制，确定最优化的医疗保险支付方式配置是需要长期进行、不断完善的过程。在医疗保险支付方式改革过程中，必须持续进行监测和评价以发现问题并进行优化配置，这需要一个长效的监测和评价机制以及指标体系，以提高改革效果和效率。

### （三）医保支付方式监测与评价手段的应用路径

**1. 制定标准**

在医疗保险支付方式监测与评价过程中，需要将疾病编码、病案首页信息，乃至使用临床路径与出径情况等现代医疗机构标准化、信息化建设纳入考虑。统一疾病编码、病案首页信息和疾病分组器的相关技术标准，尽快解决医院内"编码盲区"和"码库成灾"的问题，降低系统审核的成本，构建监测与评价的数据统计系统，收集可计量的监控评价指标数据，方便监测与评价。

**2. 培养专业队伍**

医疗服务的特殊性和专业性对医疗保险支付方式监测与评价人员提出了更高的专业素养要求。为此，首先需要引入知识化、专业化的人才，扩充队伍，建立专业化的医疗保险支付方式监测与评价的人才队伍；其次需要加强思想教育，让监测与评价人员牢固树立廉洁自律意识，打造一支有纪律的监测和评价队伍；最后需要加强业务培训教育，分层次、分类别组织开展业务培训，提升监测与评价水平。

**3. 完善监测与评价机制**

建立健全监测与评价机制，优化监测评估工作。形成动态监测医保支付方式改革工作进展情况，综合评价实施情况及效果，可进行阶段性评估、形成可借鉴可复制、可推广经验的监测评价流程；优化评价队伍，借助第三方专业机构开展医保支付方式改革的监测评估。

**4. 打造推广样板**

推进医疗保险支付方式监测与评价的试点研究，开展分阶段评估工作，总结出可供推广和复制的工作经验和先进典型，建立医疗保险支付方式监测与评价的推广样板以及监测与评估的指标体系。

**5. 完善组织保障**

相关部门应确定工作原则，包括保障基本、统分结合、公开公正、上下联动、广泛参与、动态调整、稳步推进等内容，保障医疗保险支付方式监测与评价工作的顺利进行。

复习思考题

1. 医疗保险支付方式监测与评价的主要内容。

2. 医疗保险支付方式监测与评价的主要方法。

3. 医疗保险支付方式监测与评价指标体系的特点。

4. 医疗保险支付方式监测与评价手段的特点。

5. 请尝试构建一套科学合理、适合本国国情的针对某支付方式的监测与评价指标体系。

（杨敬宇　薛清元　舒　燕）

# 第十三章　国外医疗保险支付方式发展与改革

 **内容提要**

　　医疗保险支付方式是医疗保险制度设计的核心内容之一。本章选取了国家医疗保障模式、社会医疗保险模式、储蓄医疗保险模式和商业医疗保险模式的典型代表国家，分别介绍了几个典型国家的制度背景和医疗保险支付方式。几个典型国家的医疗保险制度都经历了支付方式改革，都有其改革的背景和需要，从对这些改革背景和改革措施的分析中，能够总结出国际上医疗保险支付方式的改革趋势。

## 第一节　国家医疗保障模式典型国家支付方式

### 一、国家医疗保障模式概念和特征

（一）国家医疗保障模式概念

　　国家医疗保障模式是国际上医疗保障的重要模式之一。20 世纪 50 年代，英国、瑞士、意大利、加拿大等国家建立了国家为主体的全民医疗保障制度，由国家通过财政预算和国民保险税等渠道筹集医疗保险基金，为全民提供综合、平等的医疗卫生服务。

（二）国家医疗保障模式特征

　　国家医疗保障模式曾盛行于西方福利型国家。此类全民医疗保障体制的主要特征有：①医疗服务资金的筹集主要依靠国家通过一般税收的形式统一征收；②医疗服务的提供则是由政府运用公共资金直接举办医疗机构、购置医疗设备、聘用医务人员来进行的，或是政府作为医疗服务和药物的购买者，运用政府预算资金向卫生服务和药品等供给者直接采购、支付，相对于医疗保险的第三方付费形式来说属于单方支付机制；③患者按需要可基本免费获得国家采购的服务和药品等，与医疗服务提供者之间一般没有直接的现金偿付关系，但患者就医的选择权较小；④不以就业为条件的、近乎遍及全体国民的广泛的医疗覆盖面；⑤国家是医疗保健和医疗保障体系的绝对主管和调控者；⑥私人医疗保健和保险提供者提供的私营性的医疗保健服务和保险的比重很小等。英国的全民医疗保障制度模式历史最悠久、特征最典型。

### 二、英国国家医疗保障制度支付方式

　　英国是世界上第一个建立典型全民医疗保障制度的国家，将英国作为国家医疗保障研究的典型，还因为英国与其他发达国家相比，它花费的卫生经费较少，而它的卫生产出指标却令人刮目相看。2015 年英国的卫生总费用支出为 1850 亿英镑，占 GDP 的 9.9%，在发达国家中的医疗保健支出偏低。2019 年，英国男性期望寿命为 79.4 岁，女性为 83 岁，居于较高水平。英国的医疗保障的实施与其医疗保健服务提供体系密不可分。

（一）英国的国家卫生服务体系

英国卫生系统有如此高的投入产出比，不仅仅是由于实行全民医疗保障制度，与它的医疗保健供给体制也密切相关。英国的 NHS 主要是由全科医生提供初级医疗服务；专科医生在医院承担专科和住院医疗等二、三级医疗服务；地方卫生管理机构、社保部门和全民医疗服务体系的医务人员，负责公共卫生保健和社区医疗服务。

英国的初级医疗服务体系以全科医生为主，辅以其他职业护士和社区护士共同提供的初级医疗服务，构成了英国国家卫生服务体系的基础。英国全科医生大部分以地区为界，提供 24 小时全天候的咨询、诊断、治疗和预防服务。居民一般都去所在地区的全科医生诊所登记，与全科医生建立固定的对口保健服务关系，除了流浪汉和暂居者，全英国 99% 的居民都有自己登记注册的全科医生。尽管原则上规定年满 16 岁的居民可以自由选择和调换自己的全科医生，但很少发生登记后重新调换的情况。一般平均每个全科医生负责 2000 个左右的登记居民。全科医生大多为自雇、集体行医者，他们必须经过行业协会和政府部门审批和签约，才能在全民医疗服务体系行医。政府通过签约购买全科医生服务，无偿提供给居民。全科医生还充当着二、三级专科和住院治疗的"守门人"的角色。除了急诊外，患者必须经过自己的初级医生转诊方可接受专科和住院治疗。

英国国家卫生服务体系的二、三级医疗服务，分为社区医院、地区综合性医院和地域或跨地域专科医院三个层次。社区医院处于医院体系最下层，规模很小，大多只有 50 个左右床位，只拥有一些小规模的诊断设备、小手术室、微创手术设备等。地区综合性医院是医院系统的核心和主体，服务规模大小不一，医生按照他们所属的专科分类，在医院门诊部和住院部为经全科医生转诊来的患者看门诊和诊断、治疗。地域或跨地域专科医院，主要接受来自地区综合性医院转诊过来的患者，提供一些需要高技术、设备的专门疾患的治疗。

英国医疗服务供给体系架构相当稳固，国家在其中扮演了极其重要的角色，它不只是和其他国家一样，充当管理者，更多是作为医疗服务的购买者和提供者，间接或直接参与卫生医疗服务提供。

（二）英国医疗费用的筹资渠道及用途

英国医疗费用的筹资渠道主要有税收、保费和私人自费三大主要渠道。为国家卫生服务体系筹资的税收渠道占有绝对主导地位。

**1. 国家卫生服务体系下以税收为主的筹资渠道**

国家卫生服务体系是以税收为主、资本收益为辅的主渠道。公民以纳税人的身份向政府缴纳一般税。一般税来自政府的各种非专款专用的非专项税，以个人所得税为主，包括个人、公司所得税、增值税、石油收益税、印花税、资本利得税、国内消费税、继承税等。同时，公民以雇主、雇员身份向政府缴纳类似工资税的社会医疗保险缴费，即国民保险税，凡是有工作者，作为雇员必须按月缴纳工资的 0.75%，雇主相应缴纳工资总额的 0.6%，自雇者和农民缴纳收入的 1.35% 作为保健费。再加上全民医疗服务信托基金的资本积累等，构成了全民医疗保险的主要筹资渠道。这些筹集的资金，经过财政部和卫生部每年的谈判，制定出用于全民医疗保险的预算，然后再通过卫生部及其下属的地方卫生管理机构，分配和流向初级全科医生的医疗服务，二、三级医疗服务，社区和公共卫生服务以及提供处方药品的药剂师。全民医疗保险制度的理念是无论居民的收入高低，均能按需获得医疗保健的服务，其医疗服务覆盖面也非常广。

**2. 私人医疗保险保费**

参加私人医疗保险的投保人，按照私人保险公司按风险定价原则确定的保费标准，缴纳保费给私人保险公司。私人医疗保险是全民医疗保险的补充，其覆盖的人群约占总人口的十分之一。私人医疗保险主要为有经济实力者提供一个能够满足他们较快获得医疗服务需求的渠道。

因为全民医疗保险的保障水平已经很高了，私人医疗保险的功能是为参保者缩短候诊和等待手术的时间。

**3. 私人自付费用**

由于全民医疗保险覆盖的服务项目多，对所覆盖的服务采取免费提供，英国的私人自付费用金额较小，只占到国家卫生服务体系的 2%～4%。例如，患者凭医生处方到药店买药时，需要向药剂师交付每张处方 6 英镑左右的费用；除特殊人群以外，一般人群在进行牙科和眼科的检查和诊疗时要支付数额固定的费用。此外，还有私人运用自己收入，支付自己在私人医院享受的医疗服务费用或在公立医院享用舒适病床等特殊豪华服务的费用。

（三）英国医疗费用的支付方式

英国医疗服务和药品费用的偿付因国家的重要作用而别具一格。2013 年的改革，撤销了以前一直负责服务规划和购买的 SHAs（strategic health authorities，战略性卫生行政部门）和 PCTs（primary care trusts，初级诊疗信托），将医疗服务规划和购买组织从行政序列中剥离，由地方层面的临床诊疗规购集团（clinical commissioning group，CCGs）和国家层面的机构 NHS England 负责计划和购买，英国的全科医生执业单位都成为所在地区临床诊疗规购集团的一部分。英国 NHS 有其完整的医疗费用支付体系和流程。2013 年开始，NHS England 开始肩负起 NHS 的购买责任，负责向地方临床诊疗规购集团拨款并对其进行监督。针对小部分人群的特殊专科服务由 NHS England 集中购买。临床诊疗规购集团依靠对当地居民需求的了解，为其覆盖的民众购买符合标准的医疗服务，NHS 医院、社区健康中心等各种性质的医疗机构都可以向临床诊疗规购集团争取合同、提供服务。

英国 NHS 分别针对初级和次级医疗服务供方有不同的支付方式。

**1. 全科医生的费用支付模式**

前面已经说到，全科医生是自雇、集体行医者，政府通过签约购买全科医生服务，无偿提供给居民。全科医生的服务项目与工资，按照其负责的居民数和花费的平均费用，由国务秘书和全科医生委员会最后综合而定。对全科医生的支付方式是综合性的，具体包含如下内容。

（1）按人头支付方式。按照在医生处登记的居民数，给医生发放一定百分比的收入，鼓励医生提高质量以吸引登记居民或患者，获得更多的收入。

（2）总额预算支付方式。对全科医生提供的公共卫生服务、慢性病治疗计划等服务，支付一笔总的健康促进费，但要求达到规定的相关免疫接种覆盖率、疾病普查率、及早发现率等服务指标。

（3）津贴。津贴包括基本诊疗服务津贴等，只要全科医生确实提供了一定量的基本服务和运行成本，则给予相应的津贴，总之是鼓励医生多提供实际服务。

（4）按服务项目付费。只要医生提供了某些特定的服务，每次都给予支付，付费的额度和提供的特定工作量相关。

**2. 医院的费用补偿**

英国公立医院的服务补偿明显具有政府通过预算拨款购买服务的特征。2012 年前，公立医院的服务费用是由 PCTs 同医院以谈判方式签订合约而支付，主要运用三种形式的合同制：地段合同制、成本/服务量合同制、按实际服务次数付费合同制。每家医院每年获得固定额度的费用，该费用通常基于提供者的历史成本而定，同时考虑通货膨胀、效率提高和革新等方面因素。在此模式下，英国的医疗费用年年升高，促使 NHS 在 2004 年 4 月对公立医院推行按结果付费（payment by results，PBR）。

（1）按人头支付方式。地段合同制即是按人头支付方式。地区卫生机构按照辖区的居民数，给予一个固定数目的款项给医院，医院则承诺为相关居民提供一定范围的医疗服务。这种偿付方式主要是确定对医院的医疗设备的投入，根据服务人群数，由国家提供医疗设备的投入等。

（2）按服务人次付费。成本/服务量合同制则是按服务人次付费。政府与医院商议确定提供服务的价格，政府按照医院提供服务的数量或就诊的次数，以议定的价格进行支付。实际对医院支付时，按照议定的价格和所承诺的服务次数的乘积支付，但实际诊疗的次数可能少于合同中承诺的服务次数，因此，有的学者又将这种方式称为总额预付包干制。

如果在实际执行中，就诊的次数超过了合同规定的次数，则实行按实际服务次数付费合同制。地方卫生管理局在对医院提供的服务超过了前两种合同制补偿的数量后，根据议定的价格和实际服务次数的乘积给予支付。

实际操作中，英国有大约 65%医院实行综合地段和成本/服务量合同制的支付方式。一方面，管理当局按照合同给予医院一定数量的款项以购买一系列的服务和设备的使用范围；另一方面，又规定了患者使用服务的最低量和最高量，实现给予双方在出现实际服务未达到最低界限和超过最高界限时再谈判协商的权利。

（3）按结果付费。英国 2002 年提出的按结果付费的支付方式，实际上是英国版的 DIP 支付方式。美国是基于疾病诊断相关分组的预付体制，而英国是基于卫生保健资源分类法的付费，这是按诊断相关组付费的一个改进后的形式。实行 PBR 之后，每次住院服务的价格都是根据每个医疗资源组的全国收费标准确定的，全国收费标准以所有医院在过去两年里的平均费用为基础。医疗资源组价格表的制定是将病人分入不同医疗资源组，采取一种程序计算出价格，该程序将治疗过程中的投入、全部诊断、性别、年龄、住院时间、出院状况（去世或者出院）、病人是自愿还是被强迫入院等作为参考。NHS 经常修改卫生保健资源组的类别，2006 年将类别总数加了一倍，从 550 种增加到大约 1000 种。为了控制资源组的数量，NHS 要求一个新的医疗资源组类别必须覆盖每年 150万英镑的支出，并且有 600 个病例。

# 第二节　社会医疗保险模式典型国家支付方式

## 一、社会医疗保险模式概念和特征

（一）社会医疗保险模式的概念

社会医疗保险是指通过国家立法，按照强制性社会保险的原则和方法筹集、运用医疗保险资金，保证人们公平地获得适宜的医疗卫生服务的一种医疗保障制度。社会医疗保险与养老、失业、工伤、生育等其他保险制度一起，共同对被保险人的生、老、病、死、残起着保障作用。德国 1883年颁布《疾病保险法》，这是世界上第一部医疗保险法案，标志着现代社会医疗保险制度的诞生。此后，社会医疗保险的立法也惠及了其他国家，继德国之后，奥地利、卢森堡、匈牙利、挪威、法国等欧洲国家也相继实施了医疗保险制度。第二次世界大战之后，越来越多的国家开始引入社会医疗保险制度，特别是一些亚非拉发展中国家。印度、阿尔及利亚、古巴、尼加拉瓜等许多发展中国家先后颁布立法，开始逐步建立社会医疗保险制度。我国的城镇职工基本医疗保险就属于社会医疗保险。

（二）社会医疗保险模式的特征

社会医疗保险模式特征：①根据保险原理，个人保险费征收主要根据投保者的收入水平，统筹供给、风险共担，实质上是个人收入在一定范围内的再分配。②医疗保险基金的筹集方式采取政府、企业和个人三方共同负担。③实行现收现付的基金管理模式。

## 二、德国的医疗保险支付方式

### （一）德国医疗保险制度概述

德国是世界上第一个以立法实施社会保障制度的国家，1883 年，在铁血宰相俾斯麦的主持下，制定了一系列的社会保障法案，其中包括《疾病保险法》，建立了现代意义上的医疗保障制度。

德国的医疗保险由法定医疗保险和私人医疗保险两大运行体系构成。国家立法强制要求每个德国人必须参加医疗保险。大部分的德国人都有义务上的法定医疗保险，是义务参保人，公职人员和自由职业者（包括私营业主），以及收入超过一定水平的雇员可以在法定医疗保险和私人医疗保险之间进行选择。截止到 2017 年，医疗保险覆盖了 88% 的德国人口，其中 77% 的人属于义务保险者，11% 的人是在两种保险中自由选择了法定医疗保险。还有 10% 的人参加了私人医疗保险，其中有 4% 为享受国家津贴的政府官员（包括退休者及其家属）。此外，2% 的人口属于享受国家免费提供医疗的联邦国防军人、军事服役者、警察、社会救济接受者和避难申请者等，基本达到了医疗保险的全民覆盖。

**1. 医疗保险基金筹集**

德国法定医疗保险是德国医疗保险制度的主要形式，秉承团结互助、自我承担、广泛自治、竞争性和多样性等原则，延续了俾斯麦时期创立的工人疾病保险的主要传统和风格。

法定医疗保险保费由雇主和雇员共同负担，所有保险机构的平均缴纳数额大约为收入的 14%，原则上雇主和雇员双方各负担一半，随着比例调整，雇员承担的费用多于雇主，雇主平均约为 6.6%，雇员为 7.4%。对符合条件并参加了法定医疗保险的雇员，其家庭成员（包括无工作的配偶、未成年子女）可以一起享受医疗保险的各种待遇。

**2. 医疗保险组织管理**

德国法定医疗保险机构是非营利性组织，是自治性法人，自负盈亏，在国家相关机构的监督下完成公法所赋予的医保任务。为了完成医保任务，保险组织内部的管理是由管理委员会和理事会来实施。管理委员会的成员，均是每隔 6 年从投保人和雇主中选出的，具有荣誉性质，主要负责制定章程和依据法规确定医疗保险缴费标准法规中未明确的待遇范围，还负责确定预算和理事会成员的任命和罢免等。理事会是专职处理日常事务的机构。

德国的医疗保险由政府部门和自治管理机构共同管理。一方面，各级卫生和医疗保险部门，负责制定筹资及提供医疗服务的法律法规，并对医疗保险管理进行国家监督。另一方面，各级联邦委员会、法定医疗保险机构协会、医院协会、保险认证医师协会组成法定医疗保险自治管理机构，负责具体实施各项法律规定，制定和完善医疗服务项目目录，负责保险服务价格、数量和质量的协商、监管。立法者通常给予自治管理机构在法规实施方面较广阔的自行安排组织的空间，由卫生及医疗保险部门对其进行监督。

德国法定保险机构的竞争异常激烈，各保险机构之间的竞争主要体现在四个层面：价格、质量、保险程度和服务。德国医疗保险机构的数量由于合并而减少，1911 年德国有 2.2 万家法定医疗保险机构，截至 2019 年，德国各类法定疾病医疗保险机构有 105 个，约覆盖德国 87% 的人口。

### （二）德国医疗保险支付方式的特点

德国医疗保险服务项目目录涵盖范围很广，包括提供促进健康和预防疾病的医疗服务、宣传教育和预防药物，提供疾病早期诊断服务，在投保人患病时提供医疗服务和医药品等，同时发放病休补助金。最初患者在看病过程中，只要在医疗服务项目目录范围内，不需要个人自费。

德国将门诊和住院分开，门诊基本是医生自己开设的诊所，医院有国家、公共福利和私人性质的。德国的门诊和住院部门都有专科医生和专家，通常在医院工作的专家是被聘用的。医生在成为医疗保险认可医师协会的成员后，为医保患者提供救治服务就能得到基金支付。

德国根据医疗服务机构的性质和服务内容，对医疗保险开业诊所、医院和康复护理机构采取不同的费用偿付方式。德国对开业诊所采取总额预算支付方式，由疾病基金会和医师协会、牙医协会达成契约收费标准，按人头确定服务费用。1996年以前，保险机构与医院按照定额结算，确定每家医院的平均住院床日费用。德国对康复机构和护理机构的费用支付是按照患者的住院天数及所确定的日服务价格计算，一般每年支付一次。

（三）德国医疗保险支付方式改革

德国的医疗保险制度在第二次世界大战之后重建，运行良好。同其他欧洲发达国家一样，20世纪70年代暴露出医疗费用飞涨的问题，迫使德国对其医疗保险支付方式进行改革。

德国改革的动因首先体现在医疗费用不断上涨。从卫生支出占GDP的比重看，从1960年的4.8%增加到2004年的10.6%，人均卫生支出也翻了一倍。卫生支出的快速增长使得政府、雇主和个人负担加重。雇主医疗保险的平均缴费率从1970年的8.24%上升到2011年15.5%的水平，其中雇主、雇员的缴费率分别为7.3%和8.2%，加重了雇主的劳动力成本支出。

由于医疗费用快速上涨的问题，德国从1977年开始进行持续不断的医疗保障体制改革，改革的目的是开源节流，促使制度可持续发展。与支付制度相关的改革措施有以下几点。

**1. 德国对医院实行DRG支付方式**

德国对医院采取按疾病诊断相关分组方式支付，通过统一的诊断疾病分类，科学制定每一病种的定额偿付标准，医保机构按照该标准和住院人次向定点医疗机构支付住院费用。

2000年，德国推出了德国版的G-DRG付费系统。该系统根据病人的主要诊断、治疗方式、临床危重等级、费用支付权重数据、平均住院时间等因素，将病人分为若干个组。每组制定一个费用支付标准，每年对上一年度的数据进行分析，做出适当调整。德国政府采取循序渐进的方法，分阶段、分步骤地推进这种结算方式改革。在2002年底确定了664组G-DRGs病种，逐年增加，到2010年达到了1200组G-DRGs病种。1996～2006年属于过渡阶段，75%的患者采取定额结算，25%的疾病按病种付费，并辅以特殊补贴（急诊或重症的附加费用）。2007年，除了精神病和心理病外，大部分病例都实行按病种付费制度，特殊病例有特殊病例付费法。

**2. 提高患者的费用自付比例**

从1977年开始，德国医疗保险持续提高患者共付比例，改变以前的全额报销偿付制度。1977年增加了患者的药品自付，将原先自付20%（最高2.5马克）的规定改为每种药品均须付1马克；限制安装假牙最高保险赔付为总费用的80%。1981年和1982年的两个补充法案，进一步提高了患者自付的比例。比如，康复治疗三年才允许享受一次，每天要自付10马克；病人交通运送的自付为5马克一次等。1983年的修正案，又要求被保险的患者住院要自付5马克一天，每种药品的自付额增加到2马克，推出了自费药物目录。

1989年，法定医疗保险开始了首次根本性改革。德国对具有相同有效成分的药品、相似有效成分的药品和具有相似药理学作用和治疗作用的药物进行分组，每组药品都定出参考价格，参考价格实际就是医疗保险所允诺偿付的药品价格，超出参考价部分须自付。1996年开始，德国增大比例共付的力度，如依据药品参考价格、价格和包装大小的差异进行不同的共付，加大药品和康复治疗中个人的自付比例。

**3. 缩小待遇范围**

德国医疗保险限制了高费用的高技术设备的使用，强调特定情况下的家庭护理的义务，以减少住院治疗费用；基金不再支付家属对患者的护理协助费用；达到一定收入水平的家属不再享受免费医保；退休人员只有在退休前是法定医保的成员方可接纳。

**4. 以点数法方式支付法定医疗保险补偿的门诊费用**

自 2009 年起，德国法定医疗保险对私人开业的全科医生及专科医生门诊服务实行了点数法（也称服务项目积分法）支付方式，这一方式具体包括核定门诊医生总报酬和按点数支付两个环节。2009 年以前，点数价值是一个相对值，由区域医师协会获得的总报酬与其管辖区域内所有医生的服务总点数的比值来确定，2009 年之后，点数价值是一个固定值，以固定欧元的形式来支付。

# 第三节　商业医疗保险模式典型国家支付方式

## 一、商业医疗保险模式概念和特点

实行商业医疗保险模式国家的特点是没有统一的全民医疗保险制度，医疗保险按照市场法则自由经营，即通过市场来筹集费用和提供服务，医疗保险机构、医疗服务机构均按照市场规律运行，医疗服务的供给、医疗服务的价格是通过市场竞争和市场调节来决定的，政府基本不干预或很少加以干预。美国是世界上实行商业医疗保险模式的典型国家。

商业医疗保险的特点是：医疗保险公司按照市场规律经营医疗保险产品，社会人群自由选择、自由投保，共同分担疾病造成的经济损失。保险公司与被保险人签订合同，缔结契约关系，各自履行权利和义务。

实施商业医疗保险模式，使得社会上医疗保险的项目更加多样化，被保险人拥有更多的投保选择，能较好地满足中高收入者高层次的医疗需求。由于市场的逐利性，医疗保险公司以追求利润为目的，低收入者难以获得保险，社会公平性差。

## 二、美国医疗保险支付方式

美国没有统一的医疗保障制度，由分散的私人保险公司按照市场规律承担国民的医疗保险，形成了美国纷繁复杂的医疗保障系统。

美国的医疗保障系统的结构复杂，是被公认的"复杂多元"。美国的医疗保险制度出现很晚，一方面是 20 世纪初期缺乏保险这种医疗费用筹资的需要，另一方面，美国崇尚自由、平等和多元化，形成了以自由竞争为基础的市场经济框架，形成了强调个人自我承担健康责任的社会观念，为此，在医疗保健和保障筹资方面衍生出以私人商业保险为主体的医疗保障制度，没有覆盖全体国民的基本医疗保健的社会保险体系。

20 世纪 30 年代经济大危机影响了人们支付医疗费用的能力，此后，以蓝十字和蓝盾为代表的募集资金、分散风险的私人保险开始兴起，20 世纪 40 年代是私人医疗保险大发展的时期。1965 年美国政府通过了法案，由公共筹资建立 Medicare 和 Medicaid，标志着公私混合的社会医疗保险体系形成。美国的医疗保险形式主要有以下几种形式。

（一）美国医疗保险的结构和发展历史

**1. 私人医疗保险体系**

私人医疗保险体系是美国主流医疗保险系统，是由雇主提供的、针对有工作和中等收入的中产阶级的私人医疗保险体系。参加私人医疗保险可以享受最好的医疗服务，参保者本人及其家属有很大的自行择医权，甚至有自己专门的家庭医生，但每个保险公司自主经营，没有统一的组织或结构。美国有大量的非营利和营利性的私人医疗保险组织或保险公司提供保险服务，其中有代表性的是蓝十字、蓝盾、凯撒永恒、健康维持组织、优惠提供者组织等。甚至还有雇主在公司内部成立的自行为员工提供医疗保险的内部保险计划，又可分成全额自保和部分自保，全额自保由公司自己承担员工的所有医药费，部分自保是提供某一金额下的止损保险。

**2. 美国的公共医疗保障体系**

美国政府筹资，以五个权利法案为基础，为特殊人群建立了公共医疗保障体系。具体是针对老年人和失能者的医疗照顾计划 Medicare，贫困、失业、伤残者的医疗救助计划 Medicaid，军人医疗保障（military medical care），退伍军人管理（veterans administration，VA），现役、退役军人家属和遗属及公共卫生服务部门、国家海洋和原子能局等领域人员的医疗保健，印第安人健康计划。这些均是由联邦和州及地方政府为不同的特殊人群建立的、互不关联的保险系统。其中，Medicare 和 Medicaid 无论是覆盖人群还是支出规模均最大，是整个系统的核心，其中 Medicare 是真正意义上的医疗保险计划。

**3. 医疗服务保障体系**

这一体系是由州、市和县医院等州及地方政府卫生机构提供给低收入、失业、无保险者的医疗服务保障系统。上述受益者在需要时，可以去州及地方政府医疗机构，如公共医院、教学医院、公共诊所、社区卫生服务中心等的急诊室寻求服务，这是穷人可以免费看病的第一窗口。这些医院提供基本免费的服务。由于是救助性质，该系统中，患者享受的服务是最差的，候诊时间过长。还有不少由私人捐资或慈善机构资助的私人医疗机构也算这一类型。

（二）美国医疗保险的支付方式改革

20 世纪八九十年代以前，私人医疗保险公司和政府的医疗保障计划，均采取传统的一次一付费、按服务项目付费为主的补偿形式。由于按服务项目付费，医疗服务提供者有动力诱导需求，多提供多得利，患者在这种第三方付费的模式下，也没有费用节约意识。同时，作为第三方付费人——私人保险公司或政府，在一定的时期之内，认为费用上涨是可承担的，可以通过提高补偿保险和保单的费率及政府的转移支付来转嫁费用上涨。为此，医疗费用在 20 世纪 70 年代之后剧增。

随着美国以私营为主体的医疗保障模式日趋成熟，体制运行中的问题表现得更加突出，医疗技术飞速提高，医疗费用猛涨，医疗供需双方不满意度日益增长。医疗费用居高不下，增长迅速。无论是总量还是规模，美国的医疗费用支出均是全球第一。卫生总费用占 GDP 的比值从 1960 年的 5.15% 上升到了 2021 年的 18%。按购买力平价计算的人均卫生总费用，1980 年约为 1063 美元，到 2011 年，达到了 8508 美元。美国费用上涨，公私部门均受到波及，主要涉及直接付费的个人、通过保险计划或保险公司付费的雇主以及维持 Medicaid 和 Medicare 的联邦和州地方政府等。保费上涨，导致不少公司花费在员工身上的医疗费用甚至超过了公司的盈利，雇主承担的负担加重，最终会导致产品成本过高、缺乏市场竞争力，雇主投资收益下降，危及就业。联邦和州政府的财政负担陡增，严重影响政府财政平衡、妨碍了政府其他的公共作为，最终还是会通过税收或通胀转嫁到个人头上。

20 世纪七八十年代以来，美国采取了各类控制医疗费用上涨的改革，其中支付制度改革是主要手段之一。改革是从私营、民间开始的。控制费用的支付方式改革主要有以下几种形式。

**1. 筹资模式的预付制度改革**

预付制度在美国最早源于 20 世纪三四十年代亨利·J.凯撒（Henry J.Kasier）为其工人提供的医疗保健项目。在此基础上，第二次世界大战后，兴起了预付制的团体行医行动，代表是以凯撒医疗保险计划为代表的非营利组织。其特征是：将各类专科医生组合起来，集体开诊、按人头预付费用、自愿参加、医生负责医疗服务管理。这和当时的以费用支付为特征的主要医疗补偿模式不同，更容易控制费用。

**2. 健康维持组织形式的创新**

1970 年，保罗·埃尔伍德（Paul Ellwood）将健康维持组织作为解决遏制费用疯涨问题的全国性健康维护战略的一部分正式创立出来。它是在当时已经存在的预付团体计划（prepaid group plan）的基础上，将实现按照人头预付费做法引入对供方的诱导需求的抑制上，改变了诱发扩大服务的激励，使其无法通过多提供服务而获得增加收益，从而自觉控制费用支出。

健康维持组织的具体做法是，由该保险计划参加者缴纳保费，保费构成其总预算，就此为提供服务的医生给出定额人头费，事后不再追加。尽管当时是按服务项目付费，加上这一约束后，对按服务项目付费造成了很大的竞争压力，令费用减少不少。当时的尼克松政府认识到，健康维持组织只用不到平均费用的一半，解决了参保者正常的医疗保健问题。1973 年，积极推动了《健康维持组织法案》的出台，要求废除各州相抵触的法律，并借助拨款等手段，协助大企业采取这种创新医疗保险组织计划。但是，这种控制供方的方法受到了来自医生集团的反对。因此，尽管有所发展，健康维持组织，从 1970 年的 37 个增长到 1975 年的 85 个，但扩展度不大；到 1980 年，只有不到 5% 的全国人口参加这种新式的保险计划。

**3. DRGs 等补偿方式创新**

美国主流和传统的费用补偿方式，是按服务项目付费（fee for service），这种制度的主动权在医生和医院手里，付费者只能被动付账，而且对医生和医院来讲，有着扩大服务的激励机制。如果医疗服务提供方的收入与提供的服务相关，则可以直接获益；即使其收入与此无关，只要多提供服务不受罚，为了满足患者，其也愿意提供过多的服务。缺乏对医疗服务供方的约束机制导致医院的支出费用无限制疯涨。针对这个问题，美国耶鲁大学的费勒（Feller）教授和同事在经过多年研究后，于 1976 年提出了 DRGs、定额预付款包干支付，即根据以往的经验数据，制定出相关病种的平均医疗费用，保险计划或机构按照这个平均病种诊疗费用和发生概率，给予医院定额包干。如果提供者提供的服务超过了这种定额，保险将不承担额外的费用；相反，如果少于该费用定额，则医院可以获得收益。通过控制疾病种类费用支出来平抑价格，敦促医院遏制不必要的诊疗费用和提高医务效率。这一创新最初是在公共保险计划中正式实施，联邦政府面对医疗照顾计划的费用飞涨，依据美国国会在 1982 年通过的《控制赤字的预付制度法案》，规定于 1983 年 10 月 1 日起在全国范围内采用这种制度，然后迅速波及全国。

**4. 综合的管理保健改革**

阿兰·恩索文等在 20 世纪 70 年代末和 80 年代初提出了管理保健，特别是管理竞争的思想。其主旨是通过将中间出资者（保险者）和最终出资者（雇主）联合起来，组成健康保健同盟（health care alliances），与服务提供者讨价还价，使提供者相互形成竞争。这其实也代表当时一大批已经觉醒的业内外人士的共识：改变当时的费用高增长局面，只有通过市场力量相互竞争这种符合市场经济规律的做法才能做到。原蓝盾与蓝十字董事长的提法最有代表性："我赞成竞争的最大的目的就是希望借此能够动员医生、医院和其他提供者相互竞争，以更廉价的方式提供保健。"

管理保健相关研究较多，其中，对管理保健较为权威的定义是美国医学协会的提法：由公共或私人支付者，凭借事先的、协调性的审核手段，运用财政激励和惩罚措施，参与批准受保者所享用的服务，或向其推荐服务或服务地点，以达到控制管理保健的参与者的求医途径和限制其医疗服务利用的保健保险形式。

管理保健改革的基本思路是：在传统的美国医疗保险中，患者有很大的自由选择医疗服务提供方的权利，服务种类和数量均由患者选择的医生提供，保险只是在患者选择和按服务项目付费后，对医疗费用给予赔付。造成补偿资金跟着患者走，资金超支的风险落在保险者一方，对医疗服务的需方、供方无法控制。事后的改革，也只是引入一些对患者的控制措施，如起付线、封顶线、按比例分担等，并没有涉及供方，效果不佳。管理保健是侧重约束供方，双管齐下。一方面，限制需方选择医生的权利，以控制资金流向；另一方面，对供方实施按人头付费等预付费制度及相关奖惩制度，给予供方激励，将医疗费用上涨的压力转嫁给了供方，使其共同参与遏制医疗费用的上涨。

管理保健具有八大主要特征，具体是：①高度依赖初级保健医生充当"守门员"，限制不必要的昂贵的专科服务和项目管理，提高医疗服务使用效率；②通过对花费大或特殊的医疗服务开展事先授权、医疗计划事先预审和事后复核等方式，实行卫生利用管理；③对开支大的慢性疾病，应用专门的特殊医疗规定加以约束；④相对于住院医疗，更偏重于鼓励门诊医疗；⑤使用用药目录或开具处方药目录表等形式限定范围，取代预先批准；⑥突出保健教育和预防医疗；⑦加强医患间的合作，以提高患者对医疗计划的信赖程度；⑧有选择地与所有医疗服务提供者和机构签约，以获得医疗服务的折扣率和削减住院率的财政激励机制，同时向对方推荐患者。

概括起来，管理保健具有：投保者只有有限的选择医生的权利，也只需要较低的共付比例，可获得较大的医疗覆盖范围承诺；要求供方低价提供服务，以换取其成为计划签约者，获得稳定的患者来源；对供方实施财政激励和严格的服务利用审核，以鼓励和迫使其降低费用。在管理保险组织的运作中，加入了许多直接和间接的财政约束激励机制，使参保人自觉理性地配合压缩费用。直接的财政约束机制有：除了传统的按比例分担和起付线约束外，将投保人的保费设立在以往风险保费定价率的基础上，起到了约束投保者风险的作用。间接的财政约束机制有实现普查投保人，不保投保时已有的疾病等。这些都会起到激励投保人自动保持良好生活方式的效果。管理保健综合管理了三点：利用通科医生担当"守门人"角色，提高医院的利用效率，提倡预防保健和鼓励良好生活行为。

20 世纪 80 年代左右，管理保健组织（Managed Care Organization，MCO）正式成立。管理保健组织将医疗提供和筹资合为一体，主要有六类机构：一体化提供系统（Integrated Delivery System）、健康维持组织、优先提供者组织（Preferred Provider Organization）和服务计点计划（Point of Service Plan）组织、排外提供者组织（Exclusive Provider Organization）、医生-医院组织（Physician-Hospital Organization）、利用审核组织（Utilization Review Organization）。健康维持组织、优先提供者组织和服务计点计划组织最为常见。

管理保健组织遭到来自患者和医生团体的反对，患者担心会丧失就医的自由，医生担心受控于保险组织和政府。但由于顺应了主要医疗费用出资者如雇主和政府部门的根本利益，符合降低劳动力成本、减少税收、增强企业竞争力、应对全球化潮流的世界大势，管理保健组织仍旧迅猛发展，并输出到英国、德国、以色列等国家。在 Medicare 和 Medicaid 两大社会保险计划中，由于政府的积极倡导，参加管理保健组织的人数与日俱增。

（三）奥巴马医疗改革后美国医疗保险支付方式的变化

美国原有的商业医疗保险模式在奥巴马医疗改革之后发生了巨大的变化。2010 年时任美国总统的奥巴马签署《患者保护与平价医疗法案》（以下简称 ACA 法案）。

ACA 法案医疗改革的主要内容：①美国将在 2010～2020 年扩大医疗保险的覆盖面，绝大多数美国人必须购买医疗保险，联邦政府对困难人群提供财政补助，规模较大的公司必须为员工提供医疗保险。②加强对保险业的监管。规定保险公司必须接受所有申请者，禁止以既往病史为由拒绝销售保险或者提高保费，要求保险公司必须提供联邦政府所要求的最低医疗保险组合。③压缩 Medicare 支付给医院和其他医疗服务提供者的巨额费用，要求进行支付方式改革，用新的医疗保险支付方式代替传统的按服务项目和服务数量付费。

ACA 法案的实施，对美国的医疗保险市场格局产生了深刻的影响，同时也使医疗系统支付制度做出了改变。

**1. 责任医疗组织的联合支付激励**

责任医疗组织（Accountable Care Organizations，ACOs）的创始人是达特茅斯学院专家埃利奥特·费希尔（Elliot Fisher）和布鲁金斯学会的马克·麦克莱伦（Mark McClellan），他们认为美国的按服务付费体系激励了过度利用，建议组成以初级保健医生为核心的，包括医院和康复等多种机构的医疗联合体，将共同为特定群体提供卫生服务的卫生服务提供者组成团体。尽管ACOs会有多种形式，Fisher和McClellan强调ACOs具有三个核心特征：①以初级保健医生为基础；②采取与降低总成本、提升质量相关的支付方式；③采取能体现节约的绩效考核措施。ACA法案中创立了结余共享计划（Medicare Shared Saving Program），倡导建立ACOs。自此，ACOs作为新兴卫生保健服务提供模式，在美国快速发展。美国卫生和人类服务部2013年底宣称，2014年1月开始，全美国会新增123个ACOs及大约150万ACOs受益人。

结余共享计划对ACOs设立奖励或惩罚的方法，以促使其控制成本。ACOs通过建立医疗联合体将分散的医疗服务提供者组织起来，这种协同医疗的目标是保证患者，特别是慢性病患者能够在合适的时间得到合适的治疗。CMS具体执行和实施ACOs的相关工作，ACOs负责分配给Medicare受益人卫生服务，由CMS测评ACOs的服务绩效和质量。CMS对ACOs设立奖励或惩罚的方法，CMS测定ACOs的测定风险调整基准，如果ACOs的总费用超过基准，需要承担亏损风险，支付罚金；如果ACOs的总费用低于基准，ACOs能够获得结余资金的一定比例作为奖励。为了获得结余共享的资格，ACOs必须首先满足服务质量和绩效的标准，并使得结余至少高于基准的2%。

**2. 一揽子支付**

CMS为了控制住院费用，引进了一揽子支付。一揽子支付是住院或急诊后期医疗服务固定支付体系（包括再入院相关医疗服务），从不同医疗服务单个支付系统，转向同提供方跨部门一系列医疗服务的一揽子支付。一揽子支付同样也是为了鼓励不同医疗服务机构进行医疗合作，降低再入院率。

此外，还实施了降低再入院率项目。2012年10月1日，Medicare执行降低再入院率项目（The Hospital Readmissions Reduction Program，HR-RP），患者临床再入院率若超出标准，将给予医院处罚。

# 第四节　强制储蓄型模式典型国家支付方式

## 一、强制储蓄型医疗保险模式概念和特征

（一）强制储蓄型医疗保险模式概念

强制储蓄型医疗保险是通过立法，以雇员的名义建立个人储蓄账户，强制雇主和雇员共同为该账户缴费，用于支付雇员个人及家庭成员的医疗费用支出，政府给予适当补贴。强制储蓄型医疗保险发展的历史短，将强制储蓄制度模式作为医疗保障制度体系中的基本制度的国家有新加坡、马来西亚、印度、印度尼西亚等。

（二）强制储蓄型医疗保险模式的特征

**1. 采取纵向积累制的基金管理方式**

其他三种模式均是采取现收现付制的基金管理方式，追求基金的短期平衡，通过参保人群的共同筹资来"横向"分担疾病风险。强制储蓄型医疗保险是以家庭为单位"纵向"筹集资金，储蓄医疗保险基金，供家庭成员延续使用，缓解疾病风险。

**2. 医疗保险基金仅能用于支付医疗费用**

虽然强制储蓄账户的基金由个人和雇主共同缴纳,最终也只能由个人及其家庭成员使用,但政府强制限定了医疗保险储蓄账户支出的支出条件,仅能用于支付符合政府限定条件的医疗费用,不能用于除医疗之外的其他用途,不能用于超出政府限定标准的医疗支出。

强制储蓄型医疗保险的优点是强调了个人责任,有利于增强个人的费用意识,减少浪费;缺点是过分强调基金使用效率,忽略了公平,社会成员获得的医疗保障水平与其收入密切相关。

## 二、新加坡医疗保险支付方式

（一）新加坡储蓄医疗保障体制发展概述

新加坡是世界上实行以强制储蓄为核心的健康保障制度的典型国家,它是世界上第一在全国范围内引入强制储蓄,并将其完全融入卫生筹资体系成功运行的国家。新加坡的储蓄医疗保险采用了以强制储蓄为核心的公积金制度,财政上突出了个人自担健康责任,在卫生保健供给上采用了公私混合供给体制,提倡竞争,偏重效率,通过政府津贴和公立医疗机构的示范效应等形式来修正市场失灵和校准社会公平。

新加坡从 19 世纪开始沦为英属海峡殖民地,20 世纪 60 年代,新加坡才获得了完全独立,结束了被英国殖民统治 140 多年的历史。新加坡人口中近 80% 为华人,新加坡深受华裔文化的影响,信奉佛教和道教者众多。因此,新加坡医疗保健供给和医疗保险体制的形成和发展,深受东方理念和西方现代思想的影响。

从 1965 年到 1983 年开始医疗保障制度改革前,其医疗保健服务供给体系和医疗保险体系均传承了英国的体制,照搬英国国家卫生体系,政府通过税收资金,在其所管理的国营医院中对国民的保健诊治进行大量补贴和偿付。实施的后果是:一方面,为数不多的医院、诊所和医务人员,已经无法满足人口增加和老龄化所导致的医疗保健需求,居民对医疗保健需求质量的不断提高要求;另一方面,新加坡当时的全民卫生服务模式的收支缺口日益扩大,成为政府严重的经济负担,越来越难以为继。而且,这种不论收入、贫富,仅仅按照病种付费的方式,其公平性在政治上越来越受到怀疑。新加坡当时的政治领导人李光耀并不认同英国免费医疗服务的理念,早年就指出"像英国全民服务体系和其他福利国家那样从摇篮到坟墓的健康体制不适合新加坡"。

在这些背景下,新加坡卫生部开始提出以自我储蓄筹资为基础的医疗保险计划改革。新加坡卫生部于 1983 年发表了有关全民保健计划的蓝皮书,1984 年,保健储蓄计划正式在公立医院实施。保健储蓄计划的实施,并没有解决民众对医治费用昂贵的大病和慢性病的医疗筹资需求。1990 年健保双全保险计划应运而生,其主旨是为重病和顽疾提供低成本保险。1991 年,新加坡初次提出了由政府拨款建立专门基金帮助低收入、无家庭的老年弱势人群解决医疗费用,1992 年,《医疗基金法案》获得议会批准,1993 年,负有医疗救助职责的医疗基金正式运作,标志着新加坡医疗保障领域三层次的"安全网"初步构成。

（二）新加坡社会医疗保障制度的构成及支付方式

新加坡医疗保障制度是建立在强制储蓄基础上的,以医疗储蓄为核心,集合了健保双全、医疗基金等三位一体的综合体制。

**1. 医疗储蓄的支付方式**

强制储蓄制度是一种由政府通过法律形式,强制建立起来的储蓄计划。目标是解决中央公积金会员及其亲属（配偶、子女、父母、是新加坡公民或长期居民的祖父母）的住院费用,部分花费巨大的门诊检查、治疗开销,尤其是老年退休后的医疗费用。医疗储蓄是三大医疗保险计划中筹集资金最多、提取和花费资金最多的项目。雇主和雇员共同缴纳医疗储蓄基金，缴纳额视年龄而定，且有封顶线。为了杜绝账户上存款过多，新加坡政府对医疗储蓄账户的总金额做了限定，多余资金自动转移到中央公积金的普通账户，另作他用。

　　医疗储蓄基金的支付方式：医疗储蓄基金支付采取按项目支付，设定封顶线。医疗储蓄账户拥有者及其亲属，无论是工作还是退休期间，患病时均可从医疗储蓄账户提款，支付住院、手术和特定的门诊费用。但对提取的项目和相应的提款数额设有严格的封顶线：每天可以从账户报销的住院费用不得超过 400 新加坡元，其中医生每日的巡（出）诊费不得超过 50 新加坡元；可以报销的心理治疗费用每天最高为 150 新加坡元，一年不得超过 3500 新加坡元；依据外科手术的复杂程度，每例手术可以从账户提取 150～5000 新加坡元的手术费用；允许用账户支付相对昂贵的门诊治疗费用，病种限定在放疗、化疗、肾透析、人工受孕、艾滋病药物治疗和 B 型肝炎疫苗注射；每个保险年度可索赔的限额为 20 000 新加坡元，终身为 80 000 新加坡元。

**2. 健保双全计划的支付方式**

　　健保双全计划主要用于帮助那些医疗储蓄积累较少的低收入工人和其他弱势群体，帮助他们解决在遭遇大病、顽疾时所面临的医疗费用的支付问题。该计划实质上是一种自愿的、低成本的、社会统筹形式的大病医疗保险计划。健保双全计划适用于拥有医疗储蓄账户的新加坡公民或长期居住者，因此，参加人数要低于医疗储蓄计划。健保双全计划的投保人通过动用其医疗储蓄账户上的款项，为自己和参加该计划的家属支付保费。因为希望吸引更多参加者，提高健保双全计划的抗风险能力，该计划的保费一直保持在较低的水平。健保双全计划保险的范围包括住院费用、特别护理、外科手术、器官移植等，还覆盖门诊的肾脏透析，癌症病人的门诊放、化疗。

　　健保双全计划的支付方式：健保双全计划采取了起付线、按比例共付以及封顶线支付方式，以尽可能地减少道德风险。①起付线：对于住在有 7～8 张病床病房的患者，起付线是 500 新加坡元/年；对于住在其他类别病房者，一年的起付线是 1000 新加坡元；大病和慢性病的门诊费用则不设起付线。②按比例共付：在医疗保健费用达到了起付线后，健保双全开始按比例支付。健保双全承担 80%的费用，患者本人承担 20%。起付线以下和个人自付 20%的费用可以从医疗储蓄账户中支付。③封顶线：健保双全计划还规定了每个投保年度的赔付限额和终身的最多赔付金额。最高住院和治疗费用赔付标准，是以入住公立医院 6 个床位/病房患者平均所需费用为基础计算的，不仅规定了具体项目和每日的赔付费用封顶，如病房费用 120 新加坡元/天、特别护理 240 新加坡元/天、手术 100～600 新加坡元、门诊肾脏透析每次 50 新加坡元、每月最多 600 新加坡元等。健保双全计划每个投保年度的赔付限额为 20 000 新加坡元，终身最多赔付 80 000 新加坡元。

# 第五节　国际医疗保险支付方式发展与改革的趋势

## 一、各国医疗保险支付方式改革的内容

　　从以上典型国家的医疗保险支付方式改革的过程看，随着医疗保障制度的背景发生变化，医疗保障问题不断出现，支付方式制度构架也不断变化，主要有以下几种形式。

　　（一）医疗保险支付主体的变化

　　不同的保障理念决定着医疗保险制度的支付主体的构成。尽管政府、医疗保险机构、国家在每种模式中分别承担了一定的支付责任，侧重点却有所不同。在国家医疗保障模式下，政府作为唯一支付人统一偿付卫生保健服务费用；在社会医疗保险模式下，社会医疗保险机构集中支付医疗服务费用；商业医疗保险模式下，多个分散、独立的支付人各自支付医疗服务费用；强制储蓄型医疗保

险模式下，由统一管理的个人储蓄账户各自支付医疗服务费用。

医疗保险制度的支付主体的变化决定了医疗保险资源的配置方式。例如，英国的全民医疗保险制定之初，为了体现福利国家的特点，以政府为支付主体，随着西方国家经历了战后休息期和经济发展的"黄金十年"，英国医疗保障制度待遇达到了顶峰，但是20世纪70年代的石油危机等导致的经济衰退动摇了福利国家的筹资基础，全民医疗保险制度逐渐要求个人承担一部分的健康责任，自付药品处方手续费2.2英镑/张和一些牙科、眼科的手术费用，英国私人直接自付金额的比例较低，主要为了体现个人应该承担部分健康责任。然而，新加坡的储蓄医疗保险模式自设计之初，就强调个人对各自健康所承担的责任，避免对国家服务或医疗保险的过度依赖，体现个人承担责任，给予个人最大的激励机制去保持他们的健康，所以新加坡的强制储蓄型医疗保险模式中以个人为主要的支付主体。

（二）支付内容与范围的变化

在全球各国面临医疗卫生费用飞涨和医疗卫生需求不断扩大的情况下，医疗保险制度必须理性确定支付的内容和范围。医疗保险制度的支付内容与范围取决于资金筹集的水平、参保的人数、当地疾病的类型和分布、医疗服务的成本等因素。在社会、经济发展和健康观不断普及的背景下，人群对医疗保险支付内容的要求越来越多，使得医疗保险支付范围面临着利益选择。例如，20世纪90年代，英国的梅杰政府调整了全民健康保险的保障方向，从医疗保健的初始目标出发，将大众的健康置于医疗之上，希望通过提高全民的健康水平来提高公众对医疗体系的满意度。在1992年，制定了包含对心血管疾病、癌症、精神疾病、艾滋病等性传染疾病的预防和控制的内容，并把一些预防保健项目纳入支付范围。

因此，在支付范围的确定上，必须遵循社会规律，符合当时的社会经济条件，遵循公平性、适宜性的原则，保障人们公平地享受必需的、经济能够负担的、成本效益好的基本医疗卫生服务项目，维持、改善人们的健康水平。

（三）支付方式的变化

医疗保险支付是医疗保险制度补偿医疗卫生服务的付费环节，直接影响着医疗保险基金的流出量，是联系医疗保险方、投保人、医疗服务提供方三者的纽带，是影响医疗服务供给方和需方双方行为的关键因素，不同的支付方式带来不同的激励机制，产生不同的结果。

各国根据自己的医疗保障制度需要实行不同的医疗保险支付方式。例如，德国实行社会医疗保险，基金平衡是医疗保险制度追求的目标之一，当医疗费用上涨，德国实行支付方式改革，探索实行DRGs支付，以激励医疗服务提供者控制医疗成本，进而控制医疗费用。美国同样也是实行医疗保险，由于美国是分散的、多元的医疗保险制度，支付方式改革的形式多种多样，有DRGs，还有管理式保健等各种形式。新加坡实行强制储蓄型医疗保险制度，参保人相当于使用自己的专用储蓄就诊，政府并不太限定参保人的就医选择，也不实行按比例支付制度，仅设定封顶线。所以各国的支付方式选择视各国情况而定。

（四）医疗保险支付水平的改变

起付线、共付率和封顶线，体现着医疗保险的费用分担和偿付水平。起付线是被保险人的自付额度标准，共付率是患者所负担的医疗费用比例，封顶线限制被保险人和医疗服务提供者对高额医疗服务的过度需求和过度提供。从风险分担和激励效应来看，起付线、共付率和封顶线等需求方支付方式通过医疗保险方和需求方的风险分担，对需求方医疗服务需求的增加和减少产生重要影响。在实际中，需求方支付方式体现了医疗保险的偿付水平。例如，德国医疗保险从1977年开始至1996

年的医疗改革，三次提出了增加比例共付，提高个人自付部分所占比例，相当于是降低医疗保险的支付水平，增加个人责任。

## 二、国际医疗保险支付方式的发展趋势

### （一）从后付制支付方式转变到预付制支付方式

医疗保险支付方式种类繁多，随着控制医疗费用上涨的需要，预付制逐渐替代后付制的支付方式。后付制是指在医疗服务发生之后，根据服务发生的数量和支付标准进行支付的方式。这是最为传统、使用最为广泛的支付方式，最常见的后付制支付方式即为按服务项目支付方式。后付制能够调动医药服务提供者的积极性，使参保人对医疗服务有较多的选择性；其缺陷是供方容易诱导需求，造成医疗卫生服务的过度利用，造成医疗费用的上涨。预付制是指在医疗服务发生之前，医疗保障机构按照预先确定的支付标准，预先向参保人的医药服务提供者支付医疗费用或确定支付额度后，再分期分批支付。根据预付计算的单位不同，常见的预付方式有总额预算支付方式、按服务单元付费、按病种付费、按人头支付等。预付制的优势是可以较好地控制医疗服务的过度利用从而控制医疗费用过度增长，其缺陷是医药服务提供者为了自身的利益，可能减少医疗服务的数量，降低医疗服务质量。

在欧美发达国家的医疗保障制度建立初期，制度发展的主要需要是扩大覆盖面，提高保障水平，采取传统的按服务项目支付方式，对医疗保障制度的发展没有不良的影响。但后付制导致医疗服务供给方诱导需求，医疗费用急剧上升，增加了社会统筹基金的风险，医疗保险方设计能够约束医疗服务提供者行为的支付方式，总额预算支付方式、按人头支付方式、DRGs 均被采用，将经济风险转移给医疗服务提供者，转变了对服务提供方的激励机制，成为国际上医疗保险支付方式的趋势。新建立医疗保障制度的国家，如韩国、新加坡，吸收了西方发达国家医疗保障支付发展的经验，较早设计采纳了预付制支付方式。约束服务提供者承担经济风险，使医疗服务提供者主动提高资源配置效率，严格控制成本支出。

### （二）支付水平从全部支付向部分自付发展

西方国家医疗保障制度发展初期，受到救病济弱的观念影响颇深，强调医疗保障制度的公平，基本采取免费医疗的政策，个人自付比例非常低。以德国社会医疗保险为例，德国的社会医疗保险制度一度成为欧洲国家医疗保障制度的模板，其筹资和服务的公正性是不容置疑的。但是，人口老龄化、医药技术的进步、社会医疗保险覆盖人群的扩大、医生的诱导需求等各种因素，导致 20 世纪 70 年代德国医疗费用快速上涨，增加了医疗保险基金风险。从 1977 年的改革开始，德国逐渐增加个人的自付比例，强调个人在医疗保险中应当承担相应的责任，1977 年、1993 年和 1999 年的医保改革均提出提高共付比例。

### （三）单一支付模式向多元支付组合模式发展

从国际医疗保险支付模式的发展趋势看，各国医疗保险起源于单一的支付方式，随着医疗保障制度赖以生存的社会、经济环境等综合因素的变化，逐步走向多元化组合的支付方式。以英国为例，综合使用了按人头支付方式、按服务项目支付方式、总额预算支付方式、按工资标准支付方式等。实践证明，英国采取这种多元化、多层次组合的支付方式，适应了每种医疗卫生保健机构的特点，有利于实践操作和管理，能够降低费用，消除某一种单一支付体系的负面效应，达到综合提高人群健康的效果。美国多元化、多医疗保障主体的模式，更是设计了多种支付方式，并能够共同发挥作用，通过经济激励调整医疗服务提供方和需求方的行为。

复习思考题

1.结合美国和德国的医疗保险改革，分析 DIP 支付方式的优缺点。

2.多元支付方式组合能有哪些优势？

3.美国管理保健的特点有哪些？

（陈曼莉）

# 第十四章　中国医疗保险支付方式发展与改革

- 内 容 提 要 -

　　我国医疗领域主要矛盾与诉求不断变化，医疗保险制度逐步深化改革，医疗保险支付方式作为实现制度保障目标、提高经济保护功能与深度的重要工具，经历了一系列的改革与探索。本章节系统地回顾了我国各种医疗保险制度改革过程中，医保支付方式单一型、多元复合型以及大数据背景下多元复合支付方式的发展脉络，并对未来改革趋势进行展望。

## 第一节　中国医疗保险支付方式的发展历程

### 一、计划经济时期医疗保险支付方式的发展历程

（一）劳保医疗制度支付方式的建立和发展

**1. 劳保医疗制度的建立和发展**

1951 年《中华人民共和国劳动保险条例》颁布，我国开始正式建立劳保医疗制度。劳保医疗依托于企业职工的福利基金，实现了对企业职工的免费医疗。到了 20 世纪八九十年代，劳保医疗制度的基础（计划经济管理体制）不断瓦解，适用范围也不断缩小。

**2. 劳保医疗制度的支付内容与方式**

劳保医疗覆盖的对象主要为企业职工，如国营工厂、矿场、铁路、航运等企业。企业会对因工负伤职工所产生的直接医疗费用（门诊费用、住院费用、药品费用等）与间接医疗费用（膳食费与路费等）进行报销。劳保医疗制度的支付方式为按服务项目支付方式，其经费来源依托于企业职工的日常福利基金。

（二）公费医疗制度支付方式的建立和发展

**1. 公费医疗制度的建立和发展过程**

1952 年 6 月，公费医疗确立实施，政务院（1954 年改称国务院）、卫生部与财政部相继确定了公费医疗的覆盖对象、覆盖项目、基金来源等。但由于公费医疗费用的逐年增加，国家在 1960 年进一步明确了公费和自费报销范围的界限。1965 年，国家规定将门诊挂号费用、门诊出诊费调整为自付项目，公费医疗不再给予报销覆盖。

20 世纪 70 年代后，公费制度下医疗费用上涨过大，国家负担沉重。20 世纪 80 年代，经济欠发达的中小城市和地区已经出现严重的医保经费超支。

**2. 公费医疗制度支付内容与方式**

（1）公费医疗制度的支付内容。确立初期，公费医疗制度的覆盖对象为政府、党派、团体及所属事业单位的国家工作人员和革命残疾军人，经费开支范围为门诊、住院费与药费。1989 年，财政部和卫生部增加了覆盖对象，包括离退休人员，军队没有军籍的退休职工、在校学生，以及不含劳保福利实行统筹办法的合同制工人与在编同干部。同时，扩大了经费开支范围，包括转诊和异地就诊、需外购的药品费用、因公负伤或致残的医药费以及必需的贵重药品或人工器官的费用等。

（2）公费医疗制度的支付方式。公费医疗的支付方式为传统的按服务项目付费，遵循专款专用、单位同意使用的原则。从资金统筹范围看，公费医疗的支付范围与额度往往受制于保障对象所在单位的级别及其管理情况。

### （三）传统合作医疗支付方式的发展历程

**1. 传统合作医疗支付方式的建立与发展**

20世纪40年代，陕甘宁边区的"医药合作社"是最早出现的合作医疗形式。1955年初，山西高平米山合作社的农民群众联合创建了"合医、合防、不合药"的集体医疗保健制度，这标志着我国农村合作医疗制度的正式出现。1958年，人民公社化运动的兴起推动合作医疗制度进入发展与鼎盛阶段。到1976年，我国大约有90%的农村实施了合作化医疗，它的实行和推广有效提高了农村居民卫生服务利用水平。

然而自20世纪70年代末到80年代初，家庭联产承包责任制开始实行，人民公社逐渐废除，传统合作医疗开始解体。这个阶段国家对赤脚医生的考核更加严格，赤脚医生的数量急剧减少。改革开放后，国家卫生财政投入的重点由农村转移到城市，农村医疗卫生保障制度受到严重影响，导致许多地方的合作医疗难以为继，迅速解体。全国合作医疗的覆盖率也从1976年的90%骤降到1986年的4.8%。

**2. 传统合作医疗的资金筹集与支付方式**

（1）传统合作医疗资金的筹集方式。1955年合作医疗制度资金筹集主体为农业生产合作社，合作社公益金的15%～20%构成医疗基金主体，农户缴纳的保健费作为基金补充，从而使每个参与合作医疗的农民均可享受免费就医。

随着人民公社化运动的兴起，20世纪60年代，集体经济中的公积金和公益金是合作医疗基金的主要来源。但集体经济在20世纪70年代开始变得不稳定，此时的资金筹集有四个渠道：①农民看病时部分付费；②集体经济补助；③卫生业务收费（包括药品的少量利润、注射费、出诊费等）；④种植中草药的收益。

（2）传统合作医疗资金的支付方式。传统合作医疗的支付方式为按服务项目付费。不同地区对具体服务项目进行报销的范围有所差异，主要有三种方式：①合医合药，即农民看病免收部分药费与各种劳务费；②合医不合药，指农民看病时药费自理，但免收劳务费，为限制大处方、控制贵重药，一般要求按进价收取药费；③合药不合医，即指农民看病时部分药费免费，但涉及诊疗的劳务费用需要自理。这三种方式主要是报销范围的变化，支付方式均为按服务项目付费。

## 二、市场经济时期医疗保险支付方式的发展历程

### （一）新农合支付方式的发展历程

国家在1992年和1997年重新推动农村合作医疗制度建设，但人群覆盖效果均不理想，仅为10%左右。随着我国经济不断发展，农民医疗保障水平成为实现全面建成小康社会基本目标的重要评价维度，亟须进一步完善新农合。

**1. 新农合的发展历程**

（1）试点阶段（2001～2006年）。2001年国务院首次提出建立新农合的政策理念，2002年10月，《中共中央 国务院关于进一步加强农村卫生工作的决定》明确指出：要积极组织引导农民建立以大病统筹为主的新型农村合作医疗制度，重点解决农民因患传染病、地方病等大病而出现的因病致贫、返贫问题。2003年，新农合正式建立，中国农民进入医保普及的新阶段。同时，新农合被界定为：由政府组织、引导、支持，农民自愿参与，个人、集体和政府多方筹资，以大病统筹为主

的农民医疗互助共济制度。

（2）普惠推广阶段（2006～2008 年）。在这一阶段，新农合实现了在人口覆盖的普惠推广，参保率、补偿人数、医保基金支出达到历史最高水平。2008 年全国共有 91.53%的农村居民参加了新农合，参合人数达到 8.15 亿人。

（3）深度提升阶段（2009～2016 年）。2009 年以来新农合在人口宽度覆盖上实现了预期目标。制度的建设重点转向了为参合居民扩大卫生服务福利包的覆盖范围与提高经济保障的深度。2016 年，国务院出台《关于整合城乡居民基本医疗保险制度的意见》，将新农合与城镇居民医保整合为城乡居民医疗保险。

**2. 新农合支付方式**

新农合支付方式几经改革。2010 年，门诊总额预付和住院单病种付费是新农合支付方式改革的重点，其中，主要在乡、村两级开展门诊总额预付，采取门诊统筹基金总额控制，按照人头或是门诊人次定额包干预付给定点医疗机构，定点医疗机构按规定要求，为一定范围的参合人口提供医疗服务。2012 年，卫生部发布《关于推进新型农村合作医疗支付方式改革工作的指导意见》，提出"积极推进按病种付费、按床日付费等住院费用支付方式改革""鼓励各地参照疾病诊断相关组 DRGs 付费，探索完善现行按病种付费的模式，控制诊疗过程中规避按病种付费的行为"。2017 年新农合的支付方式由单纯的按服务项目付费逐渐转向混合支付，以预付制为主体。

**3. 新农合支付方式的问题诊断**

（1）监管、监督机制有待完善。新农合经办机构对医疗服务与支付监管的能力不足成为制度执行过程中的薄弱环节。新农合执行过程中监管人才缺乏、规章制度不完善、监督考核方法不规范等问题，影响了新农合政策的推进，甚至出现了不同地方的缴费额度、缴费时间、报销最高额度各有差异的现象。

（2）付费标准缺乏科学合理性。基于历史费用基础制定的付费标准，会与实际付费出现较大的偏差，人均收入、基金当年结余率都会影响支付标准的制定，地区间、医院间的报销标准均不相同，这些现实问题也影响新农合付费标准的计算，导致付费标准不够弥补医疗消耗或超出病种成本的现象。

（二）城镇职工基本医疗保险制度支付方式的发展历程

**1. 城镇职工基本医疗保险制度的发展历程**

随着社会经济的不断发展，医疗费用增长过快，居民对医疗保障制度的经济保护诉求不断提高，覆盖面亟待拓宽。1992 年，职工医疗保险制度改革率先在广东深圳展开，自此展开了我国职工医疗保障制度改革之路。1993 年 11 月，城镇职工基本医疗保险基金明确由单位和个人共担，进入"统账结合"的改革探索阶段。1994 年江苏镇江与江西九江开展"两江试点"，公费医疗、劳保医疗逐渐被城镇职工基本医疗保险制度取代，1996 年，试点范围扩大到 50 多个城市。

1998 年，我国城镇职工基本医疗保险制度正式确立，即以城镇职工医疗保险制度为基础，以大额医疗费用补助、公务员医疗补助、企业补充医疗保险、特困人员医疗救助和商业医疗保险为补充组成。1999 年，覆盖全体城镇职工的基本医疗保险制度在全国范围内建立，这代表着我国城镇职工基本医疗保险制度迈入了全面发展阶段。随着各地城镇职工基本医疗保险制度改革深入，一个以"统账结合"为特征的医疗保险制度逐步建立完善。2010 年，《中华人民共和国社会保险法》的颁布使得城镇职工基本医疗保险制度在法制化层面更进一步。2020 年，随着我国经济水平的不断提升，国家医疗保障局提出城镇职工基本医保的扩面目标，要依照本地区常住人口、户籍人口、就业人口、城镇化率等指标进行科学合理确定。

**2. 城镇职工基本医疗保险制度的支付方式发展**

1997 年，中共中央、国务院出台的《关于卫生改革与发展的决定》提出"建立社会统筹与个人账户相结合的医疗保险制度""保险费用由国家、用人单位和职工个人三方合理负担"。1999 年总额预付结算、服务项目结算、服务单元结算构成我国城镇职工医保支付方式的基本框架。

2011 年，支付方式改革以医保付费总额控制为基础，结合门诊统筹探索按人头付费，针对住院和门诊大病探索按病种付费。2016 年，总额控制付费全面推进，按病种、按人头等付费方式加快推进，积极推动 DRGs 应用，探索总额控制与点数法的结合应用，建立复合式付费方式。

2017 年，按病种付费为主的多元复合式医保支付方式成为城镇职工基本医疗保险制度支付方式改革的重点，各地选择一定数量的病种实施按病种付费，选择部分地区开展 DRGs 付费试点。2018 年 12 月，国家整体布局，加快推进 DRGs 国家试点，探索建立 DRGs 付费体系。到 2020 年，针对不同疾病、医疗服务特征的复合支付方式改革在全国范围内广泛实施，按服务项目付费的支付方式大幅度减少。

**3. 城镇职工基本医疗保险制度支付方式的问题诊断**

（1）门诊保障薄弱，需方支付额度上涨。随着人口结构特征与疾病谱的改变，老年人群、慢性病人群需要长期服药，其门诊医疗费用随之增加。其中医疗保险门诊大病统筹支付金额也随之增长，给医保基金带来较大冲击，导致医保支付对医疗资源调配的功能失效。对比住院患者来说，门诊保障非常薄弱，由个人账户来支付大部分门诊费用，导致部分费用较高的常见病，患者自付费用高。

（2）后付制导致医疗行为及医疗费用呈消极态势。与预防医学理念不同的是，我国医疗行业提供方与需求方长期以来追求高精尖的医疗技术水平，从而达到更好的健康目的，但是后付制对过度医疗及由此产生的医疗费用增长没有产生积极的抑制作用，导致医保基金入不敷出，最终导致医疗保险机构的压力增加，医疗保险制度无效运转。

**（三）城镇居民基本医疗保险制度支付方式的发展历程**

**1. 城镇居民基本医疗保险制度的发展历程**

随着城镇职工基本医疗保险制度的全面开展和新农合试点工作的持续推进，城市学生、儿童等非从业城镇居民医疗保险缺口问题有待完善。因此，部分地区开始在 2004 年建立城镇居民基本医疗保险制度。

2007 年起，我国开展城镇居民基本医疗保险试点工作，2007 年 7 月全面部署扩大实施试点工作，城镇居民就医无保障的局面彻底被改变。2009 年城镇居民基本医疗保险在全国范围内推开，在"两保合一"前城镇居民基本医疗保险在制度上实现了城镇居民的全面覆盖。2017 年统一的城乡居民医保制度开始建立。2018 年，国家医疗保障局成立，统管全国的医疗保障事业，进一步推动了医保整合进程。

**2. 城镇居民基本医疗保险的支付方式发展过程**

2009 年，《关于开展城镇居民基本医疗保险门诊统筹的指导意见》提出，"开展城镇居民基本医疗保险门诊统筹""积极探索总额预付或按人头付费等费用结算办法"。2012 年 12 月，基于门诊统筹，进一步探索按人头付费的支付方式；基于住院和门诊大病保障方式，深度摸索按病种付费的推广模式；两年内实现总额控制支付方式改革。2021 年，基于总额预算支付，全面实施按人头付费的门诊支付方式改革，按病种、DRGs 等多元住院支付方式改革，以满足不同疾病、不同人群、不同服务特点的复合支付方式，打破了按服务项目支付方式的主导局面。

**3. 城镇居民医保支付方式的问题**

（1）公平性不足。城镇居民医疗保险使用中，"以收定支"的原则导致参保居民身份的支付比例存在较大差异，筹资总额依据参保居民身份而定，造成医保资金使用的公平性问题。

（2）支付方式改革配套措施不完善。医疗保险支付方式改革重点在具体方案的设计上，与医疗保险体系的其他制度衔接不紧密，缺少与其他措施相应的配套实施。以城镇居民医保覆盖药品目录与起付线设定为例，支付方式改革的顶层制度设计仅关注了预付制控制医疗费用的正向作用，但忽视了医疗机构的利益缺失，没有设计相应的激励措施予以配套。

### （四）城乡居民基本医疗保险制度支付方式发展历程

随着"让人人享有基本医疗服务，建立覆盖全国城乡的医疗保障体系"目标的确立，打破城乡二元结构限制下的医保制度间的不均衡格局，成为建立"全民医保"的关键所在，城乡居民基本医疗保险成为下一阶段医保改革的制度选择。

**1. 城乡居民基本医疗保险制度的发展**

20 世纪 50 年代以来，经过系列改革，我国逐步形成了以城镇职工、城镇居民和新农合为主体的基本医保制度体系。随着经济发展格局、居民卫生服务需求的不断变化，城乡间、区域间、群体间的医保保障差异化问题逐渐凸显。打破医保制度内部、制度间的不平衡成为深化我国医保制度福利工具属性的必然之举。在此背景下，2007 年一些地方开始自行探索统筹城乡居民医疗保险，2012 年逐步以多种形式实行城乡居民医保的统一或整合，出现了"一制一档"、"一制两档"和"一制三档"等多种整合模式。2016 年，首次提出构建城乡一体化基本医疗保险制度的目标，初步实现了城乡基本医疗保险的制度融合。随后，各省区市以及绝大部分的地级市开始启动试点运行。2019 年全面启动实施全国范围内的城乡居民医保制度，甚至部分地区实现了"三保合一"，至 2019 年底，已有 24 个省区市完成城乡基本医疗保险制度的整合工作，初步覆盖 2 亿多人次。

**2. 城乡居民医疗保险支付方式的发展过程**

城乡居民医疗保险制度提出后，个人缴费标准差距较大的地区，采用差别缴费的方法进行过渡，城乡居民医疗保险制度整合后，再统一确定标准。另外，城乡居民医疗保险的支付方式也在不断改革，以我国实行城乡居民医疗保险的最先试点城市之一——成都为例，其医疗保险支付方式初期采用按服务项目付费，由于仍存在诸多问题，在 2011 年开始实行 DIP。2013 年开始正式实行总额控制。到 2016 年，全面实行总额控费。同年国务院下达《国务院关于整合城乡居民基本医疗保险制度的意见》指出系统推进按人头付费、按病种付费、按床日付费、总额预付等多种付费方式相结合的复合支付方式改革。2020 年 6 月开始，按病种付费为主的多元复合式支付方式在全国内普遍实施，为完善医保总额管理，30 个城市开展 DRGs 付费国家试点工作。

**3. 城乡居民医疗保障支付方式存在的问题**

（1）总额预付制的基金削弱基层能力，医疗质量下降。当前城乡居民医疗保险主要实行总额预算支付方式、门诊按人头付费，重点推行 DIP，完善按床日付费等支付方式。近些年，城乡居民基本医保的支付方式已越发完善，但仍存在不足之处。首先，目前主要实行的总额预算支付方式是在医疗机构实际发生费用的基础上，并参照上一年的住院统筹基金支出与总基金的占比，综合测算得出，这就导致了三甲医院等大型医院占据了大部分医保基金预算与实际支出，而其对基层医疗机构的支撑与保障力度反被削弱。此外，由于总额预算支付方式还固化了医院的利益格局，因此为了控制费用，医疗服务质量可能会有所下降。其次，整合前的新农合与城镇居民基本医疗保险已实行了一段时间的支付方式改革，整合后，DIP 等方式需要重新启动，当前虽已重点推行，但难免会导致对居民补偿水平的下降。

（2）资源利用与整体效益的不相符。虽然城乡居民医疗保险在制度设计时制定了差异化的支付政策，试图通过不同级别医院报销比例差异引导就医流向，然而改善效果并不明显，三级医院就医比例增高，基层医疗机构利用率较低参保居民整体就医体验和受益水平下降。整合医保制度设计的初衷是消除医保制度间的不公平性，降低支付成本，然而在实际运行中，制度整合增加的基金总量，已经被增长的医疗卫生费用所抵消，资源利用与整体效益不符，城乡居民没有完全享受到预期的医保经济保护功能。

# 第二节　中国医疗保险支付方式发展脉络

## 一、单一型医疗保险支付方式阶段

### （一）单一型医疗保险支付方式背景

为了缓解居民看病压力、提高健康水平，我国逐渐建立起了公费医疗制度、劳保医疗制度以及合作医疗制度，支付方式以传统的按服务项目付费为主。随着我国市场经济的建立和发展，以城镇职工、城镇居民和新农合为主体的社会医疗保险制度逐步形成，在基本医保制度体系构建初期，各地医保支付方式主要以单一型支付为主，形式包括按服务项目支付、按总额预算支付、按人头支付、DIP、按床日支付等多种类型。但实施过程中仍存在一些问题，因此混合支付方式逐渐取代单一型支付方式。

### （二）单一型医疗保险支付方式实践

**1. 总额预算支付方式的地方性实践**

总额预算支付方式是指按照某种支付标准制定支付总额，支付给医疗机构的份额不会随医疗机构的服务量变化，超出的部分通常由医疗机构自己负责，结余留给医疗机构。以上海为例，2001年上海实行城镇职工基本医疗保险制度后，医疗卫生服务需求大量释放，再加上管控不足，使得需求激增、医疗服务无序扩张，导致城镇职工的医保费用支出不断提高。因此，上海于2002年结合实际，对全市定点医院的医疗保险支付费用进行总额控制，政府每月按定额支付医保费用，超出部分将由定点医院和医疗保险机构按比例承担。另外，为加强总额预算制度的科学性和公平性，上海于2008年推出了"四项公开"和"三轮协商"。以上措施的实施，令上海预算指标的分配过程公开化、透明化，分配结果也兼具公平与合理。上海的总额预算支付方式在控制医疗费用增长、维持医保基金总体平衡、激励医疗机构管理的积极性等方面发挥了重要作用。

**2. 按病种付费的地方性实践**

按病种付费以疾病分级为基准，制定病种付费标准金额，医保部门依据病种标准支付给医疗机构。单病种付费、DRGs、区域点数法总额预算和DIP都属于这个范畴。以淮安为例，淮安2003年出现当期医保基金"收不抵支"的情况，因此淮安开始摸索DIP的医保支付方式。其思路是给每种疾病制定相应的分值，重大疾病的分值高，轻微疾病的分值低。在患者出院时，各定点医院以患者累计的分值，与医保经办部门协商，根据分拨的预算基金进行结算。

截至2015年，淮安共筛选出892种病种，并确定了各级医院的等级系数。在每年年初时，测算当年可支配的基金总量，提取基金总量5%用于年终决算调剂，15%用于门诊特定服务以及驻外转外人员的医疗费用（实际占比每年按实际情况进行调整），80%按月对医疗机构的住院费用进行分配。此外，年初还根据上一年度各定点医院实际发生金额，再联合医院分级管理时评出的级别，以8%～12%的比例提前支付周转金额。每年7月份进行预算调整，目的是令每月分拨的基金和基金实质收入更吻合。每年年末进行决算。淮安突破我国已有的单病种付费方式，在总额控制的基础上，采用病种分值付费法，较好地解决了参保人因疾病状况不一致而产生的医疗费用差异，在规范医疗服务的同时控制了费用增长速度。

（三）单一型医疗保险支付方式缺陷与改革契机

面对医疗保险机构、医疗机构、患者、药品行业等多方利益主体不同的利益诉求，单一型的医保支付方式在不同方面暴露出弊端。

**1. 按服务项目支付方式**

事前监督不足，由于医生生存压力以及"业务收入最大化"目的的驱使，供需不断失衡，供方诱导需求严重，并且由于服务项目种类复杂，医保机构需要对医疗服务进行逐项检查，增加了管理成本。

**2. 按人头支付方式**

由于确定了定点医院，降低了公众选择医疗服务的自主权，医院出于自身利益考虑，将减少服务数量，降低服务质量，拒收危重患者，从而造成等待就医、服务效率低下的现象。

**3. 按服务人次支付**

该方式会造成诱导需求和分解服务人次现象的发生，并且各级医院患者的疾病状况和种类都存在较大差异，因此统一的支付标准并不符合现实情况。

**4. 按床日支付方式**

该方式会刺激医疗机构出现增加患者住院时间、拒收危重患者等行为，还可能通过减少服务的方式降低医疗成本，影响医疗服务质量。

**5. DRG**

DRG 会造成医生夸大病情，同时可能会减少对患者必要的服务，并且这种支付方式对技术要求较高。

**6. 总额预算支付方式**

该方式会降低医生的积极性，也会降低医院更新医疗设备和技术的积极性，并且制定合理的指标也比较困难。

单一型的医疗保险支付方式无法满足多方利益主体复杂交互的需求，并可能会引发过度医疗、卫生资源浪费、打破医保基金平衡等一系列问题。基于现实需求与矛盾，多元复合型医保支付方式成为中国医保支付改革的必行之势。

## 二、多元复合型医疗保险支付方式阶段

多元复合型医疗保险支付方式是一种包括预付制和后付制的混合支付方式，是对基层医疗卫生机构和公立医院、门诊和住院、长期病和慢性病、精神病、中医药服务、临终关怀和医疗康复等多种形式和特点的医疗服务，采取不同种类支付方式混合使用的支付方式。

（一）多元复合型医疗保险支付方式的背景与发展

随着我国基本医保全民覆盖的实现，居民对医保制度的功能诉求也在不断变化，由最初的降低卫生服务利用的门槛逐渐拓展到对高质量、高保障的医保服务的需求。单一型医保支付方式在与医疗服务提供方的博弈过程中，不能充分实现引导医疗行为、最大化发挥医保经济杠杆与最优化医疗服务等功能。我国各个地区开始结合本地的服务特点，因地制宜地进行多元复合型医保支付方式的改革，我国从以按服务项目支付方式为主的后付制时代进入到以总额预算支付方式等预付制为主的多元复合型支付方式时代。

2009 年，国家新医改方案《中共中央 国务院关于深化医药卫生体制改革的意见》指出，强化医疗保障对医疗服务的监控作用，完善支付制度，积极探索实行按人头付费、按病种付费、总额预付等方式，建立激励与惩戒并重的有效约束机制。正式确立了普通门诊采取按人头付费，急诊、住院和专科医疗服务采取多元化付费方式，住院服务采取以按病种付费（或 DRGs）为主的多元化付

费方式。自此以后，我国相继出台各种多元复合型支付方式改革政策（图 14-1）。

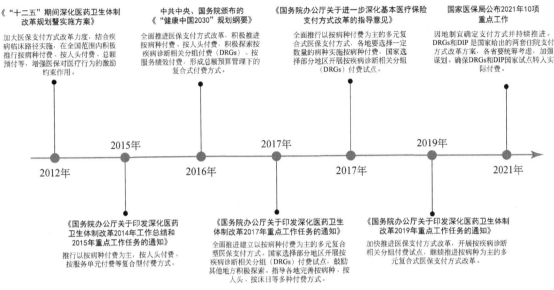

图 14-1　多元复合型医疗保险支付方式改革的政策文件

随着国家医保制度支付改革政策的不断推进，各地医保支付实践经验的不断丰富，针对不同形式和特点的医疗服务，我国现阶段的多元复合型医保支付方式可以归纳为以下五种模式。

（1）针对住院医疗服务的复合型支付方式：主要按病种、DRGs 付费以及 DIP 的复合支付方式。按照国家要求，试点地区 2021 年底前全部进入实际付费阶段，并在两年内实现试点地区的总额预算与点数法的结合，形成试点地区的住院医疗服务按病种分值付费。

（2）一般长期和慢性病（如精神病）住院医疗服务的复合支付方式：按床日付费和按人头付费结合。特别是针对一些特殊的慢性病，如糖尿病、高血压等治疗方案标准、评估指标明确的特殊慢性病。

（3）某些复杂病例和门诊费用：如果不适用打包付费，可按服务项目付费。

（4）对于基层医疗服务（主要是门诊处置）：主要按人头付费。

（5）探索适合中医药服务特点的支付方式：遴选中医优势病种实施 DIP，将中医康复治疗纳入床日分值付费范围。

（二）多元复合型医疗保险支付方式改革的两个阶段

**1. 按服务项目付费为主的多元复合型医疗保险支付方式改革阶段（1998～2010 年）**

1998 年随着城镇职工基本医疗保险制度的建立，医疗费用的支付方式主体上依旧延续了计划经济体制下的付费模式，即仍然采用按服务项目支付的后付制方式。市场经济条件下按项目付费的弊端不断呈现，"看病难""看病贵"现象时常发生，医疗费用增长速度加快，居民医疗负担不断加重，按项目付费的弊端不断显现。面对这样的情况，1999 年 6 月，根据劳动和社会保障部的指示，各地应根据医保机构管理能力和医疗机构的类别确定不同的医疗费用支付方式，合理制定医疗保险费用的支付标准。2001 年，劳动和社会保障部为各个地区医疗保险费用的支付方式提供了理论依据和科学指导，进一步规范和推动了医疗费用支付方式的运用。劳动和社会保障部对比医疗费用支付方式的发展趋势和种类，指出控制医疗费用增长过快的关键所在是要实现医疗费用支付方式的复合化。各地区也先后开始改革医疗费用支付方式。由于单病种付费存在病种分类困难等困境，"据实结算"即"按服务项目付费"成为这一阶段基本医疗保险支付方式的主流。我国进入了按服务项目付费为主的多元复合型医疗保险支付方式改革阶段。

**2. 按总额预算支付方式为主预付制支付方式改革阶段（2011年至今）**

自2008年提出付费方式改革的方向为总额预算支付方式后，各地区都进行了一定程度的试行，并从中获得了一定的经验。2009年，国家颁布的文件中两次提到了总额是未来支付方式制度改革的重要举措。2011年人力资源和社会保障部下发了《关于进一步推进医疗保险付费方式改革的意见》，提出当前推进付费方式改革的任务目标是：结合基金收支预算管理加强总额控制，探索总额预付。2011年人力资源和社会保障部社保中心确立7个典型试点地区进行总额预付支付方式的推广，包括上海、杭州、保定、呼和浩特、吉安、中山和西藏。以总额预算支付方式为主的多元复合型医疗保险支付方式渐渐成为各地改革探索的主流。2021年，国家医疗保障局发布的2021年度10项重点工作清单中，特别强调我国要初步形成总额预算基础上的多元复合支付方式。

**（三）多元复合型医疗保险支付方式改革的实践**

在国家政策和现实需要的驱动下，全国各地都进行了多元复合型医疗保险支付方式改革的实践。例如，青岛城镇职工的多元复合型医疗保险支付方式的改革模式如下：青岛的城镇职工复合支付方式模式包括三种支付方式和一种补助措施，即总额预算、单病种付费、按床日付费，以及危重病人大额医疗费用补贴。首先，通过实行总额预算、总量控制、年终决算，医保基金的支出得到控制，主动权掌握在医保管理部门手中，定点医院也加强自身的控费管理，实现了"收支平衡、略有结余"的目标。其次，为了控制医疗费用和避免总额付费的弊端，每年都挑选部分适宜按单病种结算，且能体现医疗科技进步和发展方向的病种进行定额结算。再次，针对性地开展了"精神病定额包干结算"办法。在精神病专科医院实行按床日付费的方法，同时还实行了人次限额与床日定额相结合的"双控"办法。最后，因为在总量控制管理下，部分医院受总量指标影响，不愿意收治重症患者。为此，青岛补充开展了危重病大额住院医疗费补贴结算办法，针对因收治危重大病患者较多造成总量指标超支的定点医院，年终给予优先单独补贴的政策。经过持续地探索和完善，青岛逐步形成了"总量控制+单病种+危重病大额医疗费补贴"的复合支付模式。

**（四）现阶段多元复合型医疗保险支付方式的缺陷与改革契机**

我国现阶段的支付方式改革的主要方向是总额预算基础上的多元复合型支付方式。但即便是多元复合型支付方式，也会有不可避免的缺陷和局限。总额预算是多元复合型支付方式的基础，总额预算出现问题会使多元复合型支付方式减轻患者医疗负担的效果大打折扣。预先确定医疗保险报销总额，会驱使医疗机构通过节约成本的方式获取效益，并以指标分摊的形式引导医生诊疗行为。此外，医生为了追求利益，会规避报销目录规定的常用药，通过医疗服务的不对称性，诱导患者购买高价进口药，导致参保者受益水平下降。由于支付手段的多元化，不完善的考核方式过于简单化、数字化、固定化，社保管理部门很难形成一套系统且完整的考核方案。

为解决上述问题，可以实施以下措施。

**1. 激励机制和约束机制相结合，实现医保费用控制和保证服务质量**

医保支付方式改革不仅需要医保经办机构和医疗机构建立充分有效的协商机制，还需要制定科学的评价指标体系，可以根据本地的实际情况，进行全方位、多维度、多角度的医疗服务质量反馈和定点医疗机构综合评价。为保证医疗机构的正常运行，首先要加强监管力度，在实施医保费用结算审核的基础上，全面铺开医保智能监控；其次，对于医疗机构合理增加的工作量，即使超出总额预算的控制，也可根据考核情况，按照协议给予适当的补偿。

**2. 建立市场竞争和价值创新相结合的支付体系**

这有助于医保基金的收支平衡，医疗保险支付能力的不断加强，医疗资源的公平、合理分配；

有助于加强医疗机构之间的沟通,更好地了解供需双方的需求,充分发挥出医疗机构的积极性;有助于医保信息系统的构建,促进医疗机构和医保经办机构之间的信息共享;有助于提升医保经办机构的能力,促进医保治理体系的创新,促进医疗机构和医保经办机构的良性互动。

**3. 信息化大数据时代助力医疗保险制度改革**

互联互通、互惠共享的健康、诊疗信息为"十四五"期间的医药卫生体制改革工作向纵深推进提供了保障。2021年,国家着重强调了要大力支持"互联网+医疗"服务,从慢性病开始,逐步扩大医保"互联网+"的支付范围。在医保信息化和标准化建设方面,建成了国家医疗保障信息平台主体,而且同步进行区域点数法总额预算和DIP的试点工作。在信息化的大数据时代,医疗保险支付方式改革可以利用健康大数据,充分发挥大数据规模庞大、类型繁多、传输快速的优势推进医疗卫生事业统筹发展。

**4. 政府推进供给侧结构性改革,为医疗保险改革营造良好的政策环境**

依托于"十四五"时期的改革主线,医疗保险制度改革也应积极响应国家供给侧结构性改革的理念,建立以健康结果为导向的医疗保险支付方式改革。在供给侧结构性改革的大背景下,微观层面上,政府可通过DRGs支付、DIP等支付方式来控制成本;中观层面上,通过测算来确定包括预防、治疗、康复、护理等服务,并核算总支出,形成以疾病全过程为入手点的捆绑支付;宏观层面上,通过预先的测算,明确一段时间内健康联合体提供服务的范围和总支出,牵头单位负责管控预付资金,形成以区域健康联合体为单元的打包支付。

# 三、大数据背景下新型医疗保险多元复合型支付方式阶段

## (一)区域点数法总额预算和 DIP 背景与内容

推行区域点数法总额预算和DIP,是国家医保制度深化、细化改革的重大抉择,是医保、医疗大数据的挖掘利用,在分组方法、实施路径等方面实现了理论和方法的创新。但DIP与DRGs可以并行存在。

2020年11月,国家医疗保障局发布《国家医疗保障按病种分值付费(DIP)技术规范》,明确了DIP的数据基础和使用条件,解释了DIP和分值付费的原理以及方法,还对分值计算和医保基金结算进行了明确,对医保监管和监测评价提出了具体要求。DIP实行过程中要遵循五项原则,即顶层设计,统筹联动;数据驱动,标准先行;尊重客观,科学测算;公开透明,全程监管;供需平衡,多方共赢。目前关于DIP,学者有不同的看法。一些学者认为与DRGs相比,DIP组数更多,其控费效果存在缺陷,因此DIP是低级的预付制,而DRGs则是高级的预付制(表14-1),也有学者认为DIP是从过程管理逐渐向结果管理过渡,更适应监管体系,使医疗服务质量更好,另有些学者认为DRGs与DIP的统一将会成为必然趋势。总之,尽管学者看法各有不同,但无论是DRGs还是DIP,其基本原理都是预付制,只是在分组方式上存在差异,最终都是为了整合各方资源,实现共赢。

表 14-1　DIP 支付方式的优缺点比较

| 序号 | 优点 | 缺点 |
| --- | --- | --- |
| 1 | 测定病种费用平均水平,有效控制整体医保支出,管理医保总额预算 | 不考虑历史医疗行为的不合理性 |
| 2 | 对病历首页和专家的依赖性较低 | 对医疗技术风险的难度呈现度不高 |
| 3 | 通俗易懂,公开透明,支付稳定 | 不利于对医疗服务效率进行评价 |
| 4 | 覆盖更广,更易推行 | 医疗机构之间的调整系数不够合理 |
| 5 | 促进新技术的开发和应用,促进医疗机构间的良性互动 | 不利于分级诊疗的推行 |
| 6 | 对信息化程度要求低 | 可能发生推诿病人的现象 |

（二）区域点数法总额预算和 DIP 实践

上海、广东等地自 2018 年开始探索 DIP 改革。以广州为例，2018 年，广州全面推行 DIP，科学严谨制定 DIP 的各项精细化的指标，建立一套"结余留用、合理超支分担"机制，将支付和监管进行一体化管理，逐渐建立起具有广州特色的 DIP 模式。

**1. 利用真实数据，形成医疗服务质量评价指标**

将评估医疗服务的标准从定性到定量过渡。对每个医疗机构不再确定年度总额，赋予医疗机构自主权，促进医院之间的正向互动，降低经办机构的风险。

**2. 方法简便易行**

将医院信息系统（hospital information system，HIS）与医保系统相连，只用传输病案首页以及费用明细页，系统直接遵循设置好的规则计算出病种分值并将病种入组，其间不需要任何专家。

**3. 充分利用大数据**

利用大数据设置各项指标，实现预算、支付、管理和规划的精细化。创立动态调整制度，各项核心项目可以按照实际情况进行动态调整，适应新情况。

**4. 将智能化创新应用于医疗费用和医疗质量管理**

广州将 DIP 付费和过程监督管理放在同一个数据体系中，实现对医疗费用和质量的双重管理。

**5. 坚持客观、公开、平等的方式**

在医保部门和医院之间建立谈判协商机制，听取相关医院专家意见。

我国在 DIP 支付方式的推行过程中，仍存在一些问题。例如，有些地区的病种分值表不能充分满足临床诊疗的要求；分值确定不够严谨合理；由于各级医院存在差异，因此医院调整系数不能科学呈现成本差异。未来在推行过程中，须继续抓住新医改的大背景，进一步完善信息系统的智能化和统一性，建立和完善监督管理体系，建立分值动态调整机制，合理平衡医院之间的差异，完善医院调整系数。

（三）大数据背景下医保基金监管方式的创新

利用大数据对医保基金进行动态实时的智能监控，构建常态化医保基金监督检查机制。完善医疗服务的监督把控机制，建立信息强制性披露制度。依照现阶段的法律法规，定期向社会与公众公布药品、医疗的费用信息。对医保基金运行的全过程进行绩效管理，对医保基金的绩效评价构建一套完整的评价体系，完善社会监督对医疗保障的激励机制，充分运用群众力量，对欺诈骗保的行为实行举报奖励制度。

# 第三节　中国基本医疗保险支付方式改革趋势

## 一、以价值为导向、以公共利益为先合作共赢模式的医保支付体系改革

《中共中央 国务院关于深化医疗保障制度改革的意见》中明确指出，"坚持以人民健康为中心，加快建成覆盖全民、城乡统筹、权责清晰、保障适度、可持续的多层次医疗保障体系，通过统一制度、完善政策、健全机制、提升服务、增强医疗保障的公平性、协调性，发挥医保基金战略性购买作用，推进医疗保障和医药服务高质量协同发展，促进健康中国战略实施，使人民群众有更多获得感、幸福感、安全感"。以公共健康、公共利益为建设核心，以阻碍全民医保实现进行的关键问题为抓手，重视医保支付方式改革的工具意义。同时还提出"完善医保基金总额预算办法，健全医疗保障经办机构与医疗机构之间协商谈判机制，促进医疗机构集体协商，科学制定总额预算，与医疗

质量、协议履行绩效考核结果相挂钩"。

以价值为导向的支付方式改革符合健康中国整体布局导向。价值医疗关注整体健康，提供连续的健康服务，统筹医保支付价值、医生服务价值和患者体验价值，有利于突破医疗服务分散化、碎片化的逆境，实现医疗服务整合，走向医疗机构的共享价值。价值导向性支付体系的落实是一个动态的过程，应将其作为整个系统变革的一环，通过协调患者、医疗机构和支付方的行为来最终实现提升医疗价值的共同目标。

## 二、以病种为基本单元、以结果为导向的医疗服务付费体系发展

从病种切入，纵向追踪患者医疗费用，推进健康结果评估体系建立，监管推进以价值为导向的医保支付体系建设。在 2020 年发布的《中共中央 国务院关于深化医疗保障制度改革的意见》中指出，大力推进大数据应用，推行以按病种付费为主的多元复合式医保支付方式，推广按疾病诊断相关分组付费，医疗康复、慢性精神疾病等长期住院按床日付费，门诊特殊慢性病按人头付费。健全全科和专科医疗服务合作分工的现代医疗服务体系，强化基层全科医疗服务。医疗保险经办机构、医疗服务提供方、医疗服务需方三方逐步建立以病种为基本单元，以结果为导向的医疗服务付费体系，完善医保与医疗机构的沟通谈判机制、健康结果的测量。基于病种特征和健康转归周期，进行阶段性、持续性、多维性的健康测量与反馈，建立起现代化的数据医保治理机制。健康结果是价值导向付费的重要基础，筛选科学性测量健康评估指标对于发展价值导向医保支付方式具有重要的影响。

## 三、基于行政机制、市场机制与社群机制互补嵌入治理下 DRGs 系统制度化发展

DRGs 系统的制度化发展，仅仅依靠政府、医院或是医保部门中的任意一方均无法有效协调医患之间的利益关系。其与新医改改革步伐一致，医疗公共治理体系经过变革与整合，政府行政治理手段不断优化，市场机制的调节功能在医疗供需双方均取得一定效果。DRGs 支付方式的系统化、制度化发展以政府为主体，采取系列行政治理机制，对医保支付方式改革的公平性、公益性与福利性进行干预。同时需要市场机制对政府行政管理有效干预。此外，加强医保治理多主体的社群治理共识，即加强密切关联多主体对 DRGs 系统制度化改革的价值认同与规范遵守。基于行政机制、市场机制与社群机制的互补嵌入，打破以往政府与市场、国家与社会博弈的二元对立的旧思维，政府部门发挥行政力量的优势，增强市场与社会的协同治理，实现 DRGs 系统制度化发展。

通过政府间分级责任、制定省级标准，建立一整套统一的标准化监督方案。运用行政机制对 DRGs 系统发展过程进行有效监督，推行机构间的互审、互监机制，实现医保的高效监督管理。但随着医保支付方式改革的推进，市场机制与社群机制涌现，开始要求逐步减弱行政机制的主宰作用。重视社群机制的形成、社群治理主体的培育，为医保支付方式实现多方主体利益共赢，奠定基础。不再执着于政府的命令施政与控制等传统方式，而是注重发挥主张和促进市场机制的运作，促进社群机制的培育。中国治理现代化的核心内容是政府、市场与社会多元主体间的协同治理，行政、市场与社群机制互补嵌入，为推动医保支付改革提供了先进模式和治理工具。在行政机制、市场机制与社群机制互补嵌入治理下，进一步推动我国 DRGs 系统制度化发展，为改革我国城乡医疗保障制度服务，与世界医保支付制度改革实现并轨发展，达到我国卫生资源平衡合理分配的目的，提高我国公民整体健康受益水平。

## 四、基于大数据监管背景下 DIP 为主的多元复合型支付方式改革

依托于我国大数据技术创新的发展态势，推行 DIP 为主的多元复合型支付方式系列改革。通过大数据精准核算，对临床复杂的疾病特征进行科学化、客观化的支付方式打包。与传统的按病种付费方式相比，应用大数据技术进行 DIP，最大化地实现了对医疗服务的共性特征收集，与此同时，还实现了对医疗服务特例的精准捕捉，使成本核算更接近于真实世界。

DIP 的有效运行需要大数据技术提供监管加持，避免医疗机构逐利驱使下的"挑轻推重"、组别高套等现象的发生。通过信息化平台，实现对 DIP 试点医疗机构的科学化、可持续化、动态化的过程监管。利用信息化的先进手段，实现对支付方式的全过程、多维度、多主体的智能化监管。推动支付方式改革向战略性购买转变，最终实现医方、患方和保方的和谐共赢。

## 五、以改革效果为导向的多维、积极的激励机制体系改革

在我国实施供给侧结构性改革的大背景下，建立以效果为导向的医疗保险支付方式改革，促进医疗服务供给侧结构性改革，进一步形成具有战略性的医疗保险购买机制，促进医疗保险制度与医药服务供给侧的利益共赢。

医疗保险支付方式的改革应侧重于建立使各个利益相关者利益共赢的正向激励机制体系。医疗保险支付方式的改革有着多维的利益相关主体，其中包括政府相关管理部门、医保经办机构、医疗服务提供方、医药企业、参保人五大类。既往的单一治理体系无法满足上述多元主体的利益诉求、无法平衡利益博弈关系，所以需要建立医疗保险支付方式多维、多方利益共赢的激励机制与管理体系。

首先，加快实施医保激励付费，医保经办部门通过与医疗服务提供方协商、谈判，共同制定卫生服务项目的付费标准，实行"结余留用、超支不补"的包干式付费，明确医疗保险的角色定位，激励医疗服务提供方自主控制成本的积极性，从而达到减轻群众和医保基金负担的目的，以达到医、保、患三方共赢的改革效果。

其次，加快相关利益主体间的信息化建设。对于医保经办机构，尤其是医疗保险支付方式改革的监督机构，信息化建设可以加强医保经办机构与医疗服务提供方考核体系的规范性与统一性，从而激励医保经办机构监管积极性。对于参保者来说，尤其是医疗保险支付方式改革的受益方，医保信息的公开透明，可以激励参保者更放心地购买质量更高、价格更优的医保和医疗服务。对于医疗服务提供方，尤其是医疗保险支付方式改革的执行机构，信息化建设会加剧医疗服务提供方之间的竞争，而竞争是激励其主动参与医疗保险支付方式改革的重要手段。

最后，加快医保经办机构改革进程，建立多维利益主体共同参与政策制定的治理体系。只有让改革参与者从改革中受益，形成自身参与改革的内生动力，改革才能顺利进行。同时医疗保险支付方式的改革应该与监管机制、资金筹资机制和基本医疗保险相关政策之间紧密衔接、形成合力，以达到更好的改革效果。

复习思考题

1. 中国新农合支付方式改革的历程是怎样的？
2. 城镇职工基本医疗保险支付方式的问题有哪些？
3. 城乡居民医疗保障支付方式存在的问题有哪些？
4. 中国基本医疗保险支付方式的改革趋势是什么？

（李　叶　焦明丽）

# 主要参考文献

曹晓兰. 2009. 医疗保险理论与实务. 北京：中国金融出版社：72-76.

陈新中. 2010. 博弈下的均衡——医疗保险费用支付案例及政策选择. 北京：中国劳动社会保障出版社：68-118.

陈智明. 1995. 医疗保险学概论. 深圳：海天出版社：95-101.

程晓明. 2010. 医疗保险学. 2 版. 上海：复旦大学出版社：114-120.

德斯勒 G. 2010. 人力资源管理（第 11 版）. 北京：清华大学出版社：420-550.

丁纯. 2009. 世界主要医疗保障制度模式绩效比较. 2 版. 上海：复旦大学出版社：268-303.

方鹏骞. 2019. 中国全民医疗保险体系构建和制度安排研究. 北京：人民出版社：246-247.

韩凤. 2007. 它山之石：世界各国医疗保障制度考察报告. 北京：中国劳动社会保障出版社：51-59.

侯文若. 2005. 社会保险. 北京：中国劳动社会保障出版社：32-37.

胡爱平，王明叶. 2010. 管理式医疗——美国的医疗服务与医疗保险. 北京：高等教育出版社：26-35.

贾洪波. 2009. 中国基本医疗保险适度缴费率研究. 长春：吉林大学出版社：41-47.

李娟. 2005. 我国社会医疗保险中的道德风险及其规避. 湘潭：湘潭大学：68-73.

李绍华，柴云. 2016. 医疗保险支付方式. 北京：科学出版社.

卢祖洵. 2012. 社会医疗保险学. 3 版. 北京：人民卫生出版社：130-132.

卢祖洵. 2017. 医疗保险学. 4 版. 北京：人民卫生出版社.

罗恩 A. 2004. 医疗保障政策创新. 王金龙，译. 北京：中国劳动社会保障出版社：82-102.

曼昆 N G. 2015. 经济学原理. 北京：北京大学出版社.

仇雨临. 2008. 医疗保险. 北京：中国劳动社会保障出版社：200-207.

Roberts M J，Hsiao W，Berman P，et al. 2010. 通向正确的卫生改革之路——提高卫生改革绩效和公平性的指南. 任明辉，译. 北京：北京大学医学出版社.

孙祁祥. 2009. 保险学. 4 版. 北京：北京大学出版社：39-50.

孙蓉，兰虹. 2002. 保险学原理. 3 版. 成都：西南财经大学出版社：122-124.

孙树菡，朱丽敏. 2012. 社会保险学. 2 版. 北京：中国人民大学出版社：137-145.

田勇，冯振翼. 2003. 医疗保险基本理论与实践. 北京：中国劳动社会保障出版社：41-44.

王保真. 2005. 医疗保障. 北京：人民卫生出版社：80-95.

王莉. 2011. 医疗保险学. 广州：中山大学出版社：106-113.

乌日图. 2003. 医疗保障制度国际比较. 北京：化学工业出版社：112-118.

姚岚，熊先军. 2013. 医疗保障学（第 2 版）. 北京：人民卫生出版社：117-123.

翟绍果. 2014. 从医疗保险到健康保障的偿付机制研究. 北京：中国社会科学出版社：91-105.

张朝阳. 2016. 医保支付方式改革案例集. 北京：中国协和医科大学出版社.

张奇林. 2005. 美国医疗保障制度研究. 北京：人民出版社：125-127.

张维迎. 2004. 博弈论与信息经济学. 上海：格致出版社，上海三联书店，上海人民出版社：330-334.

张晓，刘蓉. 2004. 社会医疗保险概论. 北京：中国劳动社会保障出版社：132-150.

张笑天，王保真. 1996. 医疗保险原理与方法. 北京：中国人口出版社：206-240.

赵斌. 2019. 中国原生的 DRGs 系统：病种（组）分值结算. 北京：社会科学出版社.

赵强. 2010. 揭秘美国医疗制度及其相关行业. 南京：东南大学出版社：136-138.

郑功成. 2011. 中国社会保障改革与发展战略（医疗保障卷）. 北京：人民出版社：142-143.

周绿林，李绍华. 2006. 医疗保险学. 北京：科学出版社：250-255.

周绿林，李绍华. 2013. 医疗保险学. 2 版. 北京：科学出版社：95-96.

周绿林，李绍华. 2016. 医疗保险学. 3 版. 北京：科学出版社.

# 专业术语中英文对照

| | |
|---|---|
| accountable care organizations，ACOs | 责任医疗组织 |
| activities of daily living，ADL | 日常生活机能 |
| actuarial science | 保险精算学 |
| actuary | 精算师、保险统计员 |
| acute myocardial infarction，AMI | 急性心肌梗死 |
| additional premium | 附加保险费 |
| Adjacent Diagnosis Related Groups | 核心诊断相关组 |
| administration cost | 管理费 |
| adverse selection | 逆向选择 |
| agent | 代理人 |
| amortization for special training，AST | 所受专业培训的机会成本 |
| amount insured | 保险金额 |
| annual premium | 年保险费 |
| applicant unit | 参保单位 |
| applicant | 参保人 |
| arbitration | 仲裁 |
| basic medical care | 基本医疗 |
| basic medical expense insurance | 基本医疗费用保险 |
| beneficiary | 受益人 |
| Blue Cross | 蓝十字 |
| Blue Shield | 蓝盾 |
| board of directors | 董事会 |
| bundled payment | 一揽子支付 |
| capitation | 按人头支付 |
| case mix complexity | 病例组合复杂程度 |
| case mix index | 病例组合指数 |
| CCGs | 临床诊疗规购集团和国家层面的机构 |
| ceiling | 封顶线 |
| Centers for Medicare & Medicaid Services，CMS | 医疗保险和医疗补助服务中心 |
| China Healthcare Security-Diagnosis Related Groups | 国家医保按疾病诊断相关分组 |
| China rural health insurance experiment | 中国农村医疗保险试验 |
| civil right | 民事权利 |
| claim rejected | 拒赔 |
| claim | 索赔 |
| co-insurance | 共同保险 |
| commercial medical insurance | 商业医疗保险 |

| Commissioning for Quality and Innovation，CQUIN | 质量和创新计划 |
| community general hospital | 民办社区医院 |
| community health service | 社区卫生服务 |
| Complication & Comorbidity | 并发症与合并症 |
| compound poisson | 复合泊松 |
| compulsory insurance | 义务保险 |
| conditional variance | 条件方差 |
| contract | 合同 |
| conversion factor，CF | 货币转换因子 |
| cooperative health service | 合作医疗 |
| co-payment | 共同付费 |
| coronary artery bypass graft，CABG | 冠状动脉旁路搭桥术 |
| cost consciousness | 费用意识 |
| cost-sharing | 费用分担 |
| coverage | 保险总额 |
| credibility factor | 信度因子 |
| criterion research | 规范研究 |
| deductible | 起付线 |
| deposit premium | 预付保险费 |
| diagnosis procedure combination，DPC | 诊断群分类 |
| Diagnosis-Intervention Packet，DIP | 按病种分值付费 |
| Diagnostic Related Groups，DRGs | 按疾病诊断相关分组 |
| discrete distribution | 离散型分布 |
| distribution function | 分布函数 |
| doctor fee | 医生费用 |
| DRG- Prospective Payment System，DRG-PPS | 按疾病诊断相关组-预付制 |
| duration of insurance | 保险期 |
| evaluation and management service | E/M 服务 |
| efficiency | 效率 |
| employee | 雇员 |
| employer | 雇主 |
| employment（work）injury insurance | 工伤保险 |
| equilibrium | 均衡 |
| essence of insurance | 保险要素 |
| estimate | 评价 |
| estimation | 估计 |
| excess of loss coverage | 超额赔款保险 |
| exclusive provider organization | 排他性提供者组织 |
| expected value principle | 期望值原理 |
| exponential claim amounts | 指数索赔量 |
| exponential principle | 指数原理 |
| exponential | 指数 |

| insurance evaluation | 保险评估 |
| insurance liability | 保险责任 |
| insurance market | 保险市场 |
| insurance mechanism | 保险机制 |
| insurance obligation | 保险义务 |
| insurance relations | 保险关系 |
| insurance statistics | 保险统计 |
| insurance | 保险 |
| insured | 被保险方 |
| insurer | 保险方 |
| integrated delivery system | 一体化提供组织 |
| International Classification of Diseases，ICD | 国际疾病分类法 |
| intra-service | 事中服务 |
| labor health service | 劳保医疗 |
| law of diminishing marginal utility | 边际效用递减规律 |
| law of downward-sloping demand | 需求向下倾斜规律 |
| law of large number | 大数法则 |
| law supervision | 法律监督 |
| least squares | 最小二乘 |
| life insurance | 人寿保险 |
| limitation of payments | 赔偿限额 |
| loss ratio | 赔付率 |
| Major Complication & Comorbidity | 严重并发症与合并症 |
| Major Diagnosis Category | 主要诊断分类 |
| managed care organization，MCOs | 管理保健组织 |
| managed care | 管理式医疗 |
| marginal cost | 边际成本 |
| marginal revenue | 边际收益 |
| marginal utility | 边际效用 |
| maximal aggregate loss | 最大损失总额 |
| maximal loss principle | 最大损失原理 |
| maximum liability limit | 最高责任限额 |
| maximum likelihood | 极大似然法 |
| mean value principle | 均值原理 |
| Medicaid | 穷人医疗救助制度 |
| medical expense | 医疗费 |
| medical insurance institution | 医疗保险机构 |
| medical insurance law | 医疗保险法 |
| medical insurance management information system，MIMIS | 医疗保险管理信息系统 |
| medical insurance overage card | 医疗保险卡 |
| medical insurance science | 医疗保险学 |
| medical insurance system | 医疗保险系统 |

| | |
|---|---|
| pre-service | 事前服务 |
| price elasticity of demand | 需求的价格弹性 |
| Primary Care Trusts，PCTs | 初级诊疗信托 |
| principal | 委托人 |
| principal-agent relationship | 委托代理关系 |
| probability of risk | 危险率 |
| probability | 概率 |
| professional liability insurance，PLI | 医疗事故责任保险 |
| proposal of insurance | 参保 |
| prospective payment system | 预付制 |
| public health service | 公费医疗 |
| quality and outcomes frame work，QOF | 按质量与结果付费机制 |
| random variable | 随机变量 |
| recheck | 复核 |
| reimbursement | 按服务项目支付 |
| reinsurance company | 再保险公司 |
| relative specialty practice costs，RPC | 每一专业的相对业务成本指数 |
| relative value units，RVUs | 相对价值比率 |
| reliability | 信度 |
| renew | 续保 |
| renewal of contract | 续约 |
| reserve fund | 准备金 |
| resource based relative value scale，RBRVS | 以资源为基础的相对价值标准 |
| resource cost | 资源成本 |
| resource utilization groupIII，RUG-III | 资源利用组III |
| rice elasticity of supply | 供给的价格弹性 |
| risk transfer | 风险转嫁 |
| savings-type social insurance | 储蓄性社会保险 |
| sickness insurance | 疾病保险 |
| social insurance | 社会保险 |
| social joint relief | 社会共济 |
| social medical insurance | 社会医疗保险 |
| social security | 社会保障 |
| social stabilizer | 社会稳定器 |
| social unified raising and personal account system | 社会统筹与个人账户结合的模式 |
| society supervision | 社会监督 |
| standard deviation | 标准差 |
| state basic medical insurance | 国家基本医疗保险 |
| state-type social insurance | 国家型社会保险 |
| Strategic Health Authorities，SHAs | 战略性卫生行政部门 |
| strategic purchasing | 战略性购买 |
| substitutes | 替代品 |

| | |
|---|---|
| supervision of medical insurance | 医疗保险监督 |
| supplementary major expense insurance | 补充大额医疗费用保险 |
| supplementary medical insurance | 补充医疗保险 |
| surplus | 公积金 |
| termination of insurance relations | 保险关系终止 |
| termination of risk | 保险责任终止 |
| test of goodness | 拟合优度检验 |
| the hospital readmissions reduction program，HR-RP | 降低再入院率项目 |
| total utility | 总效用 |
| total work，TW | 工作总量 |
| underwriter | 承保人 |
| underwriting agent | 承保代理人 |
| utility | 效用 |
| utilization review organization | 利用审核组织 |
| validity | 效度 |
| value maintaining | 保值 |
| variance principle | 方差原理 |
| veterans administration，VA | 退伍军人管理 |
| wage base | 工资基数 |
| wage bill | 工资总额 |
| wage criterion | 工资标准 |
| wage system | 薪金制 |
| welfare-type social insurance | 福利型社会保险 |
| whole life insurance | 终身保险 |